1 MONTH OF FREE READING

at

www.ForgottenBooks.com

By purchasing this book you are eligible for one month membership to ForgottenBooks.com, giving you unlimited access to our entire collection of over 1,000,000 titles via our web site and mobile apps.

To claim your free month visit:
www.forgottenbooks.com/free1036658

* Offer is valid for 45 days from date of purchase. Terms and conditions apply.

ISBN 978-0-364-54764-9
PIBN 11036658

This book is a reproduction of an important historical work. Forgotten Books uses state-of-the-art technology to digitally reconstruct the work, preserving the original format whilst repairing imperfections present in the aged copy. In rare cases, an imperfection in the original, such as a blemish or missing page, may be replicated in our edition. We do, however, repair the vast majority of imperfections successfully; any imperfections that remain are intentionally left to preserve the state of such historical works.

Forgotten Books is a registered trademark of FB &c Ltd.
Copyright © 2018 FB &c Ltd.
FB &c Ltd, Dalton House, 60 Windsor Avenue, London, SW19 2RR.
Company number 08720141. Registered in England and Wales.

For support please visit www.forgottenbooks.com

LIBRO

DE LAS

VIRTUOSAS É CLARAS MUJERES

EL QUAL FIZO É COMPUSO

EL CONDESTABLE

DON ALVARO DE LUNA

MAESTRE DE LA ORDEN DE SANTIAGO

DALO Á LUZ

LA SOCIEDAD DE BIBLIÓFILOS ESPAÑOLES

MADRID
—
MDCCCXCI

Núm. 179

Sr. D. Federico Avecilla.

ADVERTENCIA PRELIMINAR.

AUNQUE el libro que actualmente publica la *Sociedad de Bibliófilos españoles* no se recomendase por otra ninguna circunstancia, bastaría el nombre de su autor para despertar la curiosidad, no solamente de los eruditos, sino de los meros aficionados á nuestra historia. Un libro de D. Álvaro de Luna, apenas citado hasta ahora como escritor más que por insignificantes composiciones poéticas, ha de ser interesante siempre para quien aspire á conocer en su integridad aquella gran figura histórica, objeto hoy mismo de tan encontrados pareceres. Sería impertinencia detallar aquí los sucesos de su vida, agitada por tan varias fortunas, que exceden á las peripecias del más complicado drama, y todavía, después de cuatro siglos, ejercen sobre la imaginación cierto misterioso influjo. El que quiera sentirle plenamente, lea la antigua y admirable *Crónica del Maestre,* redactada sin duda por algún devotísimo servidor y familiar suyo, que había convertido en un culto la memoria de su señor. Toda la elegancia clásica de la bella biografía escrita por Quintana, y todo el amaneramiento retórico de la muy estimable Memoria de Rizzo y Ramírez, premiada años hace por la Academia de la Historia, distan mucho de la robusta elocuencia de sen-

mejores de nuestra prosa del siglo XV, tan rica, no obstante, en ejemplares históricos. Lo que en D. Álvaro interesa todavía más que su lucha á brazo partido contra la anarquía nobiliaria: todavía más que su representación política, que quizá ha sido exageradamente juzgada, y de fijo interpretada conforme á ideas y sentimientos modernos; es su persona misma, es su sombrío y trágico destino, es la grandeza humana de que dió tantas pruebas, lo mismo en la cumbre de la prosperidad y del poder que sobre las tablas ensangrentadas del cadalso. Por haber sido D. Álvaro varón verdaderamente grande, y sublimado hasta las cimas heróicas del martirio, postrera consagración de su gloria, vive, no ya sólo en las crónicas y en los libros eruditos, sino en la fantasía popular, que suele olvidarse de los felices y de los encumbrados, pero que rara vez olvida á las grandes víctimas de la fatalidad histórica, todavía más profunda y ejemplar que la fatalidad trágica.

Nada de lo que pertenece á tal hombre puede ser indiferente para la historia, y sólo nuestra habitual incuria puede explicar el que sabiéndose de antiguo que había compuesto un libro interesante hasta por su título, y del cual se conocía más de una copia, nadie haya pensado en sacarle á luz hasta la hora presente, y en rigor nadie le haya estudiado, á excepción de nuestro doctísimo é inolvidable maestro D. José Amador de los Ríos, que primero habló de él en el tomo VI de su *Historia de la Literatura española,* y luego le dedicó dos importantes artículos en la *Revista de España* de 1871 (meses de Mayo y Abril), procurando descubrir en el libro las doctrinas morales y políticas del Condestable, y ponerlas en cotejo con los actos de su gobernación y de su privanza.

El *Libro de las virtuosas é claras mujeres* fué acertadamente clasificado por Amador de los Ríos entre las producciones del género histórico-recreativo ó anecdótico, con mezcla de moral filosofía, muy del gusto del siglo décimoquinto. No es obra solitaria, sino perteneciente á un grupo muy numeroso de libros compuestos, ya en loor, ya en vituperio del sexo femenino, é inspirados todos evidentemente por dos muy distintas producciones de Juan Boccacio, que en los últimos días de la Edad Media era muy leído en todas sus obras, latinas y vulgares, y no solamente en el *Decamerone,* como ahora acontece. Estos dos libros eran *Il Corbaccio ó Laberinto d'Amore,* sátira ferocísima, ó más bien libelo grosero contra todas las mujeres para vengarse de las esquiveces de una sola; y el tratado *De claris mulieribus* (1), la primera colección de biografías exclusivamente femeninas que registra la historia literaria. Tan extremado es en este segundo libro el encomio (aunque mezclado siempre con alguna insinuación satírica), como extremada fué la denigración en el primero. Uno y otro tratado, recibidos con grande aplauso en Castilla, alcanzaron imitadores entre los ingenios de la brillante corte literaria de D. Juan II, dividiéndolos en opuestos bandos. Á la verdad, la palma del ingenio y de la gracia más bien correspondió á los detractores que á los apologistas de las mujeres, puesto que ninguna de las defensas, incluso esta misma de D. Álvaro de Luna, puede competir en riqueza de lenguaje, en observación de costumbres, en abundancia de sales cómicas, con el donosísimo *Corbacho ó Reprobación del amor mundano,* del Arcipreste de Talavera, Alfonso Martínez, el más genial, pintoresco y cáustico de los prosistas anteriores al autor de la maravillosa *Celestina.*

De los tratados escritos para vindicar á las mujeres, algunos se han perdido, como el de D. Alonso de Cartagena; otros se conservan, como el *Triunfo de las donas;* de Juan

---

(1) Sobre este libro de Boccacio puede consultarse con utilidad la Memoria de Attilio Hortis, *Le Donne Famose, descritte da Giovanni Boccaci:* Trieste, 1873.

Rodríguez del Padrón, impreso años pasados por nuestra Sociedad, con las demás obras del célebre franciscano gallego. Ninguna de las que conocemos presenta el atractivo de la forma histórica que dió D. Álvaro á su vindicación, y eso que, desgraciadamente para nosotros, su acendrada cortesía le impidió hablar de las mujeres de su tiempo, acerca de las cuales hubiera podido decirnos cosas mucho más nuevas que las que nos refiere acerca de las heroínas del Antiguo Testamento ó de las edades clásicas de Grecia y Roma. Queda al libro, no obstante, el interés de la narración, tan fluida y candorosa; el interés del lenguaje, mucho más natural y menos latinizado en D. Álvaro que en la mayor parte de los prosistas de su siglo, y, finalmente, el interés de mostrarnos el fondo de cultura de su autor, ya en lo meramente histórico, ya en lo moral y político.

El plan del libro es semejante al de Boccacio; pero dista mucho de ser una traducción ni una imitación directa de él. D. Álvaro vió muchos más libros, y *todo lo que falló derramado en ellos* lo juntó en el suyo. Las vidas de las mujeres de la Sagrada Escritura están tomadas directamente del texto bíblico, mostrando además el Condestable lectura de algunos expositores, especialmente de San Jerónimo, á quien repetidas veces cita. En el segundo libro, consagrado á las mujeres de la antigüedad clásica, dos parecen haber sido los autores predilectos y con más frecuencia consultados: Tito Livio, en los libros que D. Álvaro llama *del fundamento de Roma*, y Valerio Máximo, compilador de anécdotas históricas y dichos memorables, autor popularísimo durante la Edad Media. Por incidencia se citan otros muchos autores, especialmente Cicerón, Séneca, Lactancio, San Agustín en *La ciudad de Dios,* San Isidoro en las *Etimologías* y Boecio en los libros de la *Consolación de la Filosofía.* Aunque D. Álvaro parece más versado en los historiadores y moralistas latinos que en los poetas, no faltan algunas citas de Virgilio y de Estacio. Las fuentes del tercer libro, en que se trata de las santas del cristianismo, son también muchas y variadas. Para la vida de Santa Inés, la *Passio* de San Ambrosio; para la de Santa Anastasia, la leyenda de Enrique Suson *(el bienaventurado Gusono);* para Santa Paula, el texto de San Jerónimo. En otras leyendas de las más interesantes y poéticas no se expresa el origen, y es probable que todas estén tomadas de un mismo *Flos Sanctorum* ó colección hagiográfica. No es materia de poca curiosidad leer en el castellano del siglo XV aquellas mismas piadosas tradiciones de los primeros tiempos cristianos, que en la edad de oro del teatro español inspiraron á nuestros poetas gran número de obras, alguna de ellas inmortal. Ofrecen, entre otras, este género de interés las vidas de Santa Teodora, de Santa María Egipciaca, de Santa Margarita, de Santa Eugenia (heroína del drama de Calderón *El José de las mujeres)* y de Santa Justina, que lo es de *El mágico prodigioso.*

Uno de los aspectos más curiosos del libro de D. Álvaro, ya tenido en cuenta y quizá exagerado por Amador de los Ríos, es el de las doctrinas políticas y morales que á cada paso vierte en forma de sentencias, tomando ocasión ó pretexto de cualquiera de las virtudes de sus heroínas. Estas sentencias, más bien que como originales y fruto de propia experiencia en la gobernación de la cosa pública, deben considerarse como reflejo ó mero trasunto de las moralidades *senequistas,* entonces tan en boga, y que muchas veces no pasan de elegantes lugares comunes. "*Ninguna justicia es mayor que cada uno ponerse á muerte por la salud de su tierra.*„ "*Justicia es una virtud señora de todas y reyna de las virtudes: si la justicia debidamente se face, non solamente reposará por ella el Estado pacífico é sereno con la bienaventurada pas, mas reposará la casa del imperio.*„ Si para juzgar de las ideas políticas de D. Álvaro no tuviésemos más que tales apotegmas, bien menguado sería nuestro conocimiento. Ni puede atribuirse tampoco más que un valor puramente retórico á ciertas afirmaciones que parecen más radicales, y que han hecho suponer en el favorito de D. Juan II tendencias muy extremadas en pro de la libertad política. ¿Quién ha de creer formalmente que D. Álvaro fuera apologista del tiranicidio, porque haya dicho copiando á cualquier clásico: "*Quál cosa puede ser más honesta que matar al tirano por la libertad de la tierra?*„ Igual valor tienen los conceptos sobre la nobleza hereditaria y la adquirida; las continuas ponderaciones del *defendimiento y ejecución de la justicia*, y otros aforismos éticos que por su misma abstracción y vaguedad apenas se enlazan con la vida histórica del Maestre, aunque prueben lo muy versado que estaba, como todos sus contemporáneos, en la moral estóica, y especialmente en la del popular filósofo de Córdoba.

Pero aunque el *Libro de las claras mujeres* no tenga en la esfera de las ideas el valor que se le ha atribuído, no creemos ceder á la prevención favorable con que mira sus textos todo editor de obras antiguas, si decimos que la presente puede ser leída con más interés y agrado que la mayor parte de los libros en prosa de la primera mitad del siglo XV, exceptuados los históricos. D. Álvaro es uno de los rarísimos escritores del tiempo de D. Juan II que no cayeron en la tentación de latinizar hinchada y ambiciosamente su estilo. Ora fuese por la rapidez con que escribió el libro "andando en los reales, é teniendo cerco contra las fortalezas de los rebeldes, puesto entre los horribles estruendos de los instrumentos de la guerra;„ ora por cierto nativo desenfado y bizarría de su ánimo; ora porque escribió, no como humanista de profesión, sino como gran señor aficionado á las letras, es cierto que su estilo, con tener mucho de retórico, participa todavía más del decir suelto y apacible de la conversación culta, y nos da el mejor trasunto de la urbanidad palaciana del siglo XV. Abundan en la prosa de D. Álvaro los modos de decir familiares y expresivos; y hasta cierto desaliño sintáxico que en ella se nota, y que parece más bien del siglo XIV que del suyo, contribuye á separarla profundamente de aquella crespa, altisonante y revesada prosa, ni latina ni castellana, y sobre toda ponderación pedantesca, en que tradujeron D. Enrique de Aragón á Virgilio y Juan de Mena á Homero, y en que se escribieron el libro *de los trabajos de Hércules* y los tratados de Alonso de Palencia, último representante de tal escuela y el de mayor talento dentro de ella.

Por estas razones y por el delicado perfume de galantería y caballerosidad que de todas sus páginas trasciende, y por el candor no afectado (que ciertamente nadie esperaría de hombre tan curtido en los azares de la vida como D. Álvaro de Luna), merece este libro ser leído, y enseña y entretiene más que otras defensas de las mujeres, aunque entre en cuenta el célebre *Gynecepaenos* de Juan de Espinosa.

El libro de D. Álvaro de Luna ha llegado á nosotros en tres manuscritos por lo menos. Uno de ellos, tenido por el mejor y más antiguo, pertenece á la Biblioteca de la Universidad de Salamanca: vimos en poder del Sr. Amador de los Ríos copia esmerada de él hecha por otro Profesor no menos ilustre y ya difunto, D. Vicente de la Fuente. El segundo manuscrito se conserva en la Biblioteca del Real Palacio de Madrid, y sólo tuvimos noticia de él cuando iba muy adelantada la impresión de este tomo. El tercero, finalmente, y el más moderno, existe en nuestra Biblioteca particular, y es copia sacada de otro de la célebre Biblioteca villaumbrosana. Á él va ajustada la presente edición, salvo algunas correcciones de poca monta. Quedan en el libro algunos pasajes obscuros, y no faltará campo en que se ejercite la indulgencia de los lectores, puesto que nuestras incesantes ocupaciones nos han impedido aplicar á la corrección tipográfica de este volumen aquel grado de atención y esmero con que han de ser tratados los documentos de la Edad Media, si bien éste, por las circunstancias especiales de su autor, fué sin duda uno de los que mejor se copiaron y se conservaron con más pureza.

M. Menéndez y Pelayo.

COMIENZA el libro de las virtuosas é claras Mujeres, assí Santas como otras que ovieron spíritu de profecía, é Reynas, é otras muy enseñadas; el qual fizo é compuso el muy noble, magnífico, é ínclito, é muy esforzado Cauallero, é muy virtuoso señor, varón siempre vencedor, é de muy claro ingenio, Don Albaro de Luna, Maestre de la orden de la Cauallería del Apóstol Santiago del espada, Condestable de Castilla, Conde de San Esteban, é señor del Infantazgo, só el señorío, é imperio del muy alto, é muy excelente soberano Príncipe, é muy poderoso Rey, é Señor Don Juan, Rey de Castilla, é de León, etc., segundo de los Reyes que en los sus Reynos ovieron este nombre. El volumen del qual contiene tres libros ó partes principales.

El primero trata de las virtudes, é excelencias de algunas claras, é virtuosas, é santas Mujeres, que fueron desde el comienzo del Mundo, é só la Ley Divinal de Escritura fasta el advenimiento de Nuestro Señor: en el qual Libro se face especial é primera mención de la Sanctíssima Nuestra Señora Santa María.

El segundo Libro fabla de las claras é virtuosas

Mujeres, assí Romanas, como otras del pueblo de los Gentiles, que fueron, é vivieron só la Ley de Natura, é non ovieron cognoscimiento de la Ley de Escritura, ni de la Ley de Gracia.

El tercero, é postrimero Libro trata de algunas muy virtuosas é santas Dueñas, é Doncellas del nuestro pueblo Cathólico Christiano, que fueron só la nuestra muy santa, é gloriosa Ley de Gracia.

SÍGUESE LA TABLA DEL 1.º LIBRO.

Santa María, Nuestra Señora.
Eva, nuestra primera Madre.
Sarra.
Ester.
Delbora, que fabló profetizando.
La Reyna de Sabba.
Sephora.
Piana.
Ana, Madre de Samuel.
Oldra, que ouo espíritu de profecía.
La Dueña que mató á Abimelech defendiendo la Ciudad de Sichín.
La fija de Jepte.
De cinco Mujeres bien fabladas, las cuales se llamaron Abigail, é Teanites, é la que moraba en Abela, que fizo que la descercase Joab, é Bersabé, Madre de Salomón, é Sunamites.
Susana, mujer de Joachín.
De la Madre de los siete fijos, que fiso atormentar Antioco delante della.
Santa Elisabeth.
Ana, fija de Samuel, que ovo spíritu de profecía.

PROEMIO DE JUAN DE MENA,

EN EL QUAL FACE GRACIAS AL MUY VIRTUOSO, É MUY MAGNÍFICO SEÑOR MAESTRE DE SANTIAGO, É CONDESTABLE DE CASTILLA, EN NOMBRE DE LAS CLARAS MUJERES DEL NUESTRO TIEMPO, POR HAUER COMPUESTO TAN NOBLE LIBRO EN HONRRA DE ELLAS.

Magnífico é muy Virtuoso Señor: Tanto fué grande la honrra que distes en la composición de aqueste vuestro notable Libro al linaje de las Mujeres, que con gran razón muchas claras, é virtuosas señoras del nuestro tiempo, á cuya noticia ha podido venir, aunque no el libro, mas solamente la invención, é título de aquél, han dado grande cuydado á facer gracias á vuestra virtud, é muy loable consideración por vn tan grande, é tan excelente beneficio, mayormente seyendo ocupado en los fechos Reales, tanto trabajosos é grandes, el cuydado de los quales por la mucha excelencia de vuestra virtud fueron, é son encargados á vos, más que á ninguna otra persona por el Rey Nuestro Señor después que el Regimiento de los sus Reynos ovo resceuido; aviendo mucha afición al vuestro nombre, é virtud, por quererse inclinar á reprehender por escritura, siempre duradera, los siniestros dichos de algunos, que contra aquéllas no dudaban su nombre, é fama de mancillar é ofender; por lo qual hauéis trahido con sotiles é ingeniosos acarreos las vidas, é obras virtuosas de muchas Reynas, Duquesas, Condesas, é otras notables é muy claras Dueñas, é Doncellas, por donde los maldicientes fuesen contradichos, é las Mujeres más loadas. Rogaron, pues, á mí muchas de aquestas (el estado, é autoridad de las quales más verdaderamente me podía mandar) aquestas gracias por ellas fechas á vuestro nombre por boca de todas é confirmadas por los corazones de cada una, yo las quisiese poner en escritura, é allegar á los vuestros títulos: pues ¿qué gracias podré yo facer á vos en nombre de aquéllas (muy virtuoso, é noble señor) que eguales sean á la excelencia de vuestra virtud, como vos las poseáis, é tengáis todas? non sé que otras gracias se puedan facer mayores á la vuestra muy magnífica persona, que declarar las que vos mesmo (señor) poseéis é tenéis, las quales contemplando los á vos sujetos, se gozan, é vuestros enemigos se espantan, é los amigos vuestros se deleytan, é los que non vos vieron, se marabillan; é si la verdad non vos queremos (señor) negar, ¿qué invención se pudiera fallar para escribir más honesta que la de aqueste vuestro libro, que tan sabiamente defiende la honrra de las Mujeres, é tan templadamente castiga el desenfrenado maldecir de los hombres? Non fué menos sauia la invención que la materia de aquesta escritura, en la qual, si diligentemente queremos mirar, fallaremos que aquél, que hauía gloria con los Reyes por singular lealtad de servicios, gloria de los enemigos por bienaventurada suerte de vitorias, gloria de los amigos por dulce, é graciosa conversación, é de todos los otros por claro ejemplo de fechos maravillosos; non le quedaba que resciuiese gloria sino generalmente de todo el linaje de las Mujeres; la qual vos, señor, ganastes componiendo á honrra de aquéllas, tan excelente é notable libro; por las vigilias é cuydados del qual yo creo que las pasadas en el cielo vos facen loores, é las presentes, según la tierra, vos facen gracias, é las que son por venir, yo non dudo solenizen el magnífico nombre vuestro con alabanzas deuidas; porque en memoria siempre duradera, por fama gloriosa los vuestros títulos inmortales puedan quedar é permanecer: entonces, muy bienaventurado señor, en mayor grado será loada vuestra virtud, é más ejercitada la gloria de vuestra fama; ca los embidiosos adversarios, después del vuestro largo número de días, non les quedará materia, conque la passión de la embidia los pueda atormentar, saluo glorioso ejemplo en vuestras fazañas para se mejorar, é corregir: ¿pues qué mayor gloria puede ser la vuestra, bien afortunado señor, que de cierto sauer que la menor gloria de las que hauéis de hauer, es la que oy tenéis? é bien se muestra que el vuestro muy claro é sotil ingenio presenta las imágines de aquesta gloria cada día delante los vuestros ojos; por la cual conseguir, y merecer, los trabajos vos son descanso; los cuydados, reposo, é los peligros, seguridad: ¿qué más? sino que por aquesta es de vos la vida muchas veces menospreciada, é la muerte poco temida; el deseo de aquesta gloria vos fiso ser animoso en las batallas, reposado en los consejos, leal en los servicios, firme en las adversidades, é virtuoso en todas cosas: demás de aquesto vos medistes, é compasastes assí los fechos con el tiempo, y el tiempo con los fechos, que nunca vuestro reposo se pudo llamar ocio, nin vuestra diligencia importunidad; por tanto no nos marauillemos, pues nunca por escribir perdistes tiempo, nin dejastes de facer fechos grandes, que otros escribían: pues sean á vos, ínclito señor, é bienaventurado Maestre, en tanto grado aceptables las gracias por mí fechas, en quanto á las claras, é virtuosas Mujeres han seydo vuestros graciosos libros é tratados.

PROEMIO

DEL MUY NOBLE, É VIRTUOSO, É MAGNÍFICO SEÑOR MAESTRE, É CONDESTABLE EN EL LIBRO INTITULADO DE LAS CLARAS, É VIRTUOSAS MUJERES, POR ÉL GLORIOSAMENTE ORDENADO, É COMPUESTO.

Como quier que los muy grandes cuydados assí en las cosas pertenecientes al muy noble, é virtuoso oficio de la Cauallería, como al regimiento de la cosa pública, é de la gouernación de la casa nos tenga ocupado en tal manera que muchas cosas, que facemos, nos estorban otras que deseamos facer; ca el tiempo no puede bastar á tantas, pues han con nos logar primeramente aquéllas, que lo deben hauer, después las otras, que deseamos que lo hayan; é non negado, que nos Don Albaro de Luna, Maestre de la orden de la Cauallería del bienaventurado Apóstol Santiago del Espada, Condestable de Castilla, só el bienaventurado regimiento, é señorío del muy esclarecido Príncipe, é muy alto, é muy virtuoso Rey, é señor, el Rey Don Juan, Rey de los sobredichos Reynos, mi Rey, é mi señor, non toviéssemos gran razón para nos excusar de entrar á componer tan gran obra; como la condición de aquélla demande muy mayor ocio, é reposo del que nos solemos, nin podemos hauer: mas de la otra parte presentáronse ante los ojos de nuestra consideración las virtudes, é obras marabillosas, é claras vidas de muchas Mujeres virtuosas, assí santas, como Imperiales, é Reales, Duquesas, é Condesas, é de muchos otros estados; porque inhumana cosa nos pareció de sofrir que tantas obras de virtud, y ejemplos de bondad fallados en el linaje de las Mujeres fuessen callados, y enterrados en las escuras tinieblas de la olvidanza: non poco marauillándonos de tantos prudentes, é santos Autores, que de los fechos, é virtudes de los claros Varones hayan fecho extendida, é cumplida mención; entre los quales fueron el bienaventurado Jerónimo, é los dos Isidoros, é Gennadio Obispo de Constantinopla, é Braulio, é el sagrado Alifonso Arzobispo de la Toledana Silla, é Francisco Petrarcha, del qual más es de marauillar, porque vido el olvido de los otros, é fué más cercano á los nuestros tiempos; por qual razón la memoria de las virtuosas Mujeres, é sus claros fechos hayan assí callando, traspasado aquestos en los sus libros, é tratados; salvo Joan Boccacio, que de aquéllas algunas cosas trata; pues estas causas nos ficieron que este trauajo oviesse logar entre nuestros trabajos, y este cuydado fuesse vno de nuestros cuydados; pues porque salga en mayor luz la gloria de las virtudes de aquéllas, daremos obra como todo lo que se fallare derramado en diuersos libros, é tratados á esta materia tocante con algunas enmiendas, é correcciones, é otras cosas por nos añadidas auténticas, é verdaderas en el siguiente libro sea todo juntado, é acopilado; é para que la gloria de las virtuosas Mujeres resplandezca, é la su honrra vaya más creciendo, non solamente será menester mostrarlo por ejemplos, é vidas de las pasadas, mas probarlo por razones assí de la sacra Escritura, como naturales, que por ellas fagan, é contra aquéllos, que siniestras cosas contra ellas non se avergüenzan, nin dudan de decir, las quales pruebas, autoridades, é razones en cinco preámbulos, ó departimientos, que aquí facemos, antes que á las vidas, é obras virtuosas suyas vengamos, claramente serán demostradas.

PREÁMBULO I.—*Donde prueba el Autor por sotiles razones que los vicios, ó menguas non vienen á las Mujeres por naturaleza, mas por costumbre; á los quales vicios non han más inclinación las Mujeres, que los Hombres.*

Queriendo yo seguir la orden de aquéllos, que estudiosamente escribieron por propósito, en demostrar por quáles loanzas de virtudes las nobles Mujeres hayan esclarecido: por ende primeramente desecharé las opiniones non buenas, que el pueblo comunmente tiene contra las Mujeres, diciendo mal dellas, porque, esto fecho, más limpiamente relumbre el resplandor de la gloria dellas, en la consideración de las quales yo me pienso ser dicho en el comienzo de este libro lo que baste, si las palabras no se desbían de la materia de que fablamos, porque ciertamente en todas las cosas egualmente non se requiere vna forma, ó manera de probar; mas cada vna cosa demanda, é requiere quanto, é aquello que la natura, é calidad desa mesma cosa, demanda, é que es perteneciente para la reciuir: pues que assí es, asaz será primeramente mostrar por obra, é breuemente lo que á este fecho de las Mujeres pertenece, é dende, que se muestre más largamente por ejemplos de las cosas ya acaecidas, por las quales la obra será fecha más abierta, é clara á todos; é assí el comienzo desto sea éste.

Digo que los vicios, que quiere decir errores, ó menguas, por los quales el pueblo mouible presume querer amenguar las Mujeres, ó diremos que ellas los han por costumbre, ó por natura; esto es cosa non conveniente, porque ninguna de las cosas, que por natura son, non acostumbra natura de las facer en otra manera de como son según natura; é si fuesse verdad que las Mujeres oviessen estas menguas naturalmente de sí mesmas, seguiríase que ninguna castidad, ninguna Religión, ninguna limpieza, ninguna virtud singular non habría florecido en Mujer alguna; lo contrario de lo qual es la verdad, porque todas estas cosas, que son virtuosas, aunque mayormente se han de atribuir á la Virgen sin mancilla Nuestra Señora Santa María por la su muy gran excelencia; empero otras muchas Mujeres han resplandecido en ellas, é las han hauido, según que adelante será dicho: pues que assí es, claramente paresce que las menguas, ó errores non sean en las Mujeres por natura, mas por costumbre, porque los hombres tratando los unos con los otros son fechos Justos ó injustos, como la Justicia sea dar su derecho á cada uno; assimesmo usando aquellas cosas, en que corre peligro, según que en las Batallas nos acostumbramos de las facer, ó con temor, ó teniendo firmemente que las acabaremos, é por esta costumbre, é ejercicio, ó uso somos fechos fuertes, ó temerosos: otrosí usando aquellas cosas, que son en las delectaciones del cuerpo, somos fechos por ellas temprados ó destemprados, é por esta mesma manera de las otras cosas semejantes; por lo qual si por la costumbre las virtudes, é las menguas son cosas propias á nos por la inclinación natural, que á ellas habemos; como las virtudes, nin las menguas non sean apetitos ó deseos, nin poderíos virtuales, mas son virtudes que hauemos, é ganamos por las acostumbrar á facer muchas veces; é assí por los apetitos, que naturalmente hauemos de nuestro non deuemos ser loados, nin vituperados, porque estas cosas non son en nuestro poder, mas hauémoslas por la inclinación natural; como quier que por las virtudes, las quales ganamos usando, é obrando de virtud, merescemos loanza; é por las menguas, ó errores, que son contrarias á las virtudes, usando é obrando las tales menguas, merescemos vituperio; ca usando las virtudes, facemos lo que es bueno, é usando las menguas, é errores, facemos lo que es malo; é todo esto facemos de nuestro libre aluedrío, é voluntad; lo que no es assí en los apetitos, é deseos, é voluntades, ca muchas veces deseamos é queremos lo que es malo, aunque nos pesa dello, é el Juicio de la razón nos dice que lo non deuemos obrar, nin facer, é esso mesmo es en los poderíos naturales, porque ser el hombre á natura fuerte, ó flaco, ó sanguino, ó colérico, ó de buena complixión, ó enferma, esto non lo face ser bueno, nin malo, nin por ello debe ser loado, nin vituperado, pues lo él non face, nin obra de su voluntad, mas es por natura; assí que, según esto, se sigue de necesario ser libre entrada, egual, é parejamente assí á las Mujeres, como á los hombres, quier á las menguas, é errores, quier á las virtudes; é que no es lo contrario desto, como non derechamente lo piensan algunos; de lo qual todo face testimonio en el segundo libro de las Ethicas muy claramente aquel varón filósofo Aristóteles, el qual con muy gran cura, mouido por la gloria del gran filósofo Sócrates, aiuntó á la prudencia, é cordura el bueno, é polido razonar, é fablar.

PREÁMBULO II.—*Donde se declara qué cosa sea Bienaventuranza, é cuántas opiniones ovo en los antiguos fablando della; e cómo es dada egual entrada á los hombres, é á las Mujeres á la Bienaventuranza, é que assí pueden ellas ser virtuosas, como ellos.*

Assí esto susodicho, yo pensé que abaste para conveniblemente poder confirmar las cosas por mí dichas, si tratásemos solamente con hombres letrados; mas empero como eso mesmo hayamos de tratar acerca del pueblo común, é rudo, los quales muchas veces non por derecho juicio de razón, mas por desbiado error de opinión son guiados: Yo juzgo esto de refirmar más largamente, porque la Bienaventuranza, la qual todos deseamos, parece que ella sea en dos maneras: la una aquella Bienaventuranza que aquel varón Romano muy bien fablante, llamado por nombre Torcato Boccio, determina, é define en el su libro tercero llamado de la Consolación de la Filosofía, la qual Bienaventuranza él dice ser un estado perfecto, é complido, en que están aiuntados todos los bienes, de la qual Bienaventuranza usan las Animas de los Bienaventurados en ver, y contemplar á Dios; é quien negasse aquesta ser Bienaventuranza verdadera, yo le juzgaría non ser de sano entendimiento; la otra manera de Bienaventuranza es aquélla, de que fablan los muy claros Filósofos llamados Estóicos, é Peripathéticos, porque los otros Filósofos llamados Epicuros acerca de mí non han lugar, nin fago mención dellos, porque ponían la Bienaventuranza en las delectaciones del Cuerpo: mas tornando á los Filósofos Estóicos, é Peripathéticos, digo, que las opiniones de aquestos son entre sí non concordables, porque algunos dicen ser la Bienaventuranza en la sola virtud, como ellos digan (según que place á aquel varón muy bien razonado, llamado Tullio Cicero, en el su primero libro de la natura de los Dioses, que quiere decir los Ángeles) ninguno non poder ser bienaventurado sin la virtud, porque la virtud de sí mesma non sola para bien viuir es, mas aun para bienaventuradamente vivir; otros Filósofos dicen, la obra contemplatiua, que es contemplar en Dios, ser aquélla la Bienaventuranza; assí como el Filósofo Aristóteles, varón dotado de celestial ingenio, escribe en el deceno libro de las Éthicas, (que quiere decir las costumbres) por aquello, que él allí afirma, que los Ángeles son bienaventurados, por ellos contemplar en Dios, que es causa prima, é comienzo, é medio, é fin de todas las cosas; é dice, que non son bienaventurados por otra causa, saluo por esta contemplación, por lo qual las obras de los hombres, que á esta contemplación son muy cercanas, serán ciertamente muy bienaventuradas; é como la naturaleza, madre de todas las cosas, qualquier cosa, que haya traído, é criado, la haya fecho perfecta, é cumplida, non solamente de las cosas, que tienen ánima, que sienten, ó entienden, mas aun aquéllas, que assí son nacidas de la Tierra, que por las sus raíces se esfuerzan en su governación, assí como los árboles, é plantas; por ende non es duda, que la natura haya otrosí dado á las Mujeres aquella excelencia, ó sobrepujanza de complimiento, ó perfección, la qual entonces decimos cada uno tener dentro de sí, si alcanza el fin, al qual la natura lo haya engendrado; pues como la Bienaventuranza sea aquel fin, que la intención de todos los mortales con toda diligencia trauaja por lo alcanzar, no embargante si el apetito, ó deseo, ó voluntad dellos haya seído, é sea perezoso, que por las blanduras, ó engaños de la fortuna sea embargado, é trahido á falsas cosas, síguese que en la voluntad de las Mujeres sea de dentro engendrado el apetito, ó deseo desta Bienaventuranza, é que la ellas deseen, é quieran assí como los hombres; é quier sea aquella manera de Bienaventuranza, de la qual ay contienda acerca de los

Theólogos, é los Filósofos, diciendo los unos que es una, é los otros que es otra; quier sea otra manera de Bienaventuranza, asaz parece que sin medianería de las virtudes non se puede hauer entrada á essa Bienaventuranza, qualquier que ella sea; por lo qual finca de necessario non ser á las Mujeres cerrada la vía, é puerta, é camino para las virtudes, según que non es cerrada para los Hombres; mas ser egual entrada á ella assí á las Mujeres, como á los Hombres, é esto porque tal deseo, como de suso es dicho, non quede vacío, é sin obra como natura non acostumbra facer cosa vana, nin en valde.

PREÁMBULO III.—*Donde por razones de Santa Escritura se muestra que por el pecado Original non deben ser más culpadas las mujeres, que los hombres.*

Demostrado por natural razón, que sea posible assí á las Mujeres, como á los Hombres poder usar de las virtudes, é de los fechos loables, de aquí adelante queda que con aprobadas autoridades de la santa escritura yo excuse á las Mujeres, é muestre non ser de tachar, nin culpar más que los Hombres, para lo qual es de tomar por fundamento el criamiento del Hombre, é de la Mujer; ca, según la sacra escritura dello face verdadero testimonio, ciertamente el facedor assí del Hombre, como de la Mujer fué uno, é esse mesmo Dios nuestro Señor, el qual los fizo, á la su imagen, é semejanza quanto al juicio, é á la razón, según se muestra abiertamente por la autoridad del primero libro de la Ley de Dios, llamado Génesis; é ambos á dos ovieron de Dios una, é essa mesma bendición egualmente sin alguna diferencia, nin departimiento; según lo qual claramente parece ser una, é esa mesma razón de los Hombres, que de las Mujeres, é assí lo determina el Apóstol San Pablo en la Epístola primera embiada á los de Corinto, donde dize, que como quier que el varón non sea de la Mujer, mas la Mujer es del varón, que quiere tanto decir, que Adán el primero Hombre no fué nacido de Mujer, mas la mujer fué fecha de la costilla de Adán; é assí dice, que non es criado el varón por la Mujer, mas la mujer por el varón; pero que el varón es imagen, y gloria de Dios, é la mujer es gloria del varón, el qual non es sin la mujer, nin la mujer sin él; porque assí como la mujer es del varón, assí el varón es por la mujer, é que el varón, é la mujer todos son por Dios, é en Dios, etc. De lo qual se concluye, que como quier que el varón haya mayor excelencia que la mujer, é él sea cabeza de la mujer, según lo dice el dicho Apóstol; pero quanto á la virtud, é al fin, porque son criados, assí el varón como la mujer ambos á dos son eguales.

Otrosí parece más esto por tanto que según la sacra Escritura, á la mujer non fué principalmente defendido el comer del Arbol del saber bien é mal, de donde descendió el pecado, é culpa original, por el qual Adán, que fué el primero hombre, fué echado del Paraíso, é todos los que dél vinieron, sacada la Virgen María, fueron condenados por aquel pecado, fasta que Nuestro Señor Jesuchristo, verdadero Dios, é verdadero Hombre, tomó carne en el Vientre Virginal, é nos redimió por su santa Passión, é preciosa Sangre, más principalmente parece ser fecho este defendimiento á Adán, lo qual se muestra assí por el segundo capítulo del Génesis; é assí, pues que á Adán fué fecho el defendimiento principalmente, é él era cabeza, á él principalmente pertenescía la guarda dél; é esto mesmo parece assí por las palabras de Dios, quando dió pena á Adán é á Eva su mujer por el traspasamiento de su mandamiento en este caso; ca non dice ende que Dios oviesse defendido á la mujer, que non comiesse de aquel árbol, nin que ella oviesse traspasado su mandamiento, mas solamente parece que le dió pena por el solo comer, penando á ella tan solamente, é non á otra cosa por causa della, según parece por el tercero Capítulo del dicho libro del Génesis; mas en la sentencia que dió Dios contra Adán por este traspasamiento, non sólo fué penado Adán, mas aun la Tierra, que es fuera dél, é esto por el pecado dél; según lo qual bien parece, que en caso que Eva nuestra madre haya comido del Arbol vedado por engaño del Diablo, por cuya embidia la muerte entró en el Mundo, según la autoridad dél sauio en el su libro de la sauiduría, que principalmente el pecado fué contado á Adán, como él fuesse razón, é cabeza, é á él hauía fecho Dios el vedamiento, é á él pertenecía principalmente guardar el mandamiento, é vedar el pecado; é assí parece por la diuersidad de partimiento de la pena de cada uno de ellos, como suso es declarado, pues Adán fué penado en mayor grado que Eva, é aun quando la sacra Escritura face mención deste pecado, principalmente fabla de Adán, según el Profeta Isaías en el Capítulo 43 cerca del fin, do dice: el tu Padre primero pecó, etc. Pero quier se deba atribuir este pecado á Adán, quier á Eva, fué absuelto, é quitado por la venida del Rey de los Reyes Nuestro Señor Jesuchristo, quando le plogo receuir muerte, é passión en quanto hombre en la Cruz por redención, é saluación del linaje de los hombres; é si la nuestra madre Eva, seyendo ella engañada por las arterías del Diablo, como suso es dicho, incurrió en alguna culpa, aquélla fué restaurada, é quitada por causa de la Virgen sin mancilla Nuestra Señora Santa María, é con esto concuerda bien lo que el Apóstol escribe en la Epístola á los Romanos en el capítulo quinto, é assimesmo en el capítulo 15 de la Epístola á los de Corinto, do dice, que como fuéssemos enemigos, somos reconciliados á Dios por la muerte del su fijo, etc. Según lo qual después del advenimiento, é passión de Nuestro Señor todos los Fieles somos por el santo Bautismo lauados del pecado original, é de la culpa, é pena dél assí los hombres, como las mujeres; de lo qual se sigue, que por el pecado original non son, nin deben ser más culpadas las mujeres, que los hombres.

PREÁMBULO IV.—*Donde se prueba por razones de Santa Escritura, que los Sauios, que dijeron mal de las Mujeres, que lo entendieron por las desordenadas, mas no por todas.*

Porque aquéllos que han querido escribir diciendo mal contra las Mujeres, parece que se hayan mouido por autoridades del Rey é Sauio Salomón, é de otros; pero bien entendidas las dichas autoridades, aquéllas solamente fablan, é se entienden de las desordenadas mujeres, ajenas de virtudes, mas no de las virtuosas, lo qual muestran las palabras del dicho Rey é sauio Salomón, é de los otros autores en los logares donde dellas fablan; ca non solamente escribieron contra las mujeres desordenadas, mas aun eso mismo escribieron contra los hombres desordenados, é menguados de virtudes; esto non á fin de afear las mujeres, como algunos han querido pensar, mas por dotrinar assí á los hombres, como á las mujeres, que se quitassen de los errores ó menguas, é se llegassen á las virtudes, según que esto claramente parece por el su libro de los Proverbios en el capítulo primero, é en otros siguientes, los quales yo dejo por abreviar; é quanto en esto él non face diferencia del hombre á la mujer, nin de la mujer al hombre; ca de la mujer virtuosa, é buena escribe el dicho Sauio muchas loanzas en el capítulo quinto del dicho libro, é en otros Capítulos siguientes, é eso mesmo face en el su libro llamado Ecclesiástico; é después que el dicho Sauio ha tratado en el dicho su libro largamente de los vicios de la desordenada, é non virtuosa mujer, face, é acaba el postrimero capítulo del dicho libro de los Proverbios en las loanzas de la virtuosa mujer, diciendo entre las otras cosas, que el su precio, é valor es muy grande, é vale mucho; é síguese adelante, que los fijos de aquesta la predicaron por muy bienaventurada, é por su marido es ella muy loada; de lo qual se concluye, que las autoridades por donde algunos parece que quisieron, ó por ventura entendieron afear las mujeres, solamente fablan, é se entienden de las desordenadas, mas non de las buenas, é virtuosas, assí como las autoridades, que fablan de los hombres malos, non se pueden, nin deben entender de los buenos, é virtuosos, mas de los otros, que non lo son. Porque el Sauio Salomón en alguna de las dichas autoridades fabla generalmente contra las mujeres, por ventura pensaron algunos, que por esto él haya fablado contra todas, non sacando, nin apartando las unas de las otras, lo qual non es assí, porque esto mismo han fecho él, é los otros Sauios, fablando de los hombres, á los quales generalmente parecen condenar en algunos logares, non sacando alguno dellos, según que lo face el Psalmista Dauid, que fué Rey, é Profeta, especialmente en el Psalmo quarto, é quinto, é muy más claro en el Psalmo trece, que comienza: dijo el insipiente no ay Dios etc. en el tercero verso, que dice assí: el Señor acató desde el cielo sobre los fijos de los hombres, por ver si había en ellos quien entendiesse, ó requiriesse al Señor; todos se arredraron del camino de la virtud, todos en uno son fechos hombres sin prouecho; non hay en ellos quien faga bien, nin aun uno etc. é en otros muchos Psalmos: otrosí eso mesmo por lo que se escribe en el sexto capítulo del Génesis, do dice: vido Dios, que mucha era la malicia de los hombres en la tierra, é todos los pensamientos de su corazón tendían en mal en todo tiempo, é pesóle porque hauía fecho al hombre en la tierra etc. é en el octauo Capítulo del dicho libro casi en el fin, do dice: el seso, é el pensamiento del corazón del hombre puestos son para mal dende su mocedad etc. las quales autoridades, é otras muchas de la Sacra Escritura, que dejo por non alongar, paresce á prima vista, que fablan generalmente de todos los hombres, non faciendo departimiento de los buenos á los malos; como quier que ello bien entendido, la verdad es en otra manera, porque aquellas autoridades solamente fablan, é se entienden contra los malos, é non contra los buenos, é virtuosos, lo qual muestra el dicho Psalmista en el primero Psalmo allí, do dice: Bienaventurado es el varón, que non anduvo en el consejo de los malos; é en la vía de los pecadores non estouo, é en la cáthedra de la pestilencia non se asentó etc. é en el Psalmo octauo do dice: feciste al hombre poco menor que los Ángeles, coronástelo por gloria, é honrra, é establecístelo sobre la obra de las tus manos, todas las cosas sojuzgaste só los sus pies etc. De las quales autoridades, é de otras muchas de la Sacra Escritura, assí del Viejo, como del Nuevo Testamento paresce claro que non todos los hombres, mas solamente los malos serán damnados, é que los hombres virtuosos, é justos serán saluos; assí que las autoridades, que generalmente parecen condenar los hombres, solamente se entienden, é fablan de los malos, é las que parecen ser por los hombres, solamente fablan, é se entienden de los buenos, é non de otros; é por esta mesma vía las autoridades, que parecen ser contra las mujeres, ciertamente fablan de las desordenadas, é las que son por ellas fablan, é se entienden de las buenas, é virtuosas, é non de las otras; é quanto en esto non parece ser apartamiento alguno de los hombres á las mujeres.

PREÁMBULO V, *é postrimero, donde da razones, porque deue comenzar en Nuestra Señora.*

De aquí adelante queda que con autoridades de gran excelencia assí de la sacra Escritura, como de los grandes Filósofos, é Sabios, yo ensalze, é magnifique la gloria de las muy santas, é claras, é nobles, é virtuosas mujeres; é como muy noblemente aquel varón Romano, llamado Tullio, escribe en aquel decir, que él fizo al noble César Emperador de Roma en ayuda de un Cauallero Romano, llamado Marco Marcelo, loando la clemencia, y piedad dél; esta gloria non es otra cosa, saluo muy noble fama de grandes merecimientos; ciertamente esta gloria asaz dignamente habría comienzo de una fuente de virtudes muy grandes, si la Virgen Bienaventurada Nuestra Señora Santa María poseyere el primero logar en esta obra, é esto non juzgo yo que se deba assí facer, porque ella por ser puesta en el primero logar pueda conseguir por esto algún resplandor de gloria, allende de la que de sí mesma tiene; ca la su gloria, que dura por siempre, tanto es muy esclarecida, y muy excelente, que ninguna edad de tiempo, quanto quier que sea luenga, podrá escurecer el su resplandor, que ella ha de Dios; ca ciertamente esto acaesce á las cosas de los hombres, porque qualquier cosa mortal, como quier que sea muy clara, é magnífica, por tanto viene á perescer de su fama, si non es ayudada con beneficio de scritura; mas assí como esta Virgen gloriosa por su marabillosa mansedumbre, de la qual se escribe en el primero Capítulo del Evangelio de San Lucas: aquí es la sierua del señor, sea fecho en mí según la tu palabra; ella meresció ser ensalzada por Dios sobre todas las excelencias de las Criaturas, é aun sobre la naturaleza Angélica en la silla de su Majestad, como face desto testimonio la Letanía de los santos, en la qual por ordenanza de toda la Iglesia, fecha por el Spíritu santo, la dicha Señora gloriosa abogada nuestra es primera, é principalmente puesta, é asentada non sólo antes que los Apóstoles, Patriarchas, é Profetas, é los otros santos, mas aun antes que las órdenes de los Angeles; é como aquí se faga mención de las Mujeres muy honestas, yo juzgo ser cosa muy digna, que esta bienaventurada nuestra Señora posea en esta obra el primero logar, porque ella como gloria, é honor de aquéllas esclarezca esta obra con su lumbre; é por ruego suyo sea esta obra defendida, é librada de la embidia de los malos con el gran fauor de su muy clara Majestad.

LIBRO PRIMERO.

CAPÍTULO I.

SANTA MARÍA NUESTRA SEÑORA.

¡O Virgen bienaventurada, é gloriosa! si en el tu Vientre Virginal trajiste aquél, el qual non solamente con excelente, é divinal razón rige, mas crió tantos movimientos del Cielo, tantas marabillosas órdenes de Estrellas, tantas constantes revoluciones del Sol, el qual Sol, quier acercándose á nos, quier apartándose, produce tanta diversidad de tiempo, es á saber, Estío, Otoño, Verano, é Imbierno; si tú trajiste á aquél, el qual posehe todo el Principado de la Natura, é al qual reciuir non podían los Cielos; ¿quién será aquél, que pueda dignamente contar tus loores? Ciertamente ninguno, aunque fablase por boca de Angel. Tú, gloriosa Virgen, eres espejo de honestidad, gran templo de santidad, honorable vaso de bondad, blanco lilio de Virginidad, rosa suaue de Paraíso resplandeciente, corona de las santas Vírgines, Emperatriz de los Ángeles, voz magnífica de los Profetas, dotrina de los Apóstoles, ejemplo glorioso de los Mártyres, marabillosa Regla de los Confesores; tú eres piadosa, tú humilde, tú deuota, nacida de ínclita prosapia de Reyes, é de santísimos Profetas, Patriarchas, é Sacerdotes; pues de razón es escrito de tí en el quarto Capítulo de los Cánticos: Toda fermosa eres, é mancilla en tí non se falla. Tú de fija fecha Madre, assí como escribe Isaías: Catad que la Virgen concebirá, é parirá Fijo, el nombre del qual será llamado Emanuel, es á saber: Dios fuerte, é Dios como nos: abriste con una marauillosa mansedumbre la puerta de la eternal vida, la qual por el pecado del primero hombre muchos siglos fué cerrada: é assí, marauillosa Virgen gloriosa, obraste que el linaje de los hombres pudiesse venir á aquella alta bienaventuranza de Paraíso, para la qual fué por Dios criado: mas para que Yo, Virgen gloriosa, deba tratar, contando tus loores assí como si la gloria dellos oviesse menester ajena ayuda, ciertamente á ellos non es necessaria alabanza ajena, porque non tan solamente son magnificados por boca de los fieles, mas aun de los infieles, la qual non callará jamás por ningún tiempo, quanto quier que sea muy luengo, nin cesará de recontar aquéllos, é por ende yo determiné callar todos los otros loores, que á mí fuera possible de decir; é por esto una sola cosa queda, es á saber, homilmente suplicarte que seas presente en esta obra, é te quieras dignar de la guardar de los engaños, é embidias de los malos, porque yo te pueda decir aquello, que dice el Profeta Daniel: non á mí, Virgen gloriosa, non á mí, mas á tu santo nombre sea gloria.

CAPÍTULO II.

EUA NUESTRA PRIMERA MADRE.

Cosa conueniente es, después de la Virgen gloriosa, ser fecha mención de la muy vieja madre de todos, es á sauer, Eva, por la su marauillosa excelencia, como por mano del muy alto Dios, obrador, é criador de todas las cosas, ella meresció ser fabricada, non de lodo, nin poluo, mas de la costilla, é carne propia del Varón, el qual, según la autoridad del Psalmista Dauid, es poco menor que los Ángeles, coronado por Dios de gloria, é honor, é la más excelente, é noble criatura, que Dios en lo terrenal haya fecho; é non en aqueste Valle de lágrimas, é mar de amargura, lleno de trabajos, é tristezas, mas en el Paraíso terrenal, que es lleno de todas cosas delectables, según que por el segundo Capítulo del Génesis claramente paresce; el suelo del qual logar se muestra ser muy apacible por ser cubierto de muy alegre verdura, é departido por flores de muchos, é fermosos colores, do riegan los campos olientes de toda suauidad aquellos quatro Ríos muy limpios, de que el dicho segundo Capítulo face mención, los quales corren por suelo suaue, onde juegan aues pintadas con canto de fermosa melodía en los ramos, que se homillan avajo, é las fojas suenan por mouimiento del manso ayre, onde los árboles extienden sus sombras relumbrantes por verdura espesa muy agradable. ¡O bienaventurada madre! á la qual tan singular, tan marauilloso priuilegio es otorgado; é quál excelencia, quál gloria pudo ser mayor que aquélla? es á saber, ella ser fecha, é criada en logar muy delectable, é placentero de los deleytes por mano de aquel Dios, que viue, é reyna para siempre jamás, é non ser fecha, nin criada del limo de la tierra, assí como Adán, é todas las otras cosas, que tienen ánima, mas de la más noble materia; ciertamente podemos decir que ninguna gloria non fué mayor que ésta; é si los Historiadores, é los muy polidos en la manera artificiosa de fablar se suelen marabillar de la Bienaventuranza de aquel varón Romano llamado Quinto Metelo, mayormente porque entre los otros beneficios, que la fortuna le otorgó, ella quiso aquel sér nascido en la casa de la gloria Imperial, é que descendiesse de los Emperadores de Roma; é assimesmo le dió muy claros dones de fuerza, é fermosura corporal; empero quién no puede considerar, ó quien no vee hauer seydo mucho mayor la gloria de la dicha nuestra primera Madre? como sea manifiesto ella ser criada en logar muy más excelente por el Príncipe muy más alto de todos, es á saber nuestro señor Dios; el criamiento de la cual non fué menor que el criamiento de Adán, porque assí Eva, como Adán, cada uno de ellos, según se escribe abiertamente por el primero Capítulo del libro del Génesis, fueron criados á la imagen de Dios, é á cada uno dellos fué dado egual imperio de usar de todas las cosas del Mundo, é de ser antepuestos á todas las animalias, que se mueven, é sienten; é si bastantemente queremos considerar de quánta gloria, é excelencia fué el su nacimiento, ó fundamento de esta nuestra Madre Eva, ninguno non puede negar la generación de las Mujeres ser muy bienaventurada, por quanto aquel Criador del Mundo, el qual non sólo muchas cosas aparejó, mas tan departidas, é placibles todas las crió para el seruicio de los hombres, porque non sólo en un tiempo del año, mas siempre por nouedad, é abastamiento dellas ayamos delectación; él fizo pura de toda mancilla á Eva primera Madre nuestra, donde la qual es llamada Virago, que quiere decir Varonil, assí como Adán, que es llamado en la Sacra Escritura Varón, lo qual parece assí por aquella autoridad de la Ley Diuinal, que dice: vido Dios todas las cosas, que fizo, é eran buenas, la qual nuestra primera, é antigua Madre, Dios arreó por muy claro ingenio, é por muy loable honestidad, é por marabillosos dones del cuerpo, é del alma, porque la fechura correspondiesse á su facedor, la excelencia de la qual, é quanta aya seydo non se podría declarar por ninguna razón, aunque aquélla fuesse muy alta, é muy bastante, nin aun ciertamente se podría bastantemente entender por el corazón, porque si la natura, que ninguna cosa face sin razón, se esfuerza, é entiende en criar, é sacar las cosas muy buenas, quién debe dudar que aquel muy complido Maestro de las cosas, é muy más abentajado sobre toda natura, es á saber Nuestro Señor Dios aya criado, é fabricado la obra de sus manos, que fué nuestra Madre Eva, tan noble, é tan marauillosamente como facer se pudiesse? é si por aventura alguno quiera pensar esto non ser ansí, decimos que él es sin seso, ó que no entiende que la Diuinal Sauiduría non es mendiga, nin avarienta, nin en ninguna de las cosas embidiosa, antes suele dar, é comunicar el tesoro de la su bondad granadamente, é sin ninguna mengua, é mayormente aquéllos, la figura de los quales él figuró con su ferramienta, ó escopló con quanta perfección, é con quanta orden él aya fecho todo el Mundo, que las partes dél assí son establecidas, que para uso, nin para fermosura non pudieron ser mayores, nin más fermosas; por lo qual conviene concluir, ó que el poderoso Dios por embidia non aya querido, ó por non poder, ó por otra cosa, que lo embargasse, aya dejado de apostar, é honrrar de todos los dones del cuerpo, é del ánima á la muy antigua Madre nuestra, es á saber, del ánima, que dura para siempre, la qual non tenga cosa alguna de las heces de la Tierra: otrosí ser fecha participante á las cosas de Dios, porque contemple, é acate el cielo, las quales cosas, es á saber, embidia, ó mengua de poder, ó otro embargo non caen en Dios, é ser pensadas contra él, sería muy grande maldad; lo primero non podía ser, como Dios sea muy altamente bueno; nin tampoco lo segundo, como el su poderío sea infinito; nin otrosí lo tercero, como aquél, que es sobre la naturaleza, é señor de todas las cosas non puede ser embargado por ninguna cosa, ca él contiene todas las naturalezas de las cosas, é ellas son só su poderío é mandamiento, por lo qual fué necessario que todas las cosas obedeciessen á su voluntad.

CAPÍTULO III.

SARRA.

Después de la primera, é más antigua de todas Eva Madre nuestra, en escreuir las loanzas de la qual algún tanto del tiempo parece nos hauer pasado; razónable cosa es deber ser aplicada alguna parte del nuestro trauajo á la nuestra madre Saray, que después, mudado el nombre, fué llamada Sarra, mujer del gran Patriarcha padre nuestro Abrahán, la qual non oluidó el Profeta Isaías en el 50 capítulo de su libro, donde amonestando al pueblo de Isrrael, dice assí: parad mientes á Abrahán vuestro padre, é á Sarra vuestra madre, etc. Esta Santa Sarra madre nuestra, según que muy noblemente parece por su historia, siempre resplandeció en muchas é altas virtudes; ca ella morando con su marido en su propia tierra de los Caldeos, por mandado del dicho Patriarcha marido suyo dejó aquella tierra, é su padre, é madre, é parientes, é naturaleza, é lo siguió, é se fué con él para tierra de Canaán, é dende por fambre, que allí auía, ovieron marido, é mujer de se descender en Egipto, é assí anduvieron en grande, é luenga peregrinación, pasando muchos afanes, é peligros, é trabajos; guardando ella siempre su honestidad, é castidad con gran feé, é esperanza, é caridad, en mucha firmeza, é prudencia, aviéndose en todos sus actos, é fechos muy religiosa, é virtuosamente; ca en especial como ella fuese muy fermosa, algunos Reyes de aquella tierra la quisieron auer para sí; empero Dios non permitió, nin dió logar á ello; é ella guardó muy complidamente su castidad en tal manera, que ella fué libre; de los merescimientos, é virtudes de la qual fueron tantos, é de tanto valor, que ella fué digna que Dios le embiasse un Angel, el qual le dijesse de su parte, seyendo ella de edad de 90 años, que á Dios placía que oviesse el dicho Patriarcha su marido un fijo en ella, el qual fué llamado Isac: éste fué uno de los tres principales Patriarchas que Dios ha puesto en él su ditado por muy grande, é singular cosa, según parece por muchos logares de la Sacra Escritura, allí donde dice: el Dios de Abrahán, é de Isac, é de Jacob. O mujer santa, é de muy grandes virtudes! con la qual Dios fizo tan grandes milagros: lo primero, librando de poderío de aquellos Reyes tyranos, porque su castidad fuese guardada; lo segundo, queriendo que ella conciuiesse en tan grande edad de noventa años, que fué una cosa tan señalada, é tan marauillosa, é contra toda costumbre natural; por lo qual paresce ésta ser una gran cosa, é muy notable por especial gracia de Dios: lo tercero, que pues esta santa mujer meresció serle embiado Angel por Dios, por el qual le embió á anunciar, é decir que en su tan gran vejez auía de concevir, é parir á aquel fijo, que después ovo; é en éste tan gran mensaje acatado assí el que lo embiaba, que era Dios, como el mensajero, que era Angel, paresce ser ella muy abentajada más que algunas otras mujeres, sacada siempre sobre todas la Virgen nuestra Señora Santa María, á la qual non se pueden, nin deben comparar ningunas otras mujeres, quanto quier que sean santas, é virtuosas, nin aun todas. Lo quarto, por quanto non embargante que el dicho Patriarcha Abrahán sea caueza de los otros Patriarchas, é el que primeramente conoció á Nuestro Señor Dios, el qual aun entonces non era conocido por las gentes, é lo él predicó, é por su mandado, é seruicio dejó su tierra, é nación, é posesiones, é bienes, é andubo peregrinando por el Mundo, pasando muchos trabajos, é afanes, según más largamente su Historia quenta, el qual era tan santo é tan excelente que Dios en la Sacra Escritura le llamó amigo suyo: esse mesmo Nuestro Señor Dios mandó al dicho Patriarcha Abrahán, que siguiese en todas las cosas los consejos, é ordenanza desta santa é tan virtuosa mujer suya Sarra, según todo esto parece muy notablemente por el libro del Génesis desde el onceno capítulo fasta el veintiuno del dicho libro, donde más largamente su historia lo quenta, de lo qual podemos decir, é concluir que ésta, muy virtuosa Dueña, allende de la su muy gran fermosura corporal, é assimesmo del spíritu profético, pues los Angeles por Dios á ella eran embiados, auía en sí muchas, é grandes gracias, é virtudes, é excelencias muy especiales: otrosí porque en señal de mayor grado ella mereció que Dios le mudasse el primero nombre, que ella auía, es á sauer, Saray, é fué llamada Sarra, que es nombre, que muestra gran excelencia, é según se lee en el Capítulo 18 del Génesis assimesmo, porque ella fué tan virtuosa, é santa, é digna ante Dios que meresció ser bendita por Dios, según más largamente se lee en el dicho Capítulo, é allende de todas las dichas gracias, esta muy santa madre nuestra debe ser muy singularmente loada, é encomendada de la virtud de obediencia, que es mayor que el sacrificio, según face dello testimonio la Sacra Escritura en muchos logares, especialmente en el libro primero de los Reyes en el capítulo 15, allí donde dice: mejor cosa es obedecer, que sacrificar, la qual obediencia se falla largamente por su historia; é entre las otras cosas paresce por aquello, que ella siempre llamaba Señor á su marido, é que non le nombraba por otro vocablo, é que por lo librar de muerte en aquella tierra, la qual era llena de tyranos, é malos hombres, obedesciendo mandamiento de su marido, se dijo ser hermana suya, porque él se lo auía assí mandado, temiendo que si se llamasse su mujer lo matarían aquellos Reyes tyranos de aquella tierra por la gran fermosura, é apostura della; é vistas aquestas cosas, tiempo es de pensar con mucha diligencia la grande dignidad de las cosas, é fechos desta santa Madre nuestra, de donde podemos juzgar bien acatada su historia, ella siempre auer seydo muy codiciosa, é deseosa de la virtud de honestidad, la fuerza de la qual es tanta, que si en qualquier persona fuere vista alguna lumbre della, juzgaremos la tal ser muy noble, é digna de todo honor; pues agora pensemos quánta fué la su piedad muy noble, la qual sin gran marauilla non se puede contemplar en tanto, que con muy ardiente, é loable deseo, é voluntad, dejada su tierra, é parientes, poniéndose á infinitos trabajos, siguió á su marido, porque en las regiones peregrinas con gran amor lo siruiesse, é aquel juicio de nuestro señor Dios, al qual, según los Filósofos Estóicos dicen, son ayuntadas la virtud de la Justicia, é las otras virtudes muy grande, é noblemente, ella lo cumpliesse; é por esta sola virtud de obediencia parece muy claramente esta santa, é muy honrrada madre nuestra auer resplandecido en todas las sabidurías muy derechas; é si es loado aquel cauallero Romano, llamado Coriliano [1], varón de gran corazón, é dotado de muy alto consejo, por la piedad, que en sí ovo, la qual non negó á su propia madre; é assimesmo son ensalzados por maravillosa piedad los dos hermanos Griegos, que trajeron á la su madre propia al templo de Gemi á sacrificar, seyendo ella muy vieja, é doliente; otrosí son ensalzados los dos Sicilianos, que trajeron á sus padres en los sus hombros por medio de los fuegos de Ethna, que son llamados de Mongibelo, por manera que non resciuieron daño; otrosí son ensalzados los dos Españoles, el corazón de los quales fué muy noble de su nascimiento, los quales por el mantenimiento de sus padres dieron sus vidas, é murieron, por lo qual esclarecieron por gloria salidas desta Vida: empero esta muy singular piedad non fizo de menor gloria á la muy noble Sarra madre nuestra, la qual con muy gran amor siguió su marido do quier que él fuesse, é se puso á tan grandes trabajos. O

---

[1] Coriolano.

virtud muy grande, alta, é marauillosa, la qual es de anteponer á las otras virtudes, que por ningún ruido, por ningunos mandamientos, por ningunos establecimientos de Filosofía, por las propias fuerzas, que callan, é non fablan, maraulloso amor pone en los corazones de los hombres, en tanto que muchas vezes desnudándose alguno de su propio amor, é caridad de sí mesmo, se ha vestido de amor, é de caridad de sus padres, é de sus fijos, é de los otros, é la mujer del amor de su marido; pues que assí es, razonablemente podemos decir Sarra madre nuestra muy temprada deber ser ensalzada por muy altas loanzas, pues que acerca della tan abastadamente floresció esta virtud muy honrrada de honestidad, por las quales loanzas, ella por la su vida dió singular demonstramiento, que ella non acostumbraba de mandar, nin desear otra cosa, saluo aquello, que era muy santo, bueno, é honesto, é virtuoso, é que ella aborrecía todo juego, é toda manera de lozanía.

CAPÍTULO IV.

MARÍA HERMANA DE MOYSÉN.

Pues que de suso hauemos fablado, según nuestra industria, é estudio, de la muy temprada Sarra madre nuestra, la orden de nuestra escritura demandaría que la muy cuerda Rebeca, mujer del gran Patriarcha Isac, é assimismo las muy sabias, é virtuosas Rachel, é Lía, mujeres del gran Patriarcha Jacob, florecientes por marauillosos dotes de sus corazones, nos las ensalzássemos por ayuntamiento de muchas loanzas, si María Profetisa hermana del gran Profeta Moysén, é de Arón primero Sacerdote del pueblo de Isrrael, por la grandeza de las sus muy nobles virtudes non nos trojiesse á que della debamos fablar, la qual, como muy amadora de todos los muy nobles enseñamientos, é abastada de spíritu de Dios, se lee, que ella teniendo en su mano un instrumento músico por cántico celestial de grande suauidad más que las otras mujeres del pueblo de Isrrael, que la seguían, é iuan en pos della, en el tiempo que el dicho pueblo iba por medio del mar Bermejo librado de la cruel seruidumbre de los Egipcianos, auer ensalzado la gloria non mortal de aquel muy alto Príncipe, que toda la natura manda, es á saber, Nuestro Señor Dios, según parece por el libro del Exodo en el 15 capítulo, donde se muestra que esta santa Profetisa María aya seydo guiadora en la liberación de su gente, é pueblo, la qual liberación non se podía facer por ninguna auisación de hombre mortal, é auer seydo egualada á Moysén, é á Arón sus hermanos varones muy santos, según paresce por el Profeta Micheas en el capítulo sexto de su libro, donde se escribe que Nuestro Señor Dios por la su sabiduría, del qual todo el Mundo se rige, retrayendo al pueblo de Isrrael, porque vivía mal, é contando los beneficios, que les hauía fecho; decía aquestas palabras: pueblo mío, yo te traje de tierra de Egipto, é te saqué de la casa de la seruidumbre, é embié ante tí á Moysén, é á Arón, é á María, etc., la qual María era auida, é tenida en el pueblo de Isrrael en tan grande, é tan alta reputación, é se facía della tan grande quenta, que, andando el dicho pueblo por el Yermo por entrar á tierra de promissión, ella fué ocupada por siete días, que non pudo partir del logar, donde el dicho pueblo estaba; é todas las huestes de los Doce Tribus del dicho pueblo, de los quales cada un tribu trahía su estandarte, se detovieron en aquel logar, donde primeramente estaban; é non partieron de allí aquellos siete días fasta tanto que la dicha María fué libre, é se partieron todos en una compañía; esso mesmo parece por la gran honrra, é solenidad, que el dicho pueblo la fizo al tiempo de su muerte; pues agora quién es de tan poco sentido, que non piense aquesta dueña María ser adelantada á muchos, é grandes varones, assí en toda gloria de las cosas, que pertenescen al seruicio de Dios como en virtud, é grandeza de consejo, é en sofrimiento, é paciencia de todas las cosas, que pertenescen á los hombres; como eso mesmo en menospreciamiento de la fortuna, é dende en toda otra virtud, que es conueniente, é firme deseo del ánima, la qual face loable á aquéllos, que la han? si por la boca de Dios veemos la dicha santa Mujer ser igualada á éstos tan santos, é tan notables varones, á los quales nin aun Jecobete madre dellos muy guardadora de todas las muy claras virtudes, non leemos que aya seydo comparada, non embargante que esta Jecobete aya resplandecido por señalada cordura, é avisación, en tanto que tan sabiamente tovo escondido á Moysén su fijo, luego que nasció, que ella le procuró la vida, é que non peresciesse, porque el Rey Faraón auía mandado matar todos los fijos machos, que nasciessen del pueblo de Isrrael, según que se lee en el sexto capítulo del libro del Exodo; mas para qué me determé yo en contar las loanzas desta muy noble María, ca paresce ella debe ser puesta delante de los Varones Romanos muy triunfantes, de los quales acerca de los muy polidos Escritores de las Historias se dicen dellos pocas cosas, pues que non fallamos escrito, que ninguno de los Romanos llamados del linaje de los Metelos, ninguno de los Catones, ninguno de los Curcios, ninguno de los Cipiones, nin alguno de los otros ser encomendado por la boca de Dios, por muy altos, é grandes loores, según que lo fué esta bienaventurada Dueña, ca ciertamente diría yo que faría injuria á ella, si la comparasse á Sócrates, vaso de la sabiduría de los hombres, non embargante que el dicho Sócrates fué adelantado, é sobrepujado en tanta firmeza de corazón, tanto, que en el tiempo, que falsamente él fué acusado de muerte ante aquellos malos Juezes, non demandó Auogado, que por él razonasse ante los Jueces, mas antes, teniendo en la mano el vaso de la ponzoña, dijo palabras tan santas, por las quales non parescía que él era traído á la muerte, mas que se iba para el Cielo; pues que assí es, abasta fasta aquí nos auer trabajado la péndola, porque razonable cosa es rendir las armas, é dar logar á la sentencia del muy alto Dios, que desta santa Dueña dice tantos loores, é tornaremos á fablar de las otras.

CAPÍTULO V.

JUDIC.

Judic Hebrea, dueña viuda, fija de Marari, fijo de Ador, fué de los mayores de la ciudad de Betulia: ésta ovo á Manasés por marido; la qual yo non sé por quáles dignas loanzas sea ensalzada; ca por grandeza de corazón non vencible alcanzó palma de vitoria del muy poderoso Príncipe Olofernes; é como quier que aquel noble varón Romano, llamado Bruto, paresce auer conseguido muy gran gloria, é fortaleza, quando libró la tierra del poderío real, assí como Tito Liuio face dello testimonio en aquel su libro primero del fundamento de la ciudad de Roma; é assimesmo aquel glorioso varón Quinto Mucio paresce auer conseguido gloria grande, el qual por amor de la cosa pública sin alguna esperanza de su salud, se puso á matar al Rey llamado Porsina [1], que era enemigo de los Romanos, é les facía guerra; é otrosí aquel noble varón Romano Oracio Coclen [2], el qual contra todas las muchedumbres de los enemigos se puso solo en una puente, en tanto que los otros Romanos rompían la dicha puente, porque por ella los sus enemigos non oviessen paso en la ciudad de Roma, como Tito Livio en el segundo libro del fundamento de la Ciudad de Roma escribe; empero mucho paresce auer alcanzado Judic muy gran

---

[1] Porsena.
[2] Cocles.

gloria, según que claramente se lee en su Historia en el libro intitulado de Judic, el qual es incorporado en la Sacra Escritura, autorizado, é reciuido por el Concilio Niseno, según face dello testimonio San Jerónimo en el Prólogo deste libro, é la Historia es aquesta: paresce que el muy poderoso, é gran Príncipe Nabucodonosor, Rey de Babilonia, después que venció en el campo, llamado Gerioc, al gran Rey Arafaxad, Rey de los Medos, que era muy poderoso, é auia sojuzgado muchas gentes; creció tanto en sobervia, é orgullo de su corazón por causa desta vitoria, que quiso ser Emperador de todo el Mundo, é aun non sólo esto, que quiso ser adorado en Dios por todas las gentes; é porque muchos non le quisieron resciuir, nin esto consentir, él mandó á un gran Príncipe de la su Cauallería, llamado Olofernes, que fuesse contra todos los Reynos de Poniente, é especialmente contra aquéllos, que auían menospreciado el su Imperio, non perdonando á ninguno, é que los sojuzgasse todos so el su señorío: entonces el dicho Príncipe Olofernes, llamados los Duques, é Condes, é otros Grandes Hombres de la Caualletía de Siria, escogió de todos ellos gran número de hombres de armas, é vallesteros, é peones, los quales mandó ir delante de sí con cauallos, é mantenimientos sin cuento, é discurrió por muchos Reynos, é tierras, é Ciudades, é fortalezas, é las tomó, é sojuzgó, é destruyó muchas ciudades, é mató muchas gentes, é derriuó muchos templos, siguiendo el mandamiento, que el Rey Nabucodonosor le auía fecho, queriendo que él solo fuesse llamado Dios de todas las naciones, que el dicho Olofornes sojuzgasse: é como esto oyessen los del pueblo de Isrrael, que moraban en tierra de Judea, ovieron dello gran temor, temiendo que lo mismo, que auía fecho á los otros Reynos, é Ciudades, é templos, esso mesmo faría á la ciudad de Jerusalén, é al templo de Dios, que en ella era, é á todo aquel Reyno; para lo qual comenzaron á aperciuirse, fortaleciendo sus ciudades, é villas, é logares, en quanto podían, é poniendo gentes que guardassen los caminos, é los logares estrechos, porque la hueste de Olofernes non podiesse pasar á ellos: pero esto non les prestó cosa alguna, ca Olofernes con todas sus gentes pasó adelante por aquel Reyno, é asentó Real sobre una ciudad de Judea, llamada Bethulia, é la puso en tanto estrecho, tomándoles el agua, fasta que el Príncipe Osías, que era en aquella ciudad, prometió de le dar al dicho Olofernes dentro de cinco días, si Dios por otra vía non les embiasse algún socorro: en esta ciudad era una Dueña viuda, llamada Judic, la qual, según cuenta su Historia, como quier que fuesse muy noble, é de alto linaje, é de las muy mayores de su pueblo, é fermosa, é muy rica, ca su marido la auía dejado grandes heredamientos, é posessiones, é ganados, é bienes, ella era muy honesta, é virtuosa; ca después que su marido murió, aunque quedó muy moza, ella se encerró en un apartamiento de su casa en lo más alto della, en él estaba secreta, é apartadamente con sus doncellas, trahiendo consigo un silicio, é faciendo vida muy áspera, ca ayunaba todos los días de su vida, sacando las fiestas, é sobre todo ello auía muy buena fama, é temía mucho á Dios, é non era quien della dijesse mal ninguno: é como ésta oyesse que el Príncipe Osías auía otorgado de entregar la ciudad á los enemigos, como suso es dicho, ovo dello gran sentimiento, é fizo ayuntar los Sacerdotes de aquella ciudad, é díjoles muchas cosas, reprehendiéndoles aquella promesa, é en conclusión, auiendo gran esperanza en Dios, dijo que ella entendía poner en obra un fecho, que auía pensado, por donde la Ciudad, mediante le ayuda de Dios, sería librada; para lo qual ella sa vistió muy ricamente, é en gran aparato, é salie de la ciudad sola con una siruienta, llamada Aniaó é se fué para el dicho Príncipe Olofernes, dándole á entender que se pasaba, é iba para él, porque á ella era reuelado que él auía de ganar aquella ciudad, é aquel Reyno; el qual dicho Príncipe la reciuió muy bien, é vista su gran fermosura, é graciosidad, luego fué preso del su amor, é finalmente él trabajó de la auer para sí; é como quier que ella respondiesse, que era presta de facer su mandado; pero su voluntad della non era ésta; antes todauía ella perseveraba, orando á Dios por la deliberación de su ciudad, é pueblo, é siempre guardó su castidad con gran prudencia, é honestidad en tal manera, que el dicho Olofernes non ovo que ver con ella; antes aquella noche, que él entendía poner en obra su pensamiento, él fué assí lleno de bino, é priuado de todo su entendimiento, que él dormiendo, ella le cortó la cabeza con un cuchillo, que cerca de su cama estaba; é antes del día se pasó á la dicha ciudad de Bethulia ella, é la dicha siruienta suya con la cabeza del dicho Olofernes, la qual mostró al Príncipe Osías, é á todo el pueblo, dando muchas gracias á Dios, porque tan gran fecho le plogo acauar por industria de la dicha Judic, la qual, visto todo el pueblo, que era en aquella ciudad, se pusieron en armas, é salieron por mandado é ordenanza de Judic contra los Asyrios, los quales, sentida la muerte de su Príncipe, fuyeron, é desampararon su Real, é assí éstos como los otros de aquel Reyno de Judea, á los quales el dicho Osías embió sus mensajeros, auisándoles desto, persiguieron los Asyrios, é mataron muchos dellos, é todos los de Bethulia salieron, é robaron el campo, assí que la ciudad, é todo aquel Reyno por el consejo é obra desta santa Dueña fincaron libres, é en paz, é ella perseueró siempre en su castidad, é honestidad, viviendo siempre muy santa, é religiosamente, fasta que murió; é en tanto que vivió, siempre fué auida en gran reverencia, é reputación, é todo el Pueblo la honrró, é siruió, auiéndola por señora, é después de su muerte la ficieron sus honrras, y exequias muy solenemente, no sólo un día, mas siete días continuos, según la costumbre de aquel tiempo; é como quier que las sus loanzas, é virtudes muy excelentes largamente son recontadas por su Historia: el Bienaventurado San Jerónimo las escribe en el Prólogo del dicho libro, diciendo assí: mirad á Judic la viuda, que es ejemplo de castidad, la qual para siempre pregonad por loores de vitoria, porque ésta non sólo á las fembras, mas aun á los varones es dada por ejemplo, é dotrina, é enseñanza, para que todos deseen facer lo que ella fizo; ca el galardonador de su castidad, que es nuestro Señor Dios, la dió tal virtud, que venciesse al que de todos non podía ser vencido, é sobrepujasse al que de todos non podía ser sobrepujado, es á saber, el Príncipe Olofernes, etc. Pues que assí es, digo, que mucho es de ensalzar por infinitas, é inmortales loanzas esta Dueña Judic, la qual con razón fuerte, é gran prudencia ordenó ella querer librar la tierra, é quiso antes perecer por muchos, que con muchos perecer. ¡O grandeza de corazón de aquesta mujer! la cual non fué de menor marauilla, que de gloria, porque ella non juzgó ser pensado por cosa grave ningún daño, que ella padeciesse por la salud de su tierra, porque con muy gran virtud pagasse á la cosa pública aquel honor, que le deuía; por lo qual dexadas las vestiduras luctuosas, que ella, como mujer viuda, é honesta, acostumbraba traher, ungió su cuerpo con mirra, é apostóse con aparato muy precioso, non por causa de deshonestidad, mas de virtud, porque ella por excelencia, é prudencia, é consejo del su ingenio floresciente, muy bien entendió lo que hauía de ser, é lleuando consigo la dicha su siruienta, salió de la ciudad, é yendo con gran firmeza de corazón á la muchedumbre de los enemigos, creo que ella fablaba consigo (según que á las veces lo suelen facer los otros sabios) estas palabras: yo no soy nacida para mí sola, mas aun para los parientes, é los amigos, é mucho más para mi tierra, en la qual lo uno, é lo otro muy santo es contenido, pues que assí es la vida, que al fado es debida, á la salud de la tierra mayormente sea pagada, porque ésta me hizo, é acostumbró por muy buenas costumbres, é muy honestos enseñamientos; ¿pues quál cosa por mí abastadamente le puede ser pagada? ¡O mujer notable, é de gran corazón! la qual es de comparar á los varones por muy buenos, é mucho más excelentes que los otros; porque ¿quál hombre de tan grande, é tan fuerte corazón nunca fizo cosa más clara? podemos decir que ninguno, nin aun ciertamente ese noble varón Romano llamado Decio, el qual por salud de su hueste fizo voto, é en medio de sus enemigos se lanzó, assí como noblemente lo testifica Tito Livio en el libro octauo, que del fundamento de Roma se escribe; nin aun el otro caballero llamado Decio, fijo deste Decio, el qual, siguiendo la gloria del Padre, por salud de la cosa pública dejó la vida, aunque non la perdió, assí como en esse libro diez del fundamento de Roma se escribe; eso mesmo porque esta virtuosa dueña por cosa muy flaca, é muy pequeña, que es la presente vida, redimió la cierta, é muy grande vida, que es la de todo el pueblo, é la su tierra, é gloria, é fama, ella ofreció la vida, tomó la tierra, puso á peligro el cuerpo, ganó la gloria, la qual con muy gran loanza por manifiesta verdad non será escurecida; nin fizo cosa más clara aquel gran cauallero, llamado Cipión el Africano, el qual, destruída por él la ciudad de Cartago, mucho guardó la cosa pública; mas quánta fué la justicia desta Dueña, todos lo pueden bien veer, que á los peligros, é á los trauajos por la salud común de grado se dió; ciertamente aquella grandeza de corazón, que es acatada en los peligros; ca el que pelea por la salud de la cosa pública, é non por sus prouechos, non diremos que non face la virtud de justicia, porque ninguna justicia non es mayor que cada uno ponerse á muerte por la salud de su tierra, si en alguna manera él sepa aprouechar á ella; mas quánta fué la prudencia desta dueña, la salida, é fin del negocio lo declaró, porque muy discreta, é honorablemente entendió lo que era por venir, é para lo cumplir, aparejó estudio, é diligencia. Ciertamente aquesto es lo propio desta virtud, que cada uno mayormente acate en cada cosa lo que se deba facer; mas quánta fué la su tempranza, marauillosa cosa es de decir, porque siempre ella usada por pensamientos de cosas muy nobles, fizo obediente el apetito ó voluntad á la razón; ella estudió dar tal orden en sus fechos, porque en fabla, é en vida todos fuessen entre sí muy concertados, é conuenientes; ¿pues qué contaré de lo que tañe al seruicio de aquel muy alto Dios? ¿Qué diré de la singular castidad, mansedumbre, bondad, é todas las otras sus virtudes? Ciertamente mejor es callar, que pocas cosas desta muy noble Dueña fablar. É porque las otras virtuosas mujeres non sean amenguadas por las loanzas desta, paréceme ser conueniente dejar de escribir más della, é dende pasar la péndola á la muy noble, é virtuosa Ester.

CAPÍTULO VI.

ESTER.

Ester la Reyna, mujer Hebrea, fija del hermano de aquel noble, é prudente cauallero Mardocheo; como quier que por fortuna, é gloria, é fermosura corporal aquesta Reyna fué muy más noble que todas las otras mujeres del su tiempo, empero mucho fué esclarecida por grandeza de excelente ingenio, é de señalada sabiduría, é de loable firmeza: esta Reyna, según cuenta la historia de su libro llamado Ester, el qual es incorporado en la Biblia, é reciuido entre las otras escrituras santas della, fué mujer del muy poderoso Rey Asuero, el qual reynó desde las Indias fasta Ethiopía, en que auía 122 Prouincias, en la casa, é corte del qual Rey Asuero eran entre otros muchos dos caualleros, el uno Hebreo, llamado Mardocheo; é el otro Gentil, llamado Amán, el qual era muy poderoso, é más acepto al Rey que el otro: queriendo destruir al dicho Mardocheo, é á todo el pueblo de los Judíos, de donde el dicho Mardocheo era, suplicó al dicho Rey, que le quisiese vender todo el dicho Pueblo, que en su señorío, é tierra viuía, para que los él pudiesse matar, é destruir, é robar, é ficiesse dellos lo que quisiesse, atrayéndolo á esto, diciendo que aquel pueblo tenía leyes apartadas, é non tenía, nin guardaba la ley del Rey, é el dicho Rey, dando feé á las palabras de Amán, plogóle de lo mandar assí; lo qual venido á noticia de la dicha Reyna Ester, ella se puso en gran ayuno, é oración; é como quier que según la ley, é costumbre de aquel Reyno de Persia, é Media ninguna persona de ningún estado, nin condición non era osada de llegar al Rey sin su especial mandado; é el que lo contrario facía, era digno de muerte; saluo si el Rey en señal de clemencia, y piedad endereszasse contra el que assí á él venía un berdugo de oro, que él siempre acostumbraba traer en la su mano: la dicha Reyna, poniéndose á peligro de muerte por saluar su pueblo, pasados primeramente tres días, que ella, é sus doncellas, é los otros de aquel pueblo, que moraban en la ciudad de Susis, cabeza de aquel Reyno, donde el Rey continuadamente facía su morada, auían estado en ayuno, é oración, rogando á Dios que librasse la Reyna de aquel peligro; ella se vistió, é puso en aparato Real, é se fué para el Palacio del Rey, donde él estaba sentado en consejo en la su silla imperial: el Rey, como la vido, tendió contra ella en señal de clemencia, é piedad el berdugo de oro, que en la su mano tenía, el cabo del qual ella besó con gran reuerencia, é humildad, fincados los inojos ante el Rey, é fizo su suplicación muy prudente, apuesta, é sabiamente, é continuó, é prosiguió el negocio adelante tan ordenadamente, é con tan gran virtud, é osadía, é firmeza de corazón, según su historia cuenta, que ella libró de muerte, é de todo mal, é daño al su pueblo; é el Rey reuocó todo quanto contra ellos auía mandado facer, é mandó aforcar al dicho cauallero Amán, que lo sobredicho auía procurado contra ellos; é á diez fijos suyos en una forca muy alta, que el dicho cauallero Amán auía fecho, pensando ganar del Rey que mandaría aforcar en ella al dicho cauallero Mardocheo; é le mandó tomar todos sus bienes, é possessiones, é heredamientos, de los quales fizo merced á la dicha Reyna Ester, é proveyó del oficio de Chanciller mayor, que el dicho Amán tenía, al dicho Cauallero Mardocheo, que primeramente era guarda de su cuerpo; en señal de la qual deliberación la dicha Reyna constituyó ciertos días de fiesta en cada año, los quales mandó ser guardados para siempre por todo aquel pueblo, porque diessen gracias á Dios por tan grande, é tan señalado beneficio, como dél auían reciuido. ¡O muy clara sabiduría de mujer! la qual guardó tiempo, é con tanta orden, é diligencia para que librasse su gente de la destruición muy aparejada, lo qual non fizo sin peligro de su persona; porque ella pensó de curar mucho más de la salud de todos, que non de la suya; é de aquí mostró la excelencia, é sobrepujanza de su corazón, porque non se contentaba de aquellas cosas, que la fortuna nos otorgó, mas siempre por amor de virtud trabajaba, pensando cómo, é por quál cosa digna de loanzas, ella ganaría la gloria, non aquélla, que es breue, é se para luego; mas aquélla que por todos los tiempos se esfuerza de ser honrrada, la qual gloria criasse la postrimería de los que eran por venir, é durasse por todo el tiempo advenidero; ¿ca por quál cosa más excelente esta notable Reyna pudiera seguir mayor gloria? ciertamente non por ninguna, porque ella por sabiduría non mortal redujo en vida el su pueblo, que sin causa era sojuzgado á la muerte sangrienta, é por la su graciosa fabla, falagando con bienquerencia el corazón del Rey, lo puso en ira contra aquel cauallero llamado Amán, tanto, que el dicho Rey le mandó matar, é que fuesse puesto en la forca, é que muriessen á cuchillo todos los otros, que la destruición de los Judíos deseaban: é como quier, que se lee, Publio Scipión Africano mayor, é menor, é entre las edades destos poniendo el sabio Catón, ellos ser dignos de loanzas para siempre, porque con todo cuydado lá cosa pública ensalzaron, é en la guarda della de todo en todo fueron ocupados, é non pensaron que ellos debiessen pedir, nin aya cosa en esta vida, salvo aquello, que paresciesse loable, é muy claro, empero esta notable Reyna Ester non fué menor que éstos en justicia, en feé, en sabiduría, en grandeza, é en todas las otras virtudes, que pertenescen á la verdadera gloria, nin aun fué menor que los dos Cauallleros Romanos llamados Decios, nin que los dos Catones, nin que los llamados Scipiones, nin que esos siete, que cerca de los Griegos, son nombrados, é auidos por sabios; nin aun aquél, que, según los Gentiles, es juzgado ser muy sabio por sentencia de Apolo, que ellos auían por Dios.

CAPÍTULO VII.

DELBORA.

Delbora Profetisa mujer Hebrea, esta fué mujer de un hombre llamado Lapidoth, la qual non dudo, que se ha de anteponer á los varones muy nobles de la sabiduría casi Diuinal de los quales, é de la justicia muy clara nos solemos marauillar, tanto, que como yo conmigo lo pienso, quanto resplandor de las muy excelentes virtudes en ella auía seydo, porque tanto esclareció en su tiempo más que los otros por grandeza de consejo, é por justicia, la qual es una virtud señora de todas, é Reyna de las virtudes, que acerca del pueblo de Isrrael con razón tobo la alteza del Juzgado; ca esta Profetisa, según cuenta la historia del libro de los Juezes en el quarto capítulo, fué en el tiempo del Rey Jauín, que entonces reynaba en el Reyno de Asor: este Rey sojuzgó el dicho pueblo de Isrrael después de la muerte de Ajot, Juez dellos; ca el dicho pueblo aun entonces non auían Rey, mas gouernábanse por Juezes: este Rey Jauín auía un Príncipe de la su cauallería llamado Sisera, del qual dicho Rey, é de los suyos el dicho pueblo eran muy atormentados, tanto, que con la gran cuyta, en que eran, non les quedaba otro remedio, saluo clamar cada día á Dios, suplicándole que los librase de poderío de aquel Rey; en aquel tiempo la dicha Delbora juzgaba el dicho pueblo de Isrrael, é facía su morada só una palma entre dos lugares, llamados Ramá, é Betel, en el monte de Efraín: queriendo Dios socorrer al dicho pueblo, é lo librar de poderío del dicho Rey, mandó á la dicha Profetisa, que ella de su parte dijesse, é mandasse á un cauallero de aquel Pueblo, llamado Barach, que moraba en tierra de Neptalín, que tomasse consigo diez mill combatientes de las Compañías de Neptalín, é Zabulón, é se fuesse con ellos al monte, llamado Tabor, é cerca del río Cisón, é peleasse con el dicho Sisera, Príncipe de la cauallería del Rey Jauín, é con la su hueste, non embargante que los del dicho Príncipe Sisera fuessen muchos más, é muy armados; ca Dios le auía prometido victoria contra ellos, lo qual dicha Profetisa Delbora mandó, é dijo assí de parte de Dios al dicho cauallero Barach; el qual le respondió que en alguna manera non lo faría, saluo si la dicha Delbora Profetisa fuesse con él en su compañía; el qual Barach, escogidos diez mill combatientes de aquélla su gente, é lleuando en su compañía á la dicha Profetisa Delbora, se fué con ellos al dicho monte Tabor; é como la fama desto viniesse al dicho Príncipe Sisera, él ayuntó luego mucha gente de armas, é 900 carros armados, é fuesse para él con toda su hueste al logar, llamado Arozet de los Gentiles; entonces la dicha Profetisa dijo al cauallero Barach, que se moviesse contra el dicho Príncipe, ca Dios era el su guiador, é aquél era el día, en que Dios se lo pondría en su poder; lo qual el dicho Barach fizo assí, é descendió del dicho monte Tabor con los diez mill combatientes, é peleó con el dicho Príncipe; é entonces el señor Dios, el qual sólo abaja las cabezas de los soberuios, é alza á los que esperan en él, firió de temor el corazón de aquel Príncipe, é de toda la muchedumbre de su hueste, tanto, que él descendió del carro, é ovo de foir á pie, é todos los suyos perecieron por muerte sangrienta; é este Príncipe, pensando escapar, se vino á una tienda de una dueña, llamada Jael, mujer de Aber, la qual le reciuió, él le pidió agua, por quanto auía muy gran sed, la qual en logar de agua le dió á beber leche, é él se durmió, é ella le mató con el estaca de fierro de la dicha tienda, la qual le puso por la cabeza, dando golpes en ella con un martillo; é en tanto Barach, andando buscando con gran diligencia al dicho Príncipe por le tomar, é matar, la dicha dueña salió á él al camino, é le contó, é mostró cómo ella le auía muerto; é assí por esta victoria fué librado aquel pueblo de poder del dicho Rey Jauín, la qual victoria plogo á Dios que oviesse el dicho pueblo por mano é ordenanza de la dicha Profetisa Delbora, la qual por sus excelentes virtudes, é grande dignidad de su sabiduría, é espíritu de profezía, mereció auer tan grande gloria desta vitoria, de la qual ella fizo, é ordenó muy notables cantinelas á loor de Dios, señor de las batallas, según se lee en el quinto capítulo del dicho libro de los Jueces. É como quier que acerca del pueblo Romano, é de los otros Gentiles los adivinos eran muy grandes en todo honor, tanto que ninguno intentaba de facer algo, si primeramente ellos non lo ordenassen; é si los adiuinos del sol, que más que los otros decían las cosas antes que acaesciesen, é mayormente acerca de los Griegos, mucho eran honrrados: ¿por quál razón non diremos nos Delbora ser muy digna de toda honrra, é gloriosa loanza? la cual non sólo resplandesció por espíritu de profezía, que es el mayor grado que el hombre alcanzar puede, mas resplandesció por grandeza de consejo, é por muy clara justicia; ciertamente diremos que sí: pues agora ¿quién es aquel tanto non conosciente assimesmo que pensar pueda esta mujer ser antepuesta en oficio de Juzgado por el pueblo de Isrrael, acerca del qual toda verdadera sapiencia florecía si ella non fuesse esclarecida por muy singulares, é casi diuinales virtudes? bien pienso yo que ninguno non sea que lo contrario diga; é que este pueblo aya seydo alumbrado por verdadera lumbre de sabiduría; pienso que ligeramente esto puede ser visto como á este pueblo más que á los otros en el tiempo primero fué dado aqueste singular privilegio, para que justamente conociesse al muy alto Dios, é derechamente lo sirviesse, porque aquella luz de la verdad eterna vestida de la carne passible, es á sauer, Nuestro Señor Jesuchristo, aún non auía conuersado en las tierras; é como quier que parece los primeros filósofos ser dotados de marauillosa sauiduría, empero non consiguieron aquella sauiduría, que es antepuesta más que las otras por conocimiento limpio de la divinal bondad, mas de aquesta algún conocimiento alcanzaron, é por esta causa, é por la muy gran igualdad del movimiento, é retorno del cielo, por la fermosura, é departimiento, é orden de la luna, é el sol, é todas las Estrellas; é como ellos contemplassen el acatamiento de aquestas cosas, por él se mostraba asaz non ser aquellas cosas por el acaecimiento de fortuna, mas entendía ser alguna cosa, la qual fuesse antepuesta, é más alta, é á la qual obedecen tantos movimientos, é tantos rodeos, é las órdenes de tantas, é tan muchas cosas, en las quales la vejez sin medida nunca ha mentido; por lo qual se concluye ser cosa necessaria ser governados tantos movimientos de natura por alguna cosa muy perfecta, é complida, el qual es Dios; por ende si por tan altas autoridades paresce las mujeres auer seydo muy sobrepujantes, las quales por la muy singular excelencia de virtudes merecen gloria de verdadera alabanza; é ser algunas en nuestro tiempo muy claras non sólo por nobleza de linaje, mas por costumbres muy loables, é por muy honestos enseñamientos; mucho me marauillo con quál presente la locura de los malos presume querer afear toda la generación de las mujeres; é si por aventura por tachas de algunas, como pienso, estos maldicientes quieran inculpar toda la generación de las mujeres, non paran mientes al gran error que esto facen, porque muchos de los varones muy claros egualmente caerían en señal de infamia; ca non es de dudar la generación de los hombres ser aparejada de su nacimiento á toda caída, é deleznamiento, según suso al comienzo desta obra claramente por autoridades es probado, é la experiencia lo muestra de cada día; é esto non solamente há logar en las mujeres, mas eso mesmo en los varones, é non sólo en los simples, mas en los sabios, lo qual non há menester probanza, porque de suyo está probado: é quién es tan loco, que piense debe ser deleznada por la non continencia de algunos la singular continencia de Cipión? el qual, entrada, é tomada la nueua ciudad de Carthago, como entre los otros, que fueron cautibos, fallasse una doncella virgen, é de fermoso gesto, é de edad razonable, é él fuesse mancebo, é polido, é vencedor, sauiendo que ella fuesse desposada con un manceuo muy noble, llamados los parientes, é el esposo, se la fizo tomar sin ser forzada; nin por la culpa de algunos, si mal usan, deue ser mancillada la continencia del postrimero Catón, el cual como oviesse ido por reciuir el tesoro deuido al Imperio Romano, ovo el corazón tan fuerte contra la lujuria, é contra su propio prouecho, que entremetido en la muy gran materia de poder caer en el uno, é en el otro error, dió muy cierto argumento del vientre de la misma materia ser ambos nascidos, es á sauer, la continencia, é esse mesmo Catón; é assí los que quieren culpar las mujeres más que á los hombres, mucho ierran, pues que los ierros, é vicios son comunes assí á los hombres, como á las mujeres, según que las virtudes son comunes á ellos, é á ellas.

CAPÍTULO VIII.

LA REINA DE SABBÁ.

Muchas veces pensé conmigo mismo qual yo debiesse escribir después de la Profetisa Delbora; é en tanto que por el corazón, é la razón pasasse por las otras mujeres, la memoria de las quales en el Viejo Testamento es escrita, vino á mi voluntad la Reyna de Sabbá ser á mí antepuesta á todas las otras, é non sin razón, por quanto los varones florescientes por nobleza de ingenio non menos floresçen por grandeza de su corazón, porque cada una de las otras virtudes suelen ser marauillosas. Esta Reyna de Sabbá, como oyesse la fama de la sauiduría, ante non oyda, é casi duradera para siempre, del Rey Salomón por muy grande, é soberana virtud, sin la qual non puede ninguno conseguir en la vida qualquier cosa muy noble, auiendo gran deseo de aprender sauiduría con gran fortaleza de corazón, poniéndose á los grandes peligros, é á los trauajos, é luengos caminos, dejó su Reyno, é su tierra, é señorío, é vino de tierra muy lueña al dicho Rey Salomón á la ciudad de Jerusalén muy acompañada, é con muy grandes riquezas, la qual trajo camellos cargados de cosas muy olientes, é mucho oro fino, é piedras preciosas; é non sin razón se movió querer visitar al dicho Rey, é aprender algunas cosas del su gran saber, como este Rey fuesse el más sabio de todos los hombres, que entonces eran en el Mundo, é el más glorioso, é rico Rey que todos los otros Reyes, tanto que por la fama de su sabiduría, é nobleza todos los Reyes de Arauia, é los Duques, é Grandes Señores de la Tierra le embiaban muy ricos presentes, é parias de oro fino, é tanto era el oro, que él hauía, que, según cuenta su Historia, él fizo 200 escudos de oro muy fino, é toda su bajilla, é las cosas de su casa eran de oro puro; é assí sobrepujaba la abundancia del oro en su casa, é Reyno, que la Plata en su tiempo non era contada en cosa alguna, del qual en conclusión dice el texto en el libro de los Reyes, en el deceno capítulo estas palabras: fué fecho magnífico el Rey Salomón sobre todos los Reyes de la tierra en riqueza, é en sabiduría, é todos los mundos deseaban ver la presencia de Salomón por oir la sabiduría que Dios le auía dado en su corazón, é le embiaban en cada año presentes, é bajillas de oro é plata, vestiduras, é armas, é cosas bien olientes, é cauallos, etc. E venida la dicha Reyna, ella fabló con el Rey Salomón todas las cosas, que en su corazón tenía, é por algunas figuras tentó manera, porque prudentemente muchos dichos, é sabidurías del dicho Rey aprendiesse, é á su memoria los acomendasse; é veyendo la dicha Reyna la gran sabiduría del dicho Rey, é la casa, que auía edificado, é los manjares, que continuamente se ponían á la su tabla, é las casas de sus seruidores, é la orden de aquéllos, que le servían, é las vestiduras dellos, assimesmo la grande orden de la su copa, é de las ofrendas, que el dicho Rey ofrecía en el templo de Dios: fincó dello muy marauillada, é dijo assí al Rey Salomón: Rey, verdadera es la palabra, que yo de tí, y de tus cosas, é de tu sabiduría ove oydo en la mi tierra, lo qual yo non creya á los que me lo decían, fasta que yo por mi persona vine, é lo ví por mis ojos; é he fallado que non me fué dicho la mitad de lo que era; ca ciertamente mayor es la tu sabiduría é las tus obras, que la fama, que yo de tí auía oydo; bienaventurados son los tus varones, é los tus seruidores que están delante de tí continuamente, é oyen la tu sabiduría; sea bendito el señor Dios tuyo, al qual tú has complacido, é él te puso en la silla, é trono del pueblo de Isrrael, porque amó la casa de Isrrael para siempre, é te fizo Rey, para que hagas juicio, é justicia; ca, aquesto assí dicho, la dicha Reyna ofreció al Rey muchos presentes de gran cantidad de oro, é muchas cosas bien olientes, é piedras preciosas; é el Rey eso mesmo dió á ella muchas joyas, é cosas preciosas; ca allende destas, otras cosas señaladas, que ella le pidió le diesse de las de aquella tierra; ca si esta Reyna muy virtuosamente é con grande excelencia se despidió del Rey Salomón, é se tornó á la su tierra, é reynó con sus seruidores, las loanzas de la qual son muy grandes, assí por su gran sabiduría, como por su alta prudencia, é fortaleza, é grandeza de corazón, é su gran tempranza, é por otras muchas virtudes, que de sus magníficos hechos se pueden entender: ciertamente grande, é singular fué la sobrepujanza del corazón desta Reyna pasar las Provincias, ver los nuebos pueblos por amor de la sabiduría, la qual sabiduría con muy gran loanza parece en los varones muy claros, andando peregrinando por el Mundo, auer demandado, é alcanzado, assí como se lee, que Pythágoras, el qual es llamado muy cumplida obra de virtud, fué en Egipto por aprender la sabiduría, é dende se fué á aquellas gentes llamadas Persas, por ser enseñado de la muy gran prudencia de los sabios acerca de los quales con corazón aparejado por aprender él escriuió en su corazón el mouimiento, é curso de las estrellas, é la fuerza, é propiedad, é obra de cada una dellas, é nauegó en las tierras, é prouincias de Creta, é en Lacedemonia; las leyes, é costumbres de los quales acatadas vino á la ciudad de Athenas, é después vino en Italia en las ciudades muy grandes, é muy poderosas de Grecia, que es dicha la grande en el tiempo que Bruto libró la Tierra, allí Pithágoras parece hauer florecido por marauillosa sabiduría; assí ciertamente Platón, hombre casi de toda disciplina muy enseñado, tanto que ninguno non era pensado en la Ciudad de Athenas ser más claro por gloria, ni más honrrado por autoridad, ni más auentajado por ingenio, y prudencia, ni más florecido en la manera de bien fablar, assí que las cosas, que eran de decir, las pudiesse decir fermosa, bastante, é diuisadamente: éste siguiendo la costumbre de Pithágoras parece que fué en Egipto, donde aprendió los muchos quentos de la Geometría, é la guarda, é la razón de los cielos; é dende se fué para aquellos dos Cónsules, llamados Lucio Camilo, é Publio Claudio, por oir á aquel noble varón, llamado Archita Tarentino en Italia; é otrosí, porque era gran fama del filósofo Anaxagora, se fué para él con muy grande é ardiente amor de sabiduría, el qual después que con luenga peregrinación, se quiso tornar á su tierra, é viesse sus heredades desiertas, dijo assí: Yo no alcanzara la sabiduría, saluo si estas cosas no hubiessen seydo perdidas. ¡O voz muy digna de varón muy grande! por la qual mostró él auer dejado perder aquellas cosas, assí como enemigas de los muy altos saberes. Mas porque esta nuestra fabla, poniendo muchos ejemplos, no se aluengue, digo: que quál cosa contaré yo de la magnificencia, é de la Grandeza desta Reyna de Sabbá? las quales virtudes, más que todas las otras de todo en todo nos llaman, é assí obran en nos, para que amemos á aquel Dios, al qual ellas parecen ser juntas: yo non pienso decir otra cosa, saluo que tal ella fuesse, qual pertenecía para tanta dignidad Real, lo qual se puede asaz juzgar de la su venida al Rey Salomón con tan grande, é magnífico aparato, trayendo consigo muy muchos, é muy preciosos dones. ¿Qué diré de la justicia della? ¿Qué diré de la tempranza? Si estas marauillosas virtudes logar non oviessen donde tan marauilloso ingenio, tan singular sobrepujanza de corazón florecía, la qual non contenta de su propia casa, é Reyno, é señorío, quiso hauer experienciá de la diuinal sabiduría de Salomón por la prudencia, é estudio del qual ella podiesse ser fecha más enseñada.

CAPÍTULO IX.

SEPHORA, É PIANA.

Non son aquí de oluidar aquellas muy piadosas, é sabias mujeres, llamadas por nombres, la una Sephora, é la otra Piana, parteras del pueblo de Isrrael, á las quales Pharaón, Rey de los Egipcianos, queriendo destruir el dicho pueblo, que en aquel tiempo era en Egipto, porque sus adevinos le auían dicho, que de aquel pueblo auía de nacer quien le ficiesse algún daño; él por esso, pensándose proveer con tiempo, é quitar el daño, que de allí le podía venir, mandó á las dichas parteras, que cada que las mujeres Hebreas pariessen fijos machos, que los echassen en el río del grande Nilo, que era cerca de aquella ciudad de Egipto, é que allí muriessen, é que solamente dejassen viuir las fembras; parece que estas dueñas con gran piedad, é auiendo temor de Dios non quisieron cumplir el mandamiento de aquel Rey; antes hauiéndose muy piadósa é virtuosamente ficieron todo lo contrario, non matando los niños, mas guardándolos; de lo qual ellas reprehendidas por el dicho Rey se excusaron muy cuerda, é auisadamente, diciendo que las mujeres Hebreas non eran según las Egipcianas; ca las Hebreas, eran muy sabias, é non hauían menester parteras; é assí parece que estas parteras ovieron en sí non sólo la virtud de la cordura, que es enderezadora de todos los fechos de los hombres, excusándose tan sauiamente del dicho Rey, non queriendo facer, é cometer tan grande, é aborrecible pecado, es á saber, matar los niños, que eran sin pecado; mas que ellas ovieron en sí la virtud de la justicia, que es viuir honestamente, é non facer daño á otro, é dar su derecho á cada uno; é que especialmente ovieron la virtud de la fortaleza, poniéndose á tan gran peligro, traspasando mandamiento de tan grande Rey, por non pecar, nin errar á Dios; é pues esto se movieron ellas á facer por amor, é temor de Dios, puédese bien decir, que, demás destas virtudes susodichas, ovieron en sí mucha feé, é esperanza, é amor de Dios: la santa obra de las quales bien parece ser reciuida por Dios, según lo muestra la Sacra Escritura en el primero capítulo del segundo libro de la ley de Dios, llamado Exodo, donde cumplidamente se cuenta la Historia dellas; é allí dice, que porque estas parteras temieron á Dios, é guardaron de non matar á los niños, el pueblo creció muy mucho, é fué muy confortado, en galardón de lo qual Dios fizo muchos beneficios á estas buenas parteras, é les dió grandes cosas, que, según San Jerónimo, é los otros santos Doctores, se entiende que les fizo muchas gracias espirituales, y temporales.

CAPÍTULO X.

ANA, MADRE DE SAMUEL.

Ana, madre del Profeta Samuel, fué mujer de un hombre, llamado Elcana, del monte de Efraín: esta dueña Ana, según cuenta su Historia en el primero libro de los Reyes en el primero, é segundo capítulo, era mañera, que non auía fijos, por causa de lo qual ella muy triste viuía; é acaeció que un día en tiempo del gran sacerdote Heli, seyendo á la sazón el templo de Dios en el logar llamado Silo, este buen varón Elcana, é la dicha Ana su mujer fueron en Romería al dicho templo de Silo por adorar, é sacrificar á Dios, con grande lloro, suplicándole muy deuotamente que le diesse generación, al qual fizo voto, diciendo assí: Señor Dios de las virtudes, si tú acatares la aflicción de la tu sierua, é te membrares de mí, dándome fijo varón, yo lo daré para seruicio tuyo todos los días de la su vida, é como ella se detobiesse mucho orando á Dios, meneando los lauios, é fablando entre sí mesma, de manera, que ninguno non la oya, el Profeta, é gran sacerdote Heli, que á essa sazón estaba sentado en su silla cerca de la entrada del templo, pensando que con tardanza de tan luenga oración, é por auer estado tanto espacio fablando entre sí, ella estubiesse fuera de su sano sentido con algún bino, que oviesse bebido, díjole que quitasse de sí el bino; á lo qual ella le respondió con gran humildad, diciéndole assí: señor mío, yo te suplico que tú non quieras contar por bebeda, nin desordenada á ésta tu siruienta; ca yo só mujer desventurada, é non bebí bino, nin otra cosa, que pueda enbeudar, mas reconté ante Dios mi gran dolor, é amargura. Entonces la dijo el Profeta Heli que se fuesse en paz, ca Dios complíría las sus peticiones; ella respondió: plega á Dios, que sea assí. É otro día por la mañana el buen hombre Elcana, é la dicha Ana su mujer se fueron al templo, é adoraron á Dios, é partiéronse para su tierra; é desque fueron, la dicha santa mujer Ana concivió del dicho su marido Elcana un fijo varón, que después fué llamado Samuel, uno de los mayores Profetas de Dios; é desque el niño fué destetado, Ana é su marido lo lleuaron al templo, é ella le presentó, é ofreció al dicho Profeta Heli, para que siruiesse á Dios todos los días de la su vida, como ella lo auía prometido: entonces esta dueña Ana fizo, é compuso una muy solemne oración, é cántico de grandes loores á Dios; la qual es escrita en el capítulo segundo del dicho libro, dando infinitas gracias á Dios por tanto beneficio: esta oración es muy notable, é santa, é contiene en sí grandes secretos, é muy altas cosas, é es de tanta excelencia, como otra cualquiera de la sacra escritura; é assí Samuel quedó allí en el templo, sirviendo á Dios con el dicho Heli, según largamente cuenta su Historia en el dicho primero libro de los Reyes. Non es sin razón de ser loada mucho esta santa Dueña, pues que mereció seyendo mañera é non auiendo fijos, ser oyda, é reciuida por Dios su petición, é que oviesse tan santo fijo, como la Escritura santa da feé, que fuesse el dicho Profeta Samuel; lo qual ella procuró, é suplicó á Dios con tanta oración, é propósito muy santo; é después se lo ofreció, é dió, para que todos los días de su vida le siruiesse; é assimesmo porque tanta paciencia, é tempranza ovo en sí; ca non embargante que el dicho Heli le dijo tan agrias palabras, é la maltrajo tanto, diciéndola, que estaba bebeda, con todo esso ella non se turbó, mas antes auiendo gran esperanza en Dios lo sufrió todo con buena paciencia, é continuó su oración á Dios, suplicando lo suso dicho; en lo qual razonablemente podemos decir que ella fué muy virtuosa assí en paciencia, como en grande feé, é esperanza, é amor de Dios: é ¿quién es aquél, que puede dudar, según la Historia desta santa mujer, que ella con muy buena voluntad siruiesse á Dios, é que siempre se oviesse en todos sus fechos muy honesta, é virtuosamente? pues que ella mereció ser oyda por Dios, é con gran feé, é fortaleza de corazón non se turbó de las palabras de tan grande sacerdote, nin se partió de la razón, mas con loable paciencia lo sufrió todo, auiendo grande esperanza en Dios, que cumpliría sus peticiones; por donde parece que non sin razón se puede decir, que non solamente las virtudes, mas aun las

Profecías, é reuelaciones son comunes assí á las mujeres, como á los hombres.

Otrosí mucho son de loar en común las mujeres del Viejo Testamento por aquello, que muy notable, é francamente, é con muy grande sabiduría, é diligencia ellas trabajaron en la obra del Tabernáculo, que el Profeta Moysén fizo por mandado de Dios, andando el pueblo de Isrrael en el Yermo; é non menos por aquello, que usando de la virtud de la franqueza, é magnificencia, ofrecieron, é dieron muy franca, é abondosamente muchas notables joyas de oro, é plata, é seda, é piedras muy preciosas para la dicha obra, según se lee en el 35 capítulo del libro del Exodo, donde eguala las mujeres á los hombres sin otro departimiento en todas las cosas que fueron menester para la obra del dicho Tabernáculo, las quales, según face feé la santa Escritura, ellas dieron, é ofrecieron con voluntad muy presta, é intención muy deuota; é si algunos fablando de voluntad aian dicho las mujeres ser escasas, naturalmente por éstas podemos decir, é afirmar lo contrario, especialmente en las cosas tocantes al seruicio de Dios, el qual es de poner delante á todas las otras cosas.

CAPÍTULO XI.

OLDRA, QUE OVO ESPÍRITU DE PROFECÍA.

Assí por la marabillosa excelencia de virtudes, el fin de las quales es graue de fallar por esta presente obra, non sea dada tanta lor á las santas mujeres, é Profetisas, é Reynas, é otras notables Dueñas, suso escritas, quanta la honrrada gloria suya, é la verdad demanda; con todo esso me parece razonable de aplicar la péndola á Oldra, mujer Profetisa, porque mujer tan virtuosa llena de espíritu de Dios, digna de grande marauilla, non debe pasar, sin fablar della; á la qual, como oviessen embiado á preguntar, é pedir consejo de sus fechos el Rey Josías muy justo, é santo del pueblo de Isrrael, espantado de las palabras escritas en el libro de la ley de Dios, que fabla de las penas muy grandes, que auerían los que non guardassen los mandamientos de Dios, el qual libro, aquel varón llamado Elchías sacerdote avía fallado en el templo del señor, como se lee abiertamente en el quarto libro de los Reyes, la dicha Profetisa declaró á los mensajeros del Rey las justas culpas, que Nuestro Señor Dios auía de demandar á toda la gente de los hombres de aquella Ciudad por los pecados por ellos fechos, é cometidos; las quales culpas por la marauillosa bondad suya muchas veces él dissimula, é las tarde demanda, aunque algunas veces el mucho tardar compensa con justicia, agrauando la pena; donde el dicho Rey Josías, requerido por esta Profetisa, mandó alimpiar el templo de Dios de algunas cosas non convenibles, que allí eran puestas, é quitó de tierra de Judea, é de Jerusalén los adivinos, que llamaban Fitonisos, é los Encantadores, é á las figuras de los Idolos, é todas las otras cosas de Idolatría, aborrecibles á Dios, porque cumpliesse las palabras de la ley, que en aquel libro están escritas, como en el capítulo segundo del dicho libro parece; en lo qual esta mujer Profetisa non es menos, mas mucho más de loar, que los adiuinos de los Gentiles; ca, según los sus historiadores escribieron, los Romanos con mucha religión buscaron las respuestas de aquel savio Apolo, que ellos llamaban Dios, é dende por singular diligencia los acostumbraron alcanzar como parece ellos auerlo fecho assí, quando trauajados de la continua guerra de la ciudad de Vegenta, desque vieron el lago Aluano salir de su común curso, non acrecentado por aguas del cielo, nin por otro qualquier allegamiento de agua, guardaron con mucha diligencia los mandamientos de los intérpretes, que eran los que declaraban la voluntad de los sus Dioses, é éstos otro tiempo eran tenidos en gran honrra; assimesmo parece por el seruicio de Lucio Sila Cónsul, que, como trabajasse en sacrificios en el campo llamado Nolano, é de la otra parte del ara viesse correr el agua, apartó luego su hueste por consejo de un sabio, llamado Póstumo, é fuesse á las fuertes batallas de las gentes Samnitas, de los quales ovo fundamento de su vitoria; assí que ciertamente creyan, non por fortuna, nin por acaecimiento, mas por prouidencia de Dios venían todas las cosas; é esto parece assimesmo por la autoridad del Senado de Roma, el qual, dejada ya la ciudad de los Franceses por oir la voz de Cinturio, dejó luego el consejo de pasar á las gentes llamadas Viejos; aquesto mesmo parece por Lucio Paulo Cónsul de Roma, al qual, como viesse en suerte, que ficiesse guerra al Rey de Persia, por la respuesta de su fija concivió en su corazón cierta esperanza de la clara vitoria, la cual ovo; dende gloriosamente parece esso mesmo por saluación de aquel cauallero Romano, llamado Galio Marcio, que fué juzgado enemigo por los padres, é como fuesse traído en guarda á la casa de Furia, amonestado que fuesse á logar, donde podría escapar, recusó de reciuir el consejo, é fuesse para la mar, é luego subió en una nao, en la qual vino á Africa, é retrájose de reciuir las armas vencedoras de Lucio Sila: tornando agora á nuestro propósito: ¿quál hombre de sano entendimiento se debe marauillar que el Rey Josías por respuesta de aquesta Profetisa se aya mouido en tan gran aparato con ceremonias tan solenes de alimpiar el Santuario del señor Dios, que era la tierra de Judea, é Jerusalén, si ella non oviesse seydo muy santa, é virtuosa, é de muy gran autoridad? é pues que los antiguos Romanos, que fueron señores de todo el Mundo, estudiaron de guardar con mucha diligencia las respuestas del su Dios Apolo, é la predicación de los sus adeuinos; qué diremos nos de los mandamientos de aquesta Profetisa? que tantas fueron sus virtudes, que aunque ella aya seydo dotada en gran honrra de espíritu de profecía; pero, demás desto, ella floreció en santidad, en sabiduría, en honestidad de vida, en firmeza, en piedad, en todas las otras loables costumbres, que es de creer que todo su pensamiento fuesse siempre en contemplación del muy alto, é soberano bien, que es Nuestro Señor Dios, é que ella se tratasse muchas veces en imaginar notables consejos para aprouechar á sí mesma, é á otros; é assimesmo en cosas altas pertenecientes á vivir bienaventuradamente; é si por aventura alguno crea que de aquesta Profetisa es dicho asaz, piense en sí mesmo si aquella sabiduría soberana, que todas las cosas vee en un acatamiento, le diera tan singular Don, otorgado á tan pocos, como es el espíritu de profecía, si ella non fuera un sagrario de cosas muy buenas, lo qual bien acatado, luego él entendía aquesta auer trauajado de guardar toda pureza, é complimiento de vida; é assí que debe ser egualada á los Profetas, é antepuesta á muchos notables varones, que non ovieron espíritu de Profecía, aunque fueron virtuosos, lo qual se muestra muy claro ser assí, pues tan alto, é tan santo Rey, é tantos Sacerdotes, é pueblo tan grande, é donde auía tantos sabios, demandaron su consejo, é obedecieron, é cumplieron su mandamiento con tan gran reuerencia, de que bien parece la soberana autoridad, en que acerca de todos esta Santa Profetisa era tenida, é auida.

CAPÍTULO XII.

LA DUEÑA, QUE MATÓ Á ABIMELEC.

Non sin razón se debe aquí facer mención de aquella virtuosa, é noble Dueña, que la Historia cuenta en el libro de los Jueces, do dice, que Abimelec, fijo de Gracoboal, mouido con gran malicia, é desordenada codicia, mató settentta hermanos suyos, é tiranamente les tomó el Reyno, é el señorío, que tenían, é se fizo Rey, non auiendo derecho alguno al Reyno: este tirano Abimelec, que se llamaba Rey, continuando su tiranía, teniendo cercada una ciudad de aquel Reyno, llamada Sichén, é comenzando á poner fuego á las puertas della, parece que una noble Dueña que estaba encima de la puerta, queriendo socorrer la ciudad, é librar el pueblo de poder de aquel Rey, tomó un gran pedazo de piedra de una muela, é derribólo sobre el dicho Rey, con el qual le dió un gran golpe en la cabeza, de que luego murió allí; é assí por mano de aquella Dueña fueron librados aquella ciudad, é aquel Reyno de poder de aquel cruel tirano. ¡O grande fortaleza de corazón desta noble mujer! que, tomado el oficio de las armas, que es propio de los varones, deseando librar de muerte, é cruel seruidumbre la su tierra, é pueblo, con tan grande fortaleza de su corazón mató á aquel tirano, que auía exheredado sus hermanos, y los auía muerto injustamente, se auía apoderado por tiranía de aquel Reyno; assí que ella fué causa de lo tornar, é poner en su primera libertad, en la qual esta muy noble, é virtuosa Dueña es de igualar á los nobles Romanos, é á los otros virtuosos varones, que por salud de la cosa pública se pusieron á muchos peligros, é la libraron de seruidumbre, é la pusieron en libertad; é quál cosa puede ser más honesta, que matar el tirano por la libertad de la tierra? la qual libertad es á nos muy amada, tanto, que el buen varón no duda de anteponer el prouecho de su tierra, á su propio interés, lo qual fizo assí aquel noble varón Marco Regulo, cauallero

Romano, el qual, como fuesse preso en poder de los de Cartago, é ellos le embiasen á Roma, para que tratasse que por redención del mismo fuessen dados algunos Caualleros de Cartago, que en Roma eran presos, el dicho Marco Regulo, veyendo que esto non era cosa complidera á los Romanos, é cuidando más de la cosa pública, que de su interés propio, acordó de estorbar aquel trueque, aunque el senado condescendía á ello, porque el dicho Marco Regulo fuesse librado de aquella prisión; é él quiso antes tornar en Cartago, é morir en prisión, que ser libre della con daño de los Romanos; é assí esta Dueña quiso anteponerse á peligro de muerte, por la cual oviera de pasar, si ella non matara aquel tirano, é él oviera conquistado la Ciudad; que non consentir que aquel mal tirano saliesse con su non justa intención, é tomasse la dicha ciudad.

CAPITULO XIII.

LA FIJA DE GEPTÉ.

Razonable cosa es de non oluidar la grande, é soberana obediencia de aquella noble doncella, fija del noble cauallero Gepté, del qual face mención el dicho libro de los Jueces; donde parece que este Cauallero era natural de tierra de Galaad, el qual fué varón muy fuerte, é batallador, é sus hermanos le auían desterrado de allí para una tierra llamada Jog, diciendo él non ser legítimo, é por ende que non debía heredar con ellos en los bienes de su padre; é parece que estando este cauallero en aquella tierra, donde era desterrado, se llegaron á él muchos hombres pobres, é ladrones, é seguíanlo como á su príncipe, é caudillo: en aquel tiempo parece que el Rey de aquellas gentes, llamadas Amonitas, conquistaba, é sojuzgaba muy agriamente el pueblo de Isrrael; é ellos, veyéndose muy aquejados dél, los mayores de aquella ciudad de Galaad se fueron para el dicho cauallero Gepté á aquella tierra, donde él viuía, rogándole que le ploguiesse de se venir para ellos, é ser su Príncipe, é caudillo, é pelear contra los Amonitas, que tan malamente le apremiaban; él les respondió, excusándose, diciendo, que bien sabían, que ellos le auían hechado de su tierra, é de casa de su padre, é que este llamamiento, que aora le facían non era por amor, mas por necessidad, finalmente mucho rogado, dijo, que le placía de condescender á sus rogarias; é reciuido dellos por Duque, é Príncipe suyo, él embió luego sus mensajeros al dicho Rey de los Amonitas, mandándoles que de su parte le preguntassen por quál razón él auía venido contra su tierra por se la destroir; el dicho Rey respondió, que la razón, é causa era ésta, es á sauer, que al tiempo, que el dicho pueblo de Isrrael saliera de tierra de Egipto, le auían tomado, é ocupado cierta tierra suya, é por ende, que, seyéndole tomada pacíficamente, á él placía de se partir de aquella conquista; á lo qual el dicho Príncipe Gepté le embió á replicar, diciendo que aquellas tierras eran del dicho pueblo de Isrrael, é Nuestro Señor Dios se las diera, é auía trescientos años, que las posehían, en los quales nunca cosa desto les auían demandado; é por ende, que la su demanda non era buena, antes la guerra, que por esto les quería facer, era injusta; é el dicho Rey erraba en ello, é que tomaba á Dios por medianero entre ellos; de lo qual el dicho Rey non se curó en cosa alguna; por lo qual ambas partes se aparejaron para pelear en el campo; é el dicho Príncipe Gepté fizo voto á Dios, que si le diese vitoria contra aquel Reyno, é sus gentes, que desde allí ofrecía de le sacrificar qualquier que primeramente saliesse de las puertas de su casa á lo reciuir, quando él tornasse en paz, é con vitoria de aquella batalla: é fecho este voto, él se pasó contra aquellas gentes para pelear con ellos; plogo á Nuestro Señor que los venció en el campo, é mató muchos dellos; é assí fueron por él sojuzgados so mano, é poderío del pueblo de Isrrael; é auida esta vitoria, él tornándose á su casa, acaeció que en aquella hora salió á lo reciuir con grandes danzas, é instrumentos de música la Doncella fija suya; ca él non auía otro fijo, nin fija, la qual vista por el dicho Príncipe, él mostrando dello gran pesar rompió sus vestiduras propias, é díjole: Fija mía, tú has engañado á tí, é á mí, ca yo non puedo negar, nin quebrantar el juramento, é voto, que fice á Dios, al qual ella con gran obediencia, é usando de la virtud de la fortaleza, le respondió: Padre mío, lo que tú de mí prometiste á Dios, sea fecho, pues á él plogo de te dar venganza, é vitoria de tus enemigos, pero una cosa te soplico, que me dejes andar con las mis doncellas dos meses, cercando los montes, faciendo llanto por la mi virginidad: el Padre la respondió, que le placía, é que se ficiesse assí, é complidos los dos meses, ella se tornó para su padre, de la qual él fizo, é cumplió lo que auía votado; é de allí se puso por costumbre, é se guardó en el pueblo de Isrrael, que en cada un año en aquel mismo tiempo se juntaban todas las Doncellas, é facían llanto por aquesta noble Doncella, que assí quiso ser sacrificada, por cumplir el voto de su Padre. Mucho son de loar las grandes virtudes de obediencia, é fortaleza de esta Doncella, la qual seyendo fija de tan gran Príncipe, é él non auiendo otro fijo, nin fija, si non á ella solamente, é seyendo moza, virgen, é muy fermosa, é pudiendo vivir muchos años, é auer tan gran casamiento, como á fija de tan gran Príncipe pertenecía, quiso dejar todo esto, é la vida presente, porque el voto, que su Padre auía fecho á Dios, non fuesse quebrantado, é sin otra turbación, con gesto alegre, é buena voluntad quiso obedecer tan cruel sentencia, diciendo á su Padre: sea fecho, é complido lo que de mí prometiste; en lo qual se quiso egualar á la obediencia del Patriarcha Isac. ¡O grandeza de corazón muy clara! la qual se puede egualar á los muy fuertes, é muy firmes varones; ca, qual mayor cosa, nin más fuerte fizo aquel sabio Catón, quando con su propio cuchillo se mató por la perdición de la libertad de Roma? ca le dejó la vida, veyendo que él ya non podía viuir en libertad en Ro[ma]; é esta Doncella por ser obediente á su Padre, de voluntad se ofreció á la muerte, pudiendo viuir en grande estado; mas para qué yo alargaré, contando las loanzas della? ca tanta es la su dignidad, tanta es la su pujanza de virtud, que por muchos loores non se podían contar.

CAPÍTULO XIV.

DE CINCO MUJERES BIEN FABLADAS, LAS QUALES SE LLAMARON ABIGAIL; TEANITES; LA QUE MORABA EN ABELA, QUE LA DESCERCASSE EL CONDESTABLE JOAB; BERSABÉ, MADRE DE SALOMÓN; É SUNAMITES.

Muchos sabios, assí Griegos, como Latinos, é especialmente aquel grande Tullio Cicero, han compuesto, é fecho muchos libros en la eloquencia, que quiere decir la buena, é graciosa manera de fablar ante los Emperadores, é Reyes para mejor, é más aina alcanzar los hombres aquellas cosas que quieren soplicar; é generalmente de la manera que á todos pertenece tener en sus fablas é dichos con todos aquellos con quien han de participar, porque mejor pueden facer sus fechos; é assímesmo algunos dellos son loados por las buenas, é graciosas maneras de fablar, que han fecho, é tenido ante algunos Emperadores, é Reyes, por donde han librado de muerte, é de otros peligros á muchos Reyes, é otras notables personas; como, según ellos, no ay cosa más loada que la buena fabla, si con ella se ayunta tener cerca della aquel modo, que para lo tal es complidero, es á saber, considerar quién es aquél que fabla, é á quién; é cómo, é en qué logar, é tiempo, é la materia de la qual es aquella fabla; las quales cosas acatadas, é guardadas, quando la fabla non peca en ninguna destas cosas, puédese decir della, que non ay cosa más suaue, nin más dulce, nin que más de buena voluntad los hombres quieran, que oir la tal fabla: ésta es esperanza de los que están en necesidad, é defensa de los que son en trabajo; ¿ca cuál cosa ay más marauillosa, nin de mayor precio que la tal eloquencia? pues ella es poderosa de atraher las voluntades de los hombres, é facer mansos á los que están sañosos, leuantar los afligidos, é caídos, dar salud á los enfermos, librar de los peligros á los que son en persecución, facer de los enemigos amigos, é finalmente aquello que el sabio dice en los sus proverbios: la muerte é la vida es en poderío de la lengua, etc. E porque esto non sólo fué dado á los hombres, mas aun á las mujeres; por ende parecióme ser cosa razonable de facer aquí mención, especialmente, de cinco mujeres bien fablantes, é muy auisadas, é sabias; de las quales entre otras muchas face mención la sacra Escritura, pues que ellas merecieron ser puestas en el libro de los Reyes; la una de las quales fué aquella mujer llamada Abigail, mujer de aquel hombre muy rico llamado Nabal Carmelo, la qual por su buena avisación, é graciosa fabla, iendo Dauid muy airado con quatrocientos hombres armados, antes que fuesse Rey, con propósito de matar al dicho Nabal, é á todos los suyos por enojo que dél oviera; desque ella lo supo salió á él al camino con cierto presente de viandas, que delante de sí le embió, é le dijo tales, é tan notables razones, que amansó la su ira, é le fizo volver del camino donde venía, por manera que excusó de muerte al dicho su marido, é á los suyos. La otra es aquella sabia mujer, llamada Teanites, donde se lee, que auiendo desterrado el Rey Dauid al Infante Absalón su fijo por la muerte de Amón su hermano, esta sabia mujer con grande avisación tomó ávito de mujer viuda, é se fué para el Rey, diciendo, que ella oviera dos fijos, é que el uno matara al otro en el campo, é que los parientes procuraban, que fuesse muerto el que quedaba viuo; é que si esto pasasse assí, ella perdería ambos los fijos: finalmente ella fizo su suplicación al Rey tan sabia, é graciosamente, que el dicho Rey se convirtió á sus rogarías, é ovo por bien de perdonar, é perdonó, é aseguró dè muerte, é de lesión al otro su fijo, que ella decía que le quedara viuo: é esto assí ganado del Rey, la dicha sabia mujer le dijo tales razones cerca del destierro del Infante Absalón, dándole á entender que la suplicación, que ella le auía fecho, non era por fijo suyo propio, que oviesse muerto á otro su hermano, mas por el dicho Infante Absalón, que assí auía muerto al dicho Infante su hermano; é por tal manera ella se ovo tan ordenadamente con el dicho Rey, que non embargante que él fuesse Profeta, é Rey, é muy sabio varón, él ovo por bien, mediante la buena fabla de la dicha sabia mujer de condescender á lo que ella le pedía, é perdonar al dicho Infante Absalón su fijo, é le restituir, é tornar en su Reyno; é lo que muchos Grandes de su Reyno non pudieron con él alcanzar, lo alcanzó esta mujer por su buena fabla. La otra es aquella sabia mujer, que moraba en la ciudad de Abela de tierra de Judea, de la qual face mención la historia del segundo libro de los Reyes en el capítulo veinte, donde se cuenta, que el Condestable Joab, teniendo cercada la dicha ciudad de Abela, por causa, que se auía encerrado en ella un Cauallero de aquel Reyno, llamado Liba, el qual se auía rebelado contra el Rey Dauid: é queriendo el dicho Condestable con gran poderío de gente, que consigo traya, combatir la dicha Ciudad, é entrada por fuerza, é matar los que en ella eran: entonces aquella mujer sabia, usando de grande cordura, é de muy ordenada manera de fablar, llamado de su parte á fabla el dicho Condestable, le dijo tales razones, é ejemplos, por donde le convenció á que descercasse la ciudad, é la dejasse. La otra mujer es Bersabé, madre del Rey, é Sabio Salomón: desta Bersabé se lee en el tercero libro de los Reyes en el primero capítulo, que seyendo Viejo el Rey Dauid, é cercano á la muerte, é sabido por ella que el Infante Adonias, fijo del Rey Dauid, trataba, é tenía maneras de apoderarse del Reyno de Judea, é tomar título de Rey en logar del dicho Rey Dauid su Pádre; ella con muy gran sabiduría se fué para el dicho Rey Dauid, é contóle aquesto, é assimesmo de cómo el dicho Rey Dauid le auía jurado de dejar por Rey en su logar á Salomón su fijo, le fizo suplicación tan apuesta, é ordenada, é sabiamente, que el dicho Rey Dauid ovo por bien de condescender á su ruego, é suplicación; é fizo luego alzar por Rey en su vida, ó en su lugar al dicho Rey Salomón su fijo, é fué reciuido por Rey por todos los lugares del Reyno, é por todo el pueblo con gran solemnidad. La quinta mujer es Sunamites, de la qual face mención el quarto libro de los Reyes; donde se lee que esta mujer era muy franca, é limosnera, é usando destas virtudes, reciuía en su casa al santo varón Profeta Eliseo, cada que él venía á una ciudad de Judea, llamada Suñán; en la qual esta Dueña, é su marido viuían, é auían ende muchas possessiones, ca eran muy ricos, é honrrados, é generosos, é esta noble Dueña con gran deuoción, cada que el Profeta Eliseo por allí pasaba, le mandaba muy complidamente seruir, é administrar, é honrrar; é allende desto, ella era tan honesta, é bien fablada, é cortés, que por su buena fabla, é por la muy homilde suplicación, que ella fizo al dicho Profeta, él seyendo tan grande, é señalado Profeta de Dios, se inclinó á venir con ella desde el monte Carmel, donde él estaba, fasta la dicha Ciudad; é seyendo muerto un fijo, que Dios le auía dado á ruego del dicho Profeta Eliseo, ca ella primeramente nunca de ante oviera fijos, é su marido era ya muy viejo, el dicho Profeta, á suplicación desta noble, é bien fablada Dueña, fizo su oración á Dios que resucitasse el fijo de aquella Dueña, é Nuestro Señor Dios á su suplicación lo resucitó. ¡O mujeres virtuosas! que, mediante sus buenas, é graciosas fablas, merecieron alcanzar, é acauar tan grandes fechos. Quiero yo agora preguntar quáles fueron los más sabios, é más bien fablantes, é más notables entre los varones, que por su buena fabla tan grandes fechos alcanzassen? mayormente acerca de los grandes Reyes, é Profetas según que por sus soplicaciones éstas lo alcanzaron, aunque por las Historias de los Gentiles se falla que algunos sabios, é bien fablantes varones ayan en esta manera alcanzado grandes fechos por sus buenas fablas; é podemos decir que nin aun ese Publio Valerio, el qual veyendo que el Pueblo Romano se partía de sus mayores, é caudillos, quando eran cerca de la rivera del río de Amenis, con sus blandas, é corteses palabras lo tornó á obediencia de sus mayores; nin aun ese varón Cicero, al qual entre los latinos es dado el Principado de la manera del bien fablar, quando por su angélica fabla libró de muerte á Pompilio, é assimesmo, quando á su soplicación el Grande César Emperador, é señor de todo el Mundo libró de muerte á algunos Reyes é á otras personas, que le auían errado; nin aun Marco Antonio, por la buena fabla del qual libró assimesmo de los caualleros, que lo venían á matar, tanto, que oyda su graciosa fabla, los dichos Caualleros tornaron sus espadas en sus bainas sin le facer enojo alguno; nin aun Ipérides, nin Demósthenes, que fueron perfectos hombres, é muy complidos en la manera del bien fablar: ninguno destos non parece auer sobrepujado á estas nobles Dueñas en la muy graciosa, é polida manera, que tubieron en sus buenas fablas, que ficieron cerca de los sobredichos Reyes, é Profetas. ¡O quánto gracioso es aqueste don de la buena fabla! dado por el Dios inmortal, la virtud del qual está en las voluntades de los hombres; ca éste les face perder saña, é malquerencia, é dolor, é los reuoca, é trae á misericordia é piedad; pues que tanta es la fuerza de la eloquencia de buena fabla, como suso es dicho, é tanto es el su resplandor, que los hombres, que lo ovieron, alcanzaron por ella grandes loanzas, bien parece cosa consonante á la razón, que aquestas nobles señoras deban ser magnificadas por loanzas, é títulos muy nobles por el su bueno, é polido razonar.

CAPÍTULO XV.

SUSANA, MUJER DE JOACHÍN.

Con grande razón debe ser fecha aquí mención de la noble Susana, mujer de Joachín del Pueblo de Isrrael por la su gran virtud de Castidad, pues que aun el temor de la muerte, que es la postrimera cosa de todas las cosas espantosas, é terribles, non la pudo corromper; é desta noble Dueña face mención la Historia del Profeta Daniel en su libro, donde parece, que en la ciudad de Babilonia moraba un hombre, llamado Joachín, que auía por mujer á la dicha Susana, la qual era muy fermosa, é fijadalgo, é bien criada: este Joachín su marido era tan honrrado, é rico, que todos los que viuían en aquella Ciudad, le acompañaban, é acaeció que en aquel año fueron puestos por Jueces del Pueblo de Isrrael dos Viejos, de los quales, según cuenta la Historia, se puede bien decir aquella palabra, que Dios ha dicho: que la maldad salió de Babilonia de los Viejos Jueces della; por quanto éstos, non embargante que de fuera se mostraba el ser buenos, é que regían el Pueblo; pero ello no era assí verdaderamente, según sus malas obras: estos dos Viejos acostumbraban continuamente venir á la casa de Joachín, y allí oyan, é libraban los pleytos, é parece que ellos fueron enamorados desta Susana sin consentimiento della, é concordaron entre sí de catar lugar, é tiempo, porque la pudiessen auer sola, é sin compañía, por cumplir su mala intención: é como ellos estubiessen esto aguardando, auino que un día la dicha Susana, según que lo auía acostumbrado, se fué con dos Doncellas suyas para ver su Verjel, que tenía cerca de sus casas, por se bañar en una fuente, que en él estaba, por quanto era tiempo del Estío, é en el Verjel non era ya otra persona, saluo los dos dichos Jueces Viejos, que ende se avían escondido, é estaban mirando á Susana: ella non los veyendo entonces, é llamando á las Doncellas, que con ella iban, que se fuessen para la posada, é la trojiessen dende algunas cosas bien olientes, é cerrassen en pos de sí la puerta del Verjel, en tanto que ella se bañaba en aquella fuente; las quales lo ficieron assí, é saliéronse fuera del Verjel, por un postigo, é cerraron la puerta dél en pos de sí, é fueron á traer lo que Susana les auía mandado, ca non sabían que los Viejos estubiessen ende escondidos; é como las dichas dos Doncellas salieron del Verjel, luego se mostraron los dichos dos Viejos, é viniéronse para Susana, é le dijeron assí: las puertas del Verjel están cerradas, é non nos veé ninguno, é nosotros somos enamorados de tí; por ende conviene que fagas lo que á nos placerá; ca, si non lo quieres facer, faremos testimonio contra tí, que has dormido con un manceuo, é que por esta causa embiaste las Doncellas de tí; entonces la muy casta Susana con gran gemido dijo: Yo soy muy angustiada, é tribulada de todas partes; ca si yo fago lo que éstos demandan, esto es á mí muerte, é si non lo fago non puedo foir de sus manos; pero mucho es á mí mejor, que ellos fagan falso testimonio contra mí, yo seyendo sin culpa, que non auer yo de pecar á Dios; entonces Susana comenzó de dar grandes voces, é los Viejos, desque esto vieron, dieron assimesmo grandes voces contra ella; é el uno dellos corrió, é abrió la puerta del Verjel, é como las voces sonassen, entraron por el postigo muchos seruidores de la casa de Susana, queriendo ver qué cosa era aquélla; é los Viejos fablaron contra Susana, diciendo que la auían fallado faciendo maldad con un manceuo, é considerada la grande autoridad dellos, ca eran viejos, é Juezes, é los mayores, é más honrrados del pueblo, fué dada feé á sus palabras, é quedaron los seruidores muy avergonzados, pero marauillábanse mucho de lo que decían contra Susana, por quanto ella era de muy buena fama, é nunca auían oído contra ella mal ninguno; é dende á otro día, ayuntado todo el Pueblo, aquellos dos Viejos, faciendo testimonio falso contra Susana, diciendo que la auían visto facer adulterio con un manceuo dentro de aquel Verjel, el qual manceuo ellos non auían conocido quién era, é dijeron que ellos, non embargante que ellos cometieran de lo prender, que non lo podieran acabar, é que se les auía ido por fuerza; é por este falso testimonio la dicha Susana fué condenada á muerte; é todos los que allí eran, auían muy gran dolor, é facían por ello grande llanto, conociendo que siempre ella era muy casta, é de fama buena; pero acatada la autoridad de aquellos Viejos, é Juezes, dieron feé á sus palabras; entonces Susana, viéndose condenada á tan gran tuerto, ella seyendo inocente, é sin culpa alguna de aquello, que falsamente le oponían, alzó sus ojos al cielo, é dijo á grandes voces: ¡O, señor Dios, que duras por siempre, é conoces todo lo abscondido, é sabes las cosas antes que sean fechas, tú vees bien que el testimonio, que éstos facen contra mí, es falso, é yo muero non auiendo fecho cosa alguna de aquestas, que éstos maliciosamente contra mí an dicho, ten piedad de mí, é líbrame! El señor Dios oyó la su voz, é como ella fué trahida á la muerte, plogo á Dios que entonces se acaeció ende el Profeta Daniel, al qual Dios puso en corazón, que tomasse la requesta deste fecho: el dicho Profeta á grandes voces dijo que aquella muerte se facía contra justicia, é que él non era en ella. Entonces el Pueblo le preguntó, qué cosa era aquélla que decía? él le dijo: esta mujer es condenada á muerte falsamente contra toda verdad. Finalmente, fizo detener que non se cumpliesse la sentencia contra ella dada; é mandó traher ante sí aquellos dos Viejos, que auían testiguado contra ella, é apartó á cada uno dellos de por sí, é preguntó á cada uno apartado el uno del otro, que pues ellos decían que en aquel Verjel Susana auía cometido aquella maldad de adulterio, que declarassen, é dijessen só quál árbol fuera fecho; é como su dicho era falso, ellos desbariaron, diciendo el uno que só un árbol, é el otro só otro árbol: assí que fueron hauidos por falsos, é mentirosos, é la dueña quedó por libre. Entonces todo el pueblo á una voz dieron muchos loores á Dios, que salua los que en él han esperanza, é leuantáronse contra aquellos dos Viejos, á los quales Daniel auía conuencido por su propia voca dellos, é les fizo confesar que el testimonio, que ficieron contra Susana, era falso, é non verdadero, é ficieron dellos la misma justicia, á que Susana fuera condenada, é luego fueron allí muertos; é assí quedó Susana salua; de lo qual ovieron muy gran gozo todo el Pueblo, especialmente marido, é padre, é madre, é parientes de Susana. ¡O mujer de muy grande castidad, é noble, é fuerte corazón! quál muro, ó quál castillo pudiera ser más firme que el grande, é non vencible corazón desta noble Señora, la qual tragó el miedo de la muerte sin algún temor della, porque su gran castidad non fuesse corrompida; quánto es de loar esta santa mujer, que quiso anteponerse á peligro de reciuir muerte, seyendo sin culpa, que non vivir en esta vida, corrompida su castidad, en lo qual dió de sí muy gran ejemplo, no sólo á las mujeres, para que siempre guarden castidad, é osen antes reciuir muerte que la corromper, mas aun dió ejemplo á los virtuosos varones, para que reciuan la muerte antes que cometer cosa torpe.—Quál virtuoso varón pudo más facer que esta santa Dueña fizo? nin que mayor fortaleza de corazón podía aver que, veyendo la muerte al ojo, ofrecerse á la querer reciuir con tanta paciencia, por non facer lo que non debía? é como quier que se fallan algunos notables caualleros varones, que ayan reciuido muerte por la virtud: non menos es de loar Susana que ellos: é en caso, que yo fallo muchos varones excelentes, que ayan usado de esta virtud, non veo ninguno, que sobrepuje á esta santa Dueña. ¡O fembra, la qual es de magnificar por títulos muy señalados! la qual, como ella bien sopiesse quánta nobleza sea en la natura humana, quánta dignidad á la qual Dios aya dado corazón diuinal, en el qual caben las cosas muy buenas, para que con gran diligencia aya cura, mayormente de las cosas que pertenecen á su seruicio, assí como de la virtud de la limpieza, de la virtud de la concordia, de la virtud de la amistad, de la virtud de la egualdad, de la tempranza, de la grandeza del corazón, é de todas las otras governaciones de virtud; ella quiso más morir, que non pecar, é caer en lujuria; en el regimiento de la qual non es duda que virtud alguna non puede estar, nin ay ende ningún lugar para la tempranza; de lo qual podemos entender que los varones muy virtuosos, que dieron todos sus pensamientos, é todas sus curas para bienaventuradamente viuir, non fueron deseosos de las cosas honestas, nin las guardaron más que esta santa, é muy casta dueña, en la qual es asentada toda fermosura de vida en tanto grado, que aquél, en el qual vemos, que hay alguna lumbre de honestidad, aquél tan solamente juzgamos ser digno de loar; pues que assí es, con gran razón esta Susana, mujer muy grande en las primeras, é muy casta, es de tener en muy grande honor, pues ella antes quiso padecer ser juzgada á muerte, que facer cosa fea, é luxuriosa.

CAPÍTULO XVI.

DE LA MADRE DE LOS SIETE FIJOS, QUE FIZO ATORMENTAR ANTIOCHO DELANTE DELLA.

Porque las cosas, que se facen por celo de la feé, é por la ley de Dios son mucho de loar, é encomendar, assí como aquéllas, que son Religiosas, é Santas, é traen al hombre á deuoción, é al Juicio de nuestro señor Dios: por ende cosa muy conueniente me parece ser aquí nombrada entre las virtuosas mujeres del Testamento Viejo aquella mujer muy deuota, madre de los siete fijos, de la qual face mención la Historia de los Machaueos en el segundo libro, donde parece que el Rey Antiocho en el tiempo, que sojuzgó á tierra de Judea, determinó de apremiar á los Judíos, que eran en su tierra, que dejassen la Ley de Dios, que ellos auían, é adorassen, é siruiessen los Ídolos, é entre los otros fué presa una Dueña con siete fijos suyos, é requiridos por el dicho Rey que ficiessen algunas cosas contra la Ley de Dios, non quisieron obedecer, nin cumplir su mandamiento; por lo qual el dicho Rey, mouido con gran ira, é saña, mandó tormentar, é matar muy cruelmente, presente la dicha mujer, á los dichos siete fijos suyos, é les fueron dados muy grandes, é crueles tormentos, coziéndolos en calderas, é faciéndoles otras crueldades, fasta que murieron los seis dellos: esta Dueña, veyendo todos estos tormentos, y dolores de sus fijos por la grande esperanza, que en Dios auía, lo sufrió todo con grande paciencia, rogando, é amonestando todavía á cada uno de sus fijos, según largamente lo cuenta su historia, que no dejassen la Ley de Dios, non mostrando flaqueza de corazón según que las mujeres suelen mostrar, mayormente en las cosas espantosas; mas con gran fortaleza de corazón decía, é amonestaba á aquellos sus fijos, que padecían, estas palabras: ¡O fijos míos, yo non vos dí el espíritu, é el alma, nin la vida, nin yo forjé los miembros, que en vosotros son; mas aquel señor Dios, que forma el nacimiento del hombre, vos ha formado, é criado, é vos ha de tornar otra vez el ánima al espíritu, é la vida, lo qual agora vosotros dades por la su ley! Entonces el dicho Rey Antiocho, veyendo que los seis fijos auían pasado todos aquellos tormentos, é muertes, é non se auían conuertido á lo que él mandaba, é que solamente quedaba aquel su fijo menor, que non quisiesse morir, mas que cumpliesse su mandamiento, é después que el dicho Rey sobre éste la ovo mucho rogado, ella respondió que la placía de fablar, é rogar; entonces ella se llegó á aquel su fijo menor, é le dijo estas palabras: Fijo mío, haued piedad de mí, que yo te truje nueue meses en mi vientre, é te dí leche tres años, é te crié, é puse en esta edad en que al presente eres: ruégote, fijo mío, que mires el Cielo, é la tierra, é todas las consas que en ellos son, é entiendas que Dios las ha fecho, é criado de nada, é non quieras temer á este tormento, mas que quieras reciuir la muerte, seyendo compañero de tus hermanos, porque con ellos seas reciuido por Dios; é ella, diciendo estas palabras, dijo el mozo á aquéllos, que estaban allí aparejados de lo atormentar, é matar: ¿Qué esperades? ca yo non quiero facer el mandato del Rey, mas obedezco el mandamiento de Dios, ca non por nuestros pecados padecemos aquestas cosas, é esperamos ser reconciliados por Dios, é dijo otras cosas muy notables, é deuotas; entonces el Rey, muy ayrado, é indignado contra este fijo menor, lo fizo tormentar, é matar más cruelmente que á los otros seis sus hermanos, é después de todos mandó matar á la dicha Madre dellos, la qual muerte ella reciuió con gran firmeza, é paciencia, según largamente cuenta su Historia. ¡O mujer muy santa, é virtuosa, é de gran feé, é religión, digna de memoria para siempre! quán grande fortaleza de corazón ovo en sí esta noble Dueña, é quánta esperanza tubo en Dios, que por amor dél con grande cordura, é paciencia, é con grande tempranza, é usando de toda virtud de justicia, pagando al muy alto Dios aquella deuda que le es deuida por toda criatura, mayormente razonable, non curando de los inducimientos, é ruegos, é falagos, é promesas, é amenazas de tan grande, é tan poderoso, é cruel Rey, como era este Rey Antiocho, quiso padecer, é sofrir que sus siete fijos, ella veyéndolo estando presente, fuessen assí tan cruelmente atormentados, é muertos, é ella después dellos reciuiesse muerte, según que la reciuió antes que dejar la Ley de Dios, é vivir en esta vida honrrados, é prosperados, según que el dicho

Rey les prometía de lo facer. Pregunto yo agora, ¿quál de los varones fuertes, é virtuosos, que asta aora han seydo, aunque ayan fecho muchas cosas virtuosas, pudo sobrepujar á esta santa Dueña en eguales virtudes, assí en cordura, como en justicia, é fortaleza de corazón, é tempranza, nin en feé, nin en esperanza, é caridad, que es el amor de Dios, nin en otra alguna virtud? é en caso, que algunos se ayan ofrecido á muerte assimesmo por la virtud, pero non ofrecieron los fijos, é si los fijos ofrecieron á la muerte non tantos, nin todos; é si todos, non han ofrecido con ellos á sí mesmos; porque según dice el Apóstol San Pablo, cada uno ama á sí mesmo más que á otra persona alguna, é assí lo quiere la razón naturalmente; pero esta santa Dueña, la qual es mucho de loar, é de auer su fecho por cosa muy marauillosa, con grande feé, é esperanza dejó de amar á sí mesma, é á sus fijos, é quiso padecer la muerte ella, é ellos por amor, é seruicio del muy alto Dios, que viue, é reyna por siempre jamás; en lo qual bien quiso semejar á los Apóstoles, é Mártyres de Nuestro Señor Jesuchristo, que por su amor quisieron reciuir muchos tormentos, é después muertes crueles, confesando la su santa feé antes los grandes Emperadores é Príncipes; é non embargante que leemos, que aquel varón Romano, llamado Pulbilo, estando sacrificando á Júpiter, vista la muerte de su fijo, por esso non dejó de facer, é acauar su sacrificio, nin quitó la mano, que tenía puesta en el poste de Júpiter, do el dicho sacrificio se facía; é assimesmo el otro varón Romano llamado Paulo Emilio, el qual como toviesse muchos fijos, vista la muerte de todos ellos lo sufrió con grande corazón, é por esso non dejó de continuar la oración, é buena fabla que al Pueblo Romano facía de las cosas maravillosas por él fechas; otrosí aquel noble Príncipe de los de Athenas, llamado Pelielen, muertos dos fijos niños, que tenía, non dejó por esso de traer la corona Real en su caueza, según que primeramente lo auía acostumbrado; é assimesmo aquel varón llamado Sinofontes, que estando faciendo un solene sacrificio, ovo nuevas de la muerte de dos fijos suyos, que eran grandes hombres, é puestos en grande Dignidad, por esso non dejó de cumplir el seruicio de los Dioses, mas solamente fué contento no quitar la Corona, que en su cabeza tenía; otrosí aquel grande Sabio varón llamado Anaxagoras, oyda la muerte de su fijo, dijo con gran firmeza al mensajero, que trajo las nuebas: Non me dices cosa nueva, nin que Yo non aya esperado. Y aunque sea verdad que estos varones en sus adversidades, é muertes de sus fijos ayan mostrado muy gran constancia, é firmeza, usando de sus virtudes; pero mucho más, é en mayor grado la ha mostrado esta gloriosa Dueña por las cosas susodichas, como ella aya seydo dotada por singular firmeza, por tan alto, é grande corazón, é assimesmo por tan muy clara justicia, ca las amenazas del tirano, ni los crueles tormentos, é muertes de los siete fixos, nin la muerte de sí mesma non la pudieron quitar de su santo propósito, nin de la Ley Divinal: assí que padeciendo, é muriendo ella, ovo vitoria gloriosa de aquel tyrano; pues consideren agora los porfiosos menospreciadores de las mujeres quánto fué marauillosa la virtud desta gloriosa Dueña para sostener fuertemente tantos trauajos, é después para morir también, é verán, si ésta non tan solamente debe ser loada, mas aun ella ser muy digna de loanzas inmortales, é assí verán que éste tan gran don non sólo fué dado á los varones, mas aun á las mujeres.

CAPÍTULO XVII.

SANTA ELISABETH.

Non es de olvidar entre las otras santas mujeres la Santa Elisabeth, tía de Nuestro Señor Jesuchristo, é madre del Bienaventurado San Juan Bautista, del qual Nuestro Señor Jesuchristo dijo, que era Profeta, é más que Profeta, é que entre los fijos de las mujeres non se levantará ninguno, que mayor fuesse que él; é como quier que esta santa Elisabeth alcanzó algún tanto de la Ley de Gracia, pero non es duda, que ella aya seydo en el tiempo del Testamento Viejo, por lo qual es puesta aquí en fin; la historia de la qual es muy auténtica, é prouada; ca la escriue, é da feé della el Evangelista San Lucas en el primero, é segundo Capítulo de su Evangelio, donde parece que esta santa Elisabeth fué mujer del Sacerdote Zacharías, é ella era mañera, que non paría, é ellos ambos á dos marido, é mujer eran muy viejos, de tal guisa, que ya él non era para facer fijos, nin ella para concebir; é Nuestro Señor Dios, queriéndose auer milagrosamente con ellos, embió al Ángel Gabriel al dicho Zacharías Sacerdote, que estaba ministrando, é faciendo su oficio en el templo de Dios, notificándole que, como quier que el dicho Zacharías, é su mujer eran muy viejos, é ella mañera, que nunca avía concevido, que á él placía de les dar un fijo, el qual oviesse por nombre Joan; é assí fué fecho, é complido; é auiendo concevido la dicha santa Elisabeth del dicho Zacharías su marido, ella tubo encubierta su preñez cinco meses; en ese tiempo Nuestro Señor Dios embió al Ángel Gabriel á la Virgen María faciéndole saber cómo placía á Dios que conciuiesse de Espíritu Santo, é que por la virtud de Dios abría un fijo, el qual sería llamado Jesús, é salbaría el Pueblo de sus pecados, é sería llamado fijo de Dios, é que á Dios auía placido que la dicha santa Elisabeth conciviesse otro fijo en su vejez, non embargante que era mañera; é que aquél era el sexto mes, que le auía conceuido; ca acerca de Dios todas las cosas eran possibles; é entonces la Virgen María se partió á la ciudad, donde era Zacharías, é Elisabeth su mujer, por visitar á la dicha santa Elisabeth, la qual el Angel le auía dicho que era preñada, y estaba ya en los seis meses; é entrando por la puerta de su casa la Virgen gloriosa saludó á la dicha santa Elisabeth; é como assí la saludasse, el niño San Juan, que la dicha santa tenía en el vientre, se alegró; é entonces la dicha santa, llena de Espíritu Santo, con voz muy alta dijo á la Virgen María: Bendita eres tú entre todas las mujeres, é bendito es el fruto del tu Vientre. ¿E dónde me vino á mí esto, que la Madre del mi Señor venga á mí? Ca, oyda la voz de la salutación, que me feciste, entrando por la puerta, se alegró con gozo el niño en el mi vientre: tú eres bienaventurada, que creíste; ca complirse han todas las cosas, que á tí son dichas por el Señor; é entonces la Virgen María dijo: La mi ánima magnificará al Señor, é el espíritu mío se alegró en el Dios mi Saluador, que acató la humildad de la su sierua: é por esto me dirán bienaventurada todas las naciones; ca aquel Dios poderoso fizo conmigo grandes cosas, é santo es el su nombre, é la su misericordia es de generación en aquéllos que lo temen; é assí fué procediendo, dando muy grandes loores á Dios; é la Virgen María quedó en compañía de la dicha santa Elisabeth cerca de tres meses; é complidos los nueue meses, que la dicha Santa auía concebido, parió á San Juan Baptista, é todo el Pueblo fué muy marauillado, por ella ser mujer mañera, é el su marido, é ella ser muy viejos. ¡O mujer digna de grandes loanzas! que por su muy buena vida, é grandes virtudes mereció auer el spíritu de profecía, é concebir milagrosamente, seyendo mañera, é ella, é su marido viejos, é que este concebimiento fuesse anunciado por el Angel de Dios, é que ella oviesse tan santo, é tan noble fijo, el qual San Juan por santidad suya, por ordenanza de toda la Iglesia de Dios, fecha por el Spíritu Santo, es antepuesto en la Ledanía de los Santos á todos los Patriarcas, é Profetas del Viejo Testamento, é assimesmo á los Apóstoles, Evangelistas, é Mártires, Confesores, é á todos los

Santos, é Santas del Nueuo Testamento, é non sin razón es de ensalzar por grandes loanzas esta Santa Elisabeth, pues por sus grandes virtudes mereció ser visitada de la Virgen sin mancilla nuestra Señora Santa María, ella trayendo en el su Vientre Virginal á Nuestro Señor Jesuchristo, el qual rige, é gouierna al Cielo, é la Tierra, é viue para siempre; é assimesmo esta Santa fué digna de reconocer por espíritu profético á Nuestro Señor, é Criador, que la dicha Virgen gloriosa traía en su vientre en quanto hombre, é que ella bendigesse á la dicha Virgen, é contasse sus loores; é como quier que esto fuesse profetizado por los Santos Profetas en los tiempos antepasados, é assí mesmo anunciado por el Angel Gabriel á la dicha Virgen María, non leemos que á otra persona alguna fuesse esto reuelado, saluo á la dicha santa Elisabeth; assí que en esto ella alcanzó gracia, é don muy singular de Dios, más que otra persona alguna.

CAPÍTULO XVIII.

ANA FIJA DE SAMUEL, QUE OVO ESPÍRITU DE PROFECÍA.

Assí de suso auemos escrito de las loores de las mujeres del Viejo Testamento, non ciertamente quanto ellas por sus grandes virtudes merecen, mas, pasando assí la péndola breuemente por las Historias dellas. Agora conuenible cosa será enderezar algún tanto el oficio de la péndola á Ana fija de Samuel; la qual como quier que haya seydo en el Viejo Testamento, pero ella muy bienaventuradamente ha alcanzado assimesmo algún tanto del Nuevo Testamento, la qual Ana, como quier que alumbrada del espíritu de Dios, decía muchas veces las cosas por venir, mas con mucha diligencia guardó verdadera, é derecha manera de vivir, la qual desrrayga los vicios de raíz, é apareja los corazones al fin de todos los bienes, é siembra en ellos aquello que después trae frutos abondosos; aquesta santa, é bienaventurada mujer, pues que el Evangelista San Lucas es Historiador della en el su Evangelio, excusado es por otro estilo facer mención de su Historia, mas solamente es de seguir el dicho Evangelista en su Evangelio; que al tiempo que Nuestro Señor Jesuchristo fué trahido al templo por la Virgen gloriosa nuestra Señora Madre suya, era un hombre santo en la ciudad santa de Jerusalén, el qual avía nombre Simeón, hombre justo é temeroso de Dios, el qual esperaba á la consolación del Pueblo de Isrrael, é el Espíritu Santo era con él; este santo Varón ovo respuesta del Espíritu Santo, que antes de su muerte vería el Ungido del Señor, que es Nuestro Señor Jesuchristo; é el espíritu Santo le trajo un día al templo, é en aquel mismo día Nuestro Señor Jesuchristo era presentado por la Virgen Nuestra señora Santa María en el templo, según la costumbre, é ceremonia de la ley Vieja, é el dicho Santo Simeón visto á Nuestro Señor Jesuchristo, tomólo en sus brazos, é loando á Dios, dijo: Señor, aora dejas á sieruo tuyo en paz según la tu palabra, porque ya vieron mis ojos la tu salud, la qual aparejaste ante el acatamiento de todos los pueblos, que es luz para revelación de las gentes, é gloria para el pueblo de Isrrael; é quenta que en aquella sazón era allí la dicha Profetisa Ana, fija de Samuel, del tribu de Aser, la qual era muy vieja, é auía seydo casada, pero su marido non viuiera más de siete años casado con ella; é esta santa mujer viuda auía ya bien 84 años que continuaba en el templo de Dios, é non se partía de allí, antes siempre perseveraba, é servía á Dios día, é noche, ayunando, é orando, la qual sobrevino al templo á aquella mesma ora, que Nuestro Señor Jesuchristo fué presentado, é reciuido por el santo Simeón, el qual visto, luego ella por el Espíritu Santo, comenzó de fablar dél á todos los que esperaban la redención del Pueblo de Isrrael, mostrando, é predicando, cómo aquél era el Saluador, é Rey, Mesías esperado por el Pueblo, é prometido por la ley, é por los Profetas. ¡O propósito santo loable desta Santa Profetisa! la qual con grande sabiduría acordó non semejar á aquéllos, que, siguiendo las costumbres de las bestias, su final bien ponen en los deleytes del cuerpo, de los quales non cosa alta, nin virtuosa algún tiempo se puede facer; ca pusieran sus pensamientos en cosa tan vaja, é menospreciada; mas su pensar de aquesta siempre fué en santidad, la qual es de tanta excelencia, como sea honrra que se dé al muy alto Dios, que ya acaeció por solo un fecho muchos auer alcanzado gran gloria; ca ¿cómo fuera conocido aquel Cauallero Romano, llamado Lucio Alvano Plebeyo, sinon por aquello, que tomada por los Franceses la ciudad de Roma, el dicho Lucio curó más del bien común, que de la su propia salud? el qual, usando de gran virtud de las cosas pertenecientes al servicio de los Dioses, que entonces eran adorados por los Gentiles, mandó á los suyos, que descendiessen del carro, en que iban, é dejado su camino para donde iba, él lleuó en aquel carro un Sacerdote del templo, é otrosí á las Vírgenes que lleuan las cosas sagradas á un castillo, llamado Ceretes: ¿cómo fuera conocido aquel cauallero Romano, llamado Gallio Favio, sinon por el noble ejemplo, que de sí mesmo dió, con gran virtud de santidad, que guardó? el qual como los Franceses tubiesen cerrado el capitulio de Roma, porque non cesasse el sacrificio, que los Romanos facían á sus Dioses, trajo en sus manos, é hombros por miedo de los enemigos al monte los aparejos, é cosas, que eran menester para facer los dichos sacrificios, los quales acauados, según su solemne costumbre, se bolbió al Capitolio á pelear contra los enemigos, é fué vencedor de las armas dellos: ciertamente non ay alguno, que sea de tanta virtud de santidad, que él non aya guardado toda inocencia, la qual, puesto que non tiene nombre acerca de los Griegos, se puede llamar afección, ó deseo del corazón de non dañar á ninguno, aunque en sí mesmo contenga todas las cosas, que son dignas de loor; ca el que la religión, é santidad honrra, non es duda que honrre á cada una de las virtudes; mas ciertamente pienso que esta Profetisa Ana tan gloriosa deba ser digna de grande maravilla, que los loores á ella deuidos non se puedan complidamente contar, porque qualesquier loores, aunque muy grandes, é assimesmo especiales é abondosos, non se podían igualar á los merecimientos de aquesta, pues que mereció ser presente á tan marauilloso acto, é á tan excelente fiesta, es á saber á la dicha presentación de Nuestro Señor Jesuchristo, é tanto se dió al seruicio de Dios, é tan marauillosa fué la sabiduría della, que ella conoció verdaderamente aquel soberano fin de los bienes, que es Nuestro Señor Jesuchristo, allende del qual cosa alguna non se puede desear, en el qual bien soberano los antiguos Filósofos erraron, é del acerca, dellos fueron muchas sentencias; ca unos dijeron que non auía otro bien, sinon lo que era honesto, éstos fueron Estóicos: otros dijeron que non auía otro bien, sinon el deleyte del cuerpo, é éstos fueron Epicuros: otros dijeron que non auía bien, sinon usar de los primeros bienes de la natura de todos, é de los mayores dellos, é esto decía un Filósofo llamado Carnicioles (1), el qual afirmaba esto contra los Estóycos: otros dijeron que non auía bien, sinon la contemplación de la virtud, esto dijo Aristóteles, que fué Príncipe de los Peripatéticos; é esta Profetisa Ana conoció sin alguna duda nin error al muy alto, é soberano bien, Rey de los Reyes, é Señor de los Señores, fin é complimiento de todos los bienes, que es Nuestro Señor Dios, é lo adoró, é siruió, é non sin razón fué ella digna de aquesto, pues ella era tan casta, é virtuosa, é de tan perfecta vida, que non se trabajaba en él, saluo en servir á Dios con toda firmeza; por lo qual, fablando desta santa mujer, dice San

Jerónimo en el libro que fizo contra Joviniano, que ella fué tan virtuosa, é concurrían en ella tantas perfecciones, que non le fallesció, saluo sola la virginidad, para ella poder merecer ser madre de Nuestro Señor. É assí se face el fin del primer libro desta obra, el qual fabla de las santas, é virtuosas mujeres del Viejo Testamento; é de aquí adelante comenzaremos á fablar en el segundo libro de las virtuosas mujeres del pueblo de los Gentiles, las quales sin influencia de gracia espiritual, mas por don natural, fueron muy virtuosas; é, acabada la Historia dellas, en el tercero, é postrimero libro por fin, é perfección, é sello desta obra, de las Santíssimas, virtuosas, é perfectas mujeres que por don, é influencia de la Gracia de Dios fueron en la nuestra santa ley de Gracia, después que el santo Evangelio fué publicado por el Mundo; ca desde allí cesaron del todo las ceremonias de la ley escrita, é cesó la Sinagoga, é comenzó la muy santa Madre nuestra la Iglesia de Dios, la qual es el ayuntamiento de los Santos, é de los otros varones perfectos del Pueblo Christiano, á la qual el Apóstol en las sus Epístolas llama perfecta, é sin tacha ninguna; é desta mesma escribe el Sauio en el libro de sus Cánticos entre las otras loanzas, diciendo assí: una es la mi paloma, la mi perfecta vieron las Mujeres, que quiere decir, las Compañías sabias, é predicaron ella ser bienaventurada; é assí mesmo la vieron las Reynas, que quiere decir las personas santas, é virtuosas; é otrosí la vieron las otras personas, que non son de tanta perfección, é todas en común la loaron.

Aquí se acaba el Primero Libro desta obra, el qual trata de las virtudes, é excelencias de algunas claras, é virtuosas, é Profetisas, é santas Mujeres, que fueron desde el comienzo del Mundo, é só la ley Diuinal de Escritura fasta el avenimiento de Nuestro Señor Jesuchristo, en el qual libro se face especial mención de la Santíssima, é Sacratíssima Virgen gloriosa nuestra Señora Santa María, Reyna de los Cielos, Madre del Rey de los Angeles Nuestro Señor Jesuchristo, verdadero Dios, é verdadero Hombre.

COMIENZAN LOS CAPÍTULOS

DEL SEGUNDO LIBRO.

Lucrecia.
Coclia.
Venturia.
Tanaquil, Reyna.
Porcia, fija de Catón.
Sempronia.
Antonia, mujer de Drusio.
Bilia, mujer de Diulio.
Marcia, fija menor de Catón.
Avia.
Valeria Romana.
Virgínea, fija de Aulo Publio.
Marcia, fija de Varro.
Cornelia, fija de Cipión.
Claudia Vestales.
De la fija, que mantenía en la Cárcel á su madre con la leche de sus tetas.
De otra fija, que mantovo con la leche de sus tetas á su padre.
Emilia, virgen.
Tucia.
Quinta Claudia Vestal.
Tercia Emilia, mujer del gran Africano.
Truria, mujer de Quinto Lucrecio.

Sulpicia, mujer de Léntulo.
Micol, fija de Saul.
La mujer de Isias, Cauallero Romano.
Anfronia.
Almesia.
Ortensia.
Julia, fija de Julio César.
Terencia, mujer de Cicerón.
Paulina, mujer de Boccio Torcato.
De alguuas virtudes falladas en las mujeres Romanas.
Sulpicia, fija de Seruio Patroculo.
Minerua.
Dido, Reyna.
Ceres, fija de Saturno.
Diana, fija de Júpiter.
Minerua Belona, fija del segundo Júpiter.
Nicostrata, fija de Jonio.
Casandra, fija de Priamo.
Artemisa, Reyna de Caria.
Ifisicratea, mujer del Rey Mitrídato.
La mujer de Sirantes.
Pancia, mujer de Abaradosón.
La fija de Darío.
La Virgen de Mocón, Príncipe de los Areopagitas.
De las 50 Vírgenes de los de Lacedemonia.
De la Virgen de Antioquía.
Bursa.
De la mujer Griega, é de lo que ovo con el Rey Felipo.
De la Vieja de Zaragoza de Secilia, que rogaba á los Dioses por Dionysio tyrano.

De la Vieja de Julia, que se mató ante Pompeyo con la ponzoña.

De las mujeres de los Indianos, como algunas dellas se lanzaban en los fuegos, en que quemaban los cuerpos de los maridos muertos.

De la mujer de Asdrúbal.

De las dos mozas Armiona, é otra.

Hipo Griega.

De la mujer de Forgiagonte.

De las mujeres de los Flamencos.

De la dueña Lucena llamada.

Ipermestra, fija del Rey Danao.

Herchia, fija de Marpesia, con su hermana.

Antiope, Reyna de las Amazonas.

Argia Griega.

Policena, fija de Priamo.

Camilia, fija de Metabo, Rey de los Volscos.

Tamaris, Reyna de los Citas.

Penélope, fija del Rey Ícaro, mujer de Ulises.

Sofonisba, fija de Asdrúbal.

Cornificia Romana.

Proba.

Tamaris, fija de Micón, pintor.

Prene, fija de Tratino, pintor.

Cronice de Ponto, por otro nombre Loacides.

Mariene, mujer de Herodes.

Cenobia, Reyna de los Palmirentos.

Erictea, una de las Sibilas.

De la virgen Almatea.

Fambiles, fembra Griega.

FENECEN LOS CAPÍTULOS DEL 2.º LIBRO.

PROEMIO.

Fecho auemos mención en este sobredicho primero libro de algunas mujeres del Viejo Testamento, las quales fueron muy claras por señalada gloria, é muy grandes loanzas de virtudes, de que ellas han obrado, en caso que non ayamos fablado tan complidamente, como la dignidad de los merecimientos dellas demandaba: mas tratamos de algunas dellas, é non de todas, é solamente de aquéllas, que por nuestro estudio se pudo decir, ca de todas ayuntadamente non se pudiera tratar sin gran dificultad. En esto seguimos al Bienaventurado San Jerónimo en la Epístola embiada á la virgo llamada..... Principia de la explanación del 44 Psalmo del Psalterio, breue, é muy notablemente quenta las loanzas de algunas Profetisas, é Reynas, é otras notables, é virtuosas mujeres, que fueron en el tiempo del Viejo Testamento, assí del Pueblo de Isrrael, como de los Gentiles; pero non de todas, nin todos sus fechos, é loanzas, mas sumariamente pasando face conmemoración de algunas dellas, é de sus muy notables é señaladas virtudes; por ende queremos decir en aqueste Segundo Libro de las muy nobles Romanas, é de las otras dueñas, é doncellas del Pueblo de los Gentiles, non de todas, mas solamente de aquéllas, que á nuestro pensamiento se han representado; ¿ca quál varón, aunque sea de presto ingenio, é memoria bastante, ay en nuestros tiempos que las pueda todas en uno ayuntar? de las quales los muy excelentes varones bien fablantes han tratado con muy fermosa manera de fablar, mas de todo en todo con estudio, é diligencia, daremos obra porque non sean dejadas por la torpe pereza aquéllas que son dignas de muy altas loanzas. Ciertamente, según que ya dijimos, la excelencia, é sobrepujanza de las Romanas, é otras virtuosas del Pueblo de los Gentiles, la qual casi siempre viue, terná el primero lugar en aqueste segundo libro, por quanto non embargante que las Romanas ayan seydo bienaventuradas por ser nacidas en la Ciudad de Roma, cabeza, é Princesa de las Provincias, é assimesmo ayan seydo muy generosas, é muy fermosas, é muy ricas, é poderosas, é ayan auido todos los otros dotes, que la fortuna acostumbra dar, aunque, según verdad, estas cosas non ayan en sí verdadera loanza, porque aquestas solamente determinan nos á la virtud ser debida; empero muy más bienaventuradas, é apostadas de todo honor han fecho á estas nobles Señoras las virtudes: es á saber, la grandeza de su corazón, la dignidad de su virtuoso vivir, el uso de las muy virtuosas cosas, la su gran firmeza, é usar de las cosas con gran tiento, las quales cosas son muy nobles, porque solamente la virtud, según que place á los Filósofos, é mayormente á aquellos Estóicos, nos face dignos, é bastantes de toda reuerencia; ca nunca aquella Dueña Romana muy noble, é excelente, llamada Lucrecia, la qual es resplandor de la alta castidad de las Romanas, de quien se comienza este segundo libro, abría alcanzado gloria de verdadera loanza, si tan solamente ella oviesse esclarecido por Dones de la Fortuna mudable, más aún ella resplandeció assí por gran sabiduría, como por nobleza de ingenio, é por firmeza de corazón non vencida; de la qual firmeza non sin razón nos solemos marauillar; é assimesmo resplandeció por su excelente castidad, é por todas las otras muy nobles virtudes suyas; de la qual luego queremos fablar, porque en este lugar se concluya el comenzamiento deste libro.

CAPÍTULO PRIMERO.

LUCRECIA.

Queriendo yo inclinar mi voluntad para escribir de la noble Lucrecia, la qual es muy fermoso ejemplo de las muy castas fembras, fallé tan largos, é tan abondosos merecimientos de las virtudes della, que non me pienso complidamente poder bastar de las contar; la Historia de la qual escribe aquel varón Romano Tito Livio en el primero libro suyo del fundamento de Roma, el qual Tito Livio es de tanta autoridad en sus Historias, é tan marauilloso en la polida manera de fablar, que San Jerónimo en el Proemio, ó comienzo de la trasladación de la Biblia, embiado á Paulino, dice dél estas palabras: loemos algunos nobles auer venido de los postrimeros fines de España, é de Francia, á Tito Livio, el qual era fuente manantial de la dulce, é fermosa fabla, é á aquéllos, que tan fermosa ciudad como era Roma, por su contemplación non trajo á sí, la fama de un hombre solo, es á saber, deste varón Tito Livio, los trajo á ella: é tornando á la Historia desta noble, é muy loada Lucrecia, parece que el Rey Tarquino de Roma, tenía cercada la ciudad de Ardea, que pertenecía al pueblo de los Rótulos, la qual gente estaba en aquel tiempo muy abondante de riquezas, é por tomar aquestas el Rey Tarquino, les movió guerra, veyendo que él non auía tesoro para la magnificencia, é las obras que él auía fechas en Roma; mas como muchas veces acaece en las Guerras, que en los logares, que se cercan, es más el detenimiento del tiempo, que el peligro de la batalla, por esta razón aquéllos de la hueste auían asaz espacio, é logar de ir á sus casas, é tornar á la hueste, especialmente los caudillos, é ricos Hombres, más que los caualleros que guerreaban, donde acaeció assí que los hombres mancebos de casa del Rey algunas veces por pasar su trabajo facían los combites los unos á los otros; é estando un día en la tienda de Sexto Tarquino, era hí con él, entre los otros, un noble cauallero de Roma, llamado Colatino. Estando assí cenando, otro cauallero de aquellos Romanos, llamado Tarquino, fijo de Egecio, acaeció, que fizo mención de las mujeres de los que allí estaban, diciendo quál dellas era más noble en costumbres, é cada uno dellos laudaba la suya marauillosamente; Colatino dijo, que desto non auían por qué fablar mucho, porque aína lo podían saber, é ver por experiencia; ca, cierto era, que Lucrecia su mujer era mejor que ninguna de las otras; é para esto, dijo, nos podemos luego esto prouar que somos mancebos, cabalguemos, é vamos á Roma assí súbitamente por ver qué facen nuestras Mujeres, que están agora sin sospecha de nuestra ida, é assí sabremos de cada una, en qué estado la fallaremos; el consejo de Colatino plogo á cada uno dellos, é les pareció bien, por quanto lo dijo assí sin gran deliberación; é por ende los mancebos, que estaban escalentados del bino de su combite, cabalgaron en sus caballos, é se fueron para Roma, é llegaron á la hora del primero sueño, quando la noche comenzaba á cerrarse, é dende fueron á Colatina, donde era la posada del Colatino, do fallaron á Lucrecia su mujer en otro estado, que auían fallado las nueras del Rey, las quales fallaron jugando, é tomando placer, é pasando assí su tiempo con otras compañeras en combites, é solaces; ca Lucrecia fallaron faciendo su oficio de obras de casa, pertenecientes á Dueña, é asentada entre sus mujeres, é velando la noche; assí que Lucrecia ovo entre ellos el loor, é la ventaja de las Dueñas, é fué juzgada por la mejor, é por ende su marido Colatino, como aquél que ovo la vitoria desto, combidó á los otros por el placer que auía, é los Parientes del Rey mancebos, que allí eran, fueron acogidos, é receuidos por Lucrecia muy graciosamente; mas por cierto en aquel combite Sexto Tarquino fué encendido de grande ardor por amores de Lucrecia, é luego pensó de la auer por fuerza, ó por otra manera; á la qual cosa mucho lo enamoraba la fermosura, é honestidad de Lucrecia. Quando los mancebos fijos del Rey se partieron de aquel solaz, é combite, que Colatino les ficiera, aquella noche se tornaron á la hueste, como primeramente estaban; después desto dende á pocos días Sexto Tarquino, sin lo saber Colatino, se fué con un solo compañero para aquel logar do estaba Lucrecia, é fué muy bien, é cortesmente reciuido de las gentes de Colatino, como de aquéllos que non sabían cosa de su venida, nin de su mal propósito; é assí fué que después que ovo allí cenado, leuáronlo á una cámara, do tenía fecha su cama, é quando él vió que todos eran adormidos, é él estaba todo inflamado del amor de Lucrecia, fuesse á la cámara, donde ella dormía, é lleuaba en su mano derecha un cuchillo desnudo, é la mano siniestra puso sobre el pie de Lucrecia, é la dijo estas palabras: Cállate (dijo), Lucrecia. Yo só Sexto Tarquino; ves aquí el cuchillo, con que yo te mataré, si una palabra fablas solamente. Como Lucrecia oviesse miedo, é casi adormida, veya la muerte assí aparejada, é sin persona alguna, que la pudiesse valer, nin ayudar, é Tarquino de la otra parte la requería de su amor, é la rogaba, é amenazaba que se esforzasse en todas guisas de inclinar el su corazón á aquello que la decía; finalmente, él la falló assí tan fuerte en su castidad, é assí dura, é porfiada, que por amenazas, nin espantos de muerte non la podía inclinar; entonces él ayuntó al miedo que le ponía la vergüenza, é la deshonrra, é díjola, que, si ella non cumpliesse su voluntad, que él non la mataría assí solamente, que mataría un sieruo, que allí estaba, é á ella, é los ayuntaría en uno desnudos, é que diría que los auía muerto por quanto los fallara en adulterio; é el temor de la vergüenza desta deshonrra espantó mucho á Lucrecia, é venció la su castidad porfiada. Tarquino fizo della su voluntad; el qual muy alegre, é pagado, por quanto auía engañado la fermosura de Lucrecia, se tornó á la hueste; é Lucrecia muy triste deste tan gran mal á ella fecho, luego embió á Roma un mensajero á su padre, é otro á Ardea, donde estaba su marido en la hueste, é embiólos á decir, que cada uno dellos con un solo compañero viniessen á ella muy apresuradamente, que assí era menester; cá una espantable cosa le auía acaecido; é su padre de Lucrecia, que auía nombre Espurio Lucrecio con otro llamado Publio Valerio, fijo de Valerio; é su marido Colatino, é con él Lauino Bruto, visto el mensajero de Lucrecia, se vinieron para ella, la qual fallaron asentada en su cámara muy triste, é en veyéndolos le salieron las lágrimas de los ojos; el marido la preguntó si era sana? ella le respondió: non por cierto; cá quál cosa puede estar bien á la Dueña, quando ha perdido su castidad? O Colatino (dijo ella), en tu casa son pisadas de hombre extraño, mi cuerpo solamente ha sido forzado, é deshonrrado; mas el mi corazón es inocente, é la muerte me será dello testimonio; mas por Dios vosotros me dad vuestras manos derechas, é me jurad vuestra feé, que el adulterador non quede sin pena: éste (dijo ella) es Sexto Tarquino, que es venido á mí, como otro enemigo en lugar de huespéd; cá esta noche, que pasó, vino á mí armado, é por fuerza ovo de aquel gozo, que será mortal á mí, é á él, si vos sois varones. Los que allí eran, todos por orden la prometieron su feé, é confortaban su corazón, diciéndola que ella non auía culpa, mas el que la forzaba; é que la voluntad facía el pecado, non el cuerpo, é que donde non oviera consentimiento, non avía culpa. Entonces dijo Lucrecia: Vos veredes aína lo que hombre debe al cuerpo, cá del pecado yo me absuelbo; mas de la pena non quiero yo ser libre, é yo non seré ejemplo, que ninguna mujer, que casta non sea, viua después de mí. Entonces Lucrecia sacó un cuchillo, que tenía de iuso de sus ropas escondido, é lo puso por su corazón, é cayó muerta sobre la ferida; de la qual bien podemos decir, que manó más gloria que sangre. El marido, é el padre comenzaron á dar grandes voces, é facer grande llanto; en quanto ellos assí estaban, Bruto quitó á Lucrecia el cuchillo de la llaga, que tenía lleno de sangre, que corría, é luego allí fizo un juramento atal, diciendo assí: Por aquesta muy casta sangre (dijo él), yo juro, é prometo á vos los Dioses, é vos llamo en testimonio, que por qualquier fuerza que yo podré, ejecutaré, é destruiré por fuego, é por fierro á Tarquino el orgulloso con su mala mujer, é con todo el linaje dellos, é de sus fijos, é non consentiré que ninguno dellos, nin otros reynen más de aquí adelante en Roma; esse mesmo juramento ficieron los otros, que allí estaban, é tornada la tristeza en ira, todos siguieron á Bruto, assí como á Duque para destruir, é perder aquel Reyno de Tarquino. Entonces sacaron el cuerpo de Lucrecia de su casa, é lo levaron al Mercado, é allí se ayuntaron todas las gentes, é el Pueblo fué mouido contra el Rey: echáronlo, é destruyéronlo de Roma á él, é á sus fijos. Esta fué la causa, por qué fueron hechados los Reyes de Roma, é criados Cónsules para gouernar la Ciudad; de lo qual face mención el noble emperador Justiniano en la compilación, que fizo de las leyes en aquel libro, llamado Digesto viejo, en el título, ó rúbrica del nacimiento, ó fundamento del Derecho, é de todos los Magistrados, en la ley segunda en el Párrafo, que comienza, Echados, ó sacados dende los Reyes, etc. ¿Mas qué diremos desta noble Lucrecia? ¿es de llamar casta, ó non? ciertamente sin duda casta; porque, según dice San Agustín en el libro primero de la Ciudad de Dios, dos fueron en aquel acto, es saber Sexto Tarquino, é Lucrecia; mas el uno dellos solamente, es á saber, Sexto Tarquino cometió el adulterio, porque en este ayuntamiento de dos cuerpos fué departimiento de dos corazones, é voluntades; cá en el uno, es á saber de Tarquino, fué la muy torpe lujuria: en el otro, á sauer es el corazón de Lucrecia, fué la muy casta voluntad; porque como la castidad sea virtud del corazón, ésta non se pierde por la fuerza fecha al cuerpo; mas ciertamente la causa, porque Lucrecia se mató, fué aquesta, que ella assí como mujer Romana por deseo de loanza, temió que, si quedara viua, por aventura algunos creyeran que ella oviesse fecho de su voluntad lo que á fuerza ovo de sufrir; de lo qual dice San Agustín que ella mostró la pena á los ojos de los hombres por testimonio de aquello, que á ellos por conciencia mostrar non pudo; assí como dice San Jerónimo en el su Libro primero contra Joviniano, que la noble Lucrecia, non queriendo viuir, después de ser forzada su castidad, quitó la mancilla del cuerpo por el derramamiento de su propia sangre. ¡O castidad muy digna de loanza! la qual, seyendo forzada, aunque el su corazón quedasse sin culpa, ella juzgó deber antes tomar la honesta muerte, que quedar viua, seyendo ella en la flor de su fermosura, é edad, nin quiso morir antes que ganasse de su padre, é de su marido, é de los otros dichos, que con ellos eran, que la injuria fuesse vengada. ¡O muerte fecha, é reciuida con muy grande corazón! la qual debe ser honrrada por todos los tiempos; ca por ella esta muy casta Dueña en esse ayuntamiento de dos cuerpos mostró aver seydo muy deshonesta, é fea lujuria en Tarquino, é muy casta voluntad en Lucrecia, la firmeza de la qual non pudo por amenazas, nin por temor de muerte ser vencida, nin combatida en tan muy turbado é arrebatado caso; é assí tan marauillosa fué la su castidad, que yo pienso que á ella non se pueda comparar aquello, que se cuenta en las Historias Romanas, que ha fecho el padre de una virgen, que fué corrupta por fuerza, á la qual el padre mató, porque la su casa non fuesse infamada, por denuesto, é quiso ser más matador de la casta fija, que padre de la corrupta; non pienso que se la pueda comparar aquello, que fizo Poncio Anfidiano, Cauallero Romano, el qual, después que supo la virginidad de una fija suya ser corrompida, non contento que avía muerto por ello á un sieruo, que la auía corrompido, mas aun mató á su fija mesma; empero non es de juzgar ser menos que la castidad, la grandeza del corazón de Lucrecia, que assí firmemente, é sin temor se hechó sobre el cuchillo, que cassi non es de creer, que ninguno de los muy fuertes varones con pecho muy osado assí osasse tomar la muerte; ca ciertamente podemos decir, que pues ella fué de fuerte, é grande corazón, é de tan señalada castidad, que por todas las generaciones de las virtudes aya florecido, como entre todos los Filósofos sea cosa cierta, é por Tulio Cicero varón muy enseñado, Príncipe de toda la alta manera del bien fablar, muchas veces se ha disputado, que aquél, que una virtud há complidamente, las há todas; é esto, porque las virtudes son assí en uno todas ayuntadas, que non se pueden apartar una de otra en manera, que aquél, que complidamente há una, las há todas; é como esto sea ansí, ¿quién puede pensar, si non fuere hombre saluaje, Lucrecia non auer merecido muy complidas loanzas? ciertamente ninguno; mayormente que es á juzgar que ella nin decía, nin facía, nin pensaba, saluo cosa virtuosa, é honesta, á la qual era considerada, é antevista la vida del bien vivir, ella seguía á las cosas muy nobles, non por miedo de pena, mas por amor de virtud, nin era cosa, que más cerca della floreciesse, que usar de razón, nin podemos decir que ayan fecho mayor cosa que Lucrecia el Patriarca Joseph, el qual por guardar su castidad se puso á peligro de muerte, é estubo en prisión gran tiempo, según que largamente lo cuenta la Historia de la Sacra Escritura en el primero libro de la ley, llamado Génesis, é como quier que el dicho Patriarca aya passado muchos tormentos, é trauajos por guardar su castidad, bien podemos decir que Lucrecia, en quanto en ella fué, non ovo menos trauajo por guardar la suya; é si ella podiera foir á Sexto Tarquino, según la Historia recuenta, que fuyó el dicho Patriarca Joseph, porque su castidad non fuesse corrompida, cierta cosa es que ella fuyera, mas ella assí fué forzada de guisa, que non pudo resistir; é como quier que el dicho Patriarca se pusiesse á peligro de muerte, como suso es dicho, pero más fizo Lucrecia que él, pues ella de su voluntad con gran virtud se mató, non súbitamente, mas con deliberación, todo esto por mostrar, é dar testimonio de su muy señalada castidad, de la qual se puede bien decir aquello, que se escribe en el libro de la Sabiduría, allí do se dice: ¡O quán fermosa es la casta generación! la memoria de la qual non muere, porque es muy conocida, non sólo acerca de Dios, mas esso mismo acerca de los hombres; ésta es coronada, é há vitoria para siempre, etc. De la qual fablando las leyes Ciuiles Imperiales, é Reales, dice assí: castidad es una virtud, la qual Dios ama, é tan noble, é tan poderosa es la su bondad, que ella sola basta para presentar las ánimas de los hombres, é de las mujeres castas ante Dios; é por esto dice Valerio, fablando desta Dueña Lucrecia, en el su sexto libro de la Castidad: que Lucrecia trae la vandera de la castidad Romana; el corazón de la qual Dueña según el grande, é notable fecho, que ella fizo, como de suso se reza en su Historia, más era de varón que de mujer; é loando la su castidad, dice della el dicho Valerio estas palabras: ¡O firmeza, é pura castidad! la qual es principal fundamento de la bondad de las Dueñas, é de los hombres, ¿dónde te llamaré? tú desde la primera Religión acá moras en los fuegos de los sacrificios, que son consagrados á la Diosa Vestal; tú fuelgas, é reposas sobre los estrados de la Diosa Juno, que son, é están en el Capitolio; tú eres cierta seguridad del Palacio de Justicia; tú conserbas los templos, é los oratorios, donde los santos son colocados; tú mantienes, é arreas continuada generación de fijos, é fijas el casto lecho de la gente, llamada Julia, por el tu defendimiento, é ayuda, la edad de la mocedad es arreada de joya de honestidad por el tu acatamiento; la flor de la manceuía Romana es pura, é limpia por la tu guarda, é defensión; la castidad de las Dueñas, é señoras madres es muy honrrada, é assí por tu presencia conoces los fechos loables, é virtuosos, los quales tú has querido sean obrados.

CAPÍTULO II.

COCLIA.

Tanto, é tan grande es el merecimiento de Lucrecia, que pudiera yo bien alargar la escritura, é ocupar todo este libro, contando la grandeza de sus loanzas; pero, queriendo abreviar, quiero aquí dejar de escribir más della, é tornaré la péndola á la noble Romana Coclia, Doncella virgen, é de muy gran corazón; la Historia de la qual escribe Tito Livio en el segundo libro de la primera Década de los fechos de Roma, donde dice: que durante la guerra entre los Romanos, é el Rey de Tuscia, que es llamada Lombardía, el qual Rey auía por nombre Porsena, fué tratada Paz entre el dicho Rey, é los Romanos, en las condiciones de la qual á bueltas de otras cosas, por el grande menester, é cuyta, en que los Romanos entonces eran, fué impuesto que los Romanos debiessen dar rehenes al Rey Porsena, é ellos assí dados, que el dicho Rey alzasse la guarnición de sus gentes de armas, que auía puesto contra Roma, especialmente en Janiculé, que es del templo de Janus, la qual cosa fecha, é las condiciones de la Paz firmadas, el Rey leuantó su hueste, é se partió de la cerca de Roma; é assí fué que entre las rehenes, que fueron dadas al Rey, era allí esta virgen, suso nombrada, llamada Coclia, la qual, estando en las tiendas de la gente de los Estruques, que estaban entonces asentados allende del río Tíber, con otras muchas vírgines de los Romanos, que estaban en rehenes: ella engañó á las guardas, é fízose guiadora de las otras vírgines Romanas, é con grande esfuerzo de corazón, queriendo librar de prisión á sí mesma, é á las otras vírgines, ella pasó el río á nado, é fizo esso mesmo pasar á las otras sus compañeras, é las trajo, é entregó sanas, é saluas á sus parientes; la qual cosa, luego que fué sabida por el Rey Porsena, él fué dello muy ayrado, é maravillándose mucho del grande, é alto corazón de aquella virgen, que tan grande fecho avía cometido facer, embió sus mensajeros á Roma, por demandar la virgen Coclia, que era su rehén; ca de las otras non se facía fuerza, é les mandó decir, que estas cosas él non las podría sofrir, é que si non le diessen la dicha virgen, que él abría por rompidas las treguas; pero si se la diessen, que él la ternía guardada sin alguna deshonrra para la tornar á sus amigos, y parientes, é assí fué que la una cosa, é la otra se fizo muy bien; ca los Romanos por guardar sus treguas, embiaron la virgen Coclia al Rey Porsena de los Estruques, é el Rey non solamente mandó que fuesse guardada quanto tañía á la honrra de su cuerpo, mas aun fué muy preciada, é muy honrrada dél, é la libró, é quitó, é aun por honrra della le plogo de dar, é dió una partida de los rehenes de los Romanos, que él tenía, quales ella escogiesse, para lo qual fueron traídos ante ella por mandado del Rey todos los rehenes, é ella escogió los mozos, que non auían cada catorce años, lo qual fizo ella, por quanto aquella edad era más agradable á la su virginidad, é esto fizo de consentimiento de los otros rehenes, que allí estaban; é entonces la paz assí reformada el Rey Porsena dió á los Romanos todas las vituallas, que él tenía en sus tiendas, las quales auía menester bien la ciudad de Roma, porque entonces estaban muy pobres; ca luengo tiempo auía, que estaban cercados: é assí los Romanos, considerando esta grande proeza, con tanta virtud la virgen Coclia auía fecho, la galardonaron de una manera nueua de honrra, es á saber, que en memoria de su virtud, la qual durasse para siempre, é non fuesse puesta en olvidanza, hicieron una estatua, é imagen de piedra, en que estaba asentada una virgen, cavalgando sobre un cauallo, la qual imagen mandaron poner en un lugar muy alto, que era en la carrera pública, de donde dice Valerio en el su tercero libro, loando á esta virgen: Que ella non solamente libró la tierra de aquella cerca, ó sitio, que el Rey Porsena sobre ella tenía, mas aun la libró del temor del dicho Rey. E Oracio Poeta dice en el su segundo libro: que ciertamente los Romanos fueran vencidos del Rey, si non los oviesse socorrido la dicha Virgen, pasando á nado el gran río Tíber con la su marauillosa osadía entre sus enemigos. ¡O virtud non mortal, é muy agradable, don de Dios dado á esta fembra! la fuerza de la qual virtud es tanta, que, aunque nunca ayamos visto, nin conocido á la persona virtuosa; ca aunque sea enemigo nuestro, que es más graue de decir, en oyendo de su virtud, é marauillándonos della, luego la amamos; pues que assí es, ¿quién será aquél, que marauillándose con amor, non quisiese tomar para sí la memoria desta virgen? Quien dirá ella non auer conseguido muy grande gloria por aquel fecho tan marauilloso que fizo tanto, que non podemos pensar que ninguno de los muy fuertes varones quanto á esto les sea de anteponer, nin aun ese Rey Dauid, el qual, como Saúl, Rey primero del Pueblo de Isrrael, oviesse guerra con el Rey de los Filisteos, é de parte de los dichos Filisteos viniesse un cauallero muy fuerte, el qual ficiesse pregonar por el Real, si auía alguno del Pueblo de Isrrael, que con él se quisiesse combatir, que saliesse, é pelearía con él; é si el Filisteo venciesse, que los del Pueblo de Isrrael fuessen vencidos de los Filisteos; é si él fuesse vencido, que los Filisteos fuessen vencidos del Pueblo de Isrrael; que como quier que esto fizo pregonar muchas veces, en todo el Pueblo de Isrrael non se fallaba alguno, que con él se osasse combatir; ca por él ser muy fuerte, é valiente ninguno non se entendía poder librar de sus manos: entonces Dauid, aunque era mozo, movido con gran nobleza de corazón, posponiendo su vida por el bien de su gente, é queriéndolos librar de aquel peligro, é de tan gran deshonrra, non curando del peligro de la muerte, que debía, é podía temer, se fué contra aquel Filisteo, é peleó con él, é le mató, é assí libró su pueblo; é si bien fuere acatado, non conmetió menor osadía esta Virgen, la qual con tanta virtud de corazón osó tomar tan grande empresa, é yendo entre los enemigos con otras vírgines, é poniéndose al peligro de la muerte por las librar, según que las libró, pasó á nado con ellas el dicho río. Nin es de anteponer á esta virgen el noble cauallero Cipión Emiliano, el qual, como en España andubiesse conquistando su governación de aquel Duque de los Romanos, llamado Lóculo, este Cipión se adelantó antes de todos, y subió primero en el muro de un lugar muy fuerte, que tenían cercado, á lo qual él se puso, non embargante que fuesse muy generoso, é, considerada su tierna edad, debiesse guardar su persona de tan gran peligro. Nin tampoco es de anteponer á esta virgen aquel Príncipe Romano, llamado Marco Purpirio, uno de los Senadores de Roma, el qual, según que cuenta Tito Liuio en el libro quinto del fundamento de Roma, quando los Franceses entraron en Roma, é la robaron, é destruyeron, veyendo los Padres Senadores, é Viejos della, que non se podían defender de los Franceses, se pusieron asentados en medio de sus casas con bestiduras muy honrradas, é tendidas en sus sillas de marfil: entre los otros estando en su silla este sobredicho Senador, llegó á él uno de los Franceses é púsole la mano en su barba, aplanándosela, la qual era muy luenga; el Príncipe Romano, teniendo que el Francés en esto le facía deshonrra, é non queriendo sofrir aquélla, entendiendo que era mejor ofrecerse á la muerte, que reciuir injuria, dió un golpe en la cabeza al Francés con una berga de Marfil, que en su mano tenía; de lo qual el francés muy ayrado mató luego al dicho Príncipe; pues non fizo menos esta virgen, que por non ser cautiua, é librar á sí, é á sus compañeras de seruidumbre, se puso á peligro de muerte, como suso es dicho. ¡O cosa tan marauillosa desta virgen! la cual non sólo con sobrepujanza, é grandeza de corazón, libró la tierra del sitio, é cerca en que el Rey Porsena la tenía, mas dió noble ejemplo á los varones para non temer de se poner por bien de la cosa pública á qualquier peligro aunque sea de muerte, pues con grande merecimiento los Romanos, que todas las cosas acataban, considerando este tan gran fecho, que con tan gran virtud esta virgen osó cometer, é facer, la honrraron con la sobredicha nueva manera de honor, representándola encima de un cauallo, é poniendo su imagen en lo más alto de la carrera, por donde todos pasaban, porque su memoria quedasse para siempre, é tanta grandeza de corazón non fuesse escondida á los que después della viniessen, é otros tomassen ejemplo de cometer, é facer por el bien público cosas, é fechos señalados, é virtuosos.

CAPÍTULO III.

VENTURIA.

Fecha breue mención de las virtudes de la noble, é muy prudente, é virtuosa mujer Coclia, Virgen, é de floreciente edad, se ofreció á mí de escribir de la noble Romana Venturia, las marauillosas loanzas, de la qual, según que á mí sea posible, serán bastantemente declaradas; é la historia es ésta. La dicha noble Venturia fué madre del noble Romano Marco Coriliano, de los quales face mención aquel varón Romano Tito Livio en la primera Década de la su Historia Romana en el segundo libro; é assimesmo Valerio Máximo en el libro primero de los milagros en el Capítulo primero, que comienza de Fortuna; é en el libro quinto de los hombres agradecidos en el capítulo segundo; é en esse mesmo libro en el título de la piedad á cerca de los Padres en el capítulo primero; é Juan

Boccacio en el libro de las Claras Mujeres en el capítulo 55, é la su historia es ésta: Parece que el dicho Cauallero Romano, llamado Marco Coriliano, el qual era muy generoso, ca venía del linaje de Anco, Rey de los Romanos, é assimesmo era varón de muy gran corazón, é muy esmerado en armas, el qual auía mucho trabajado por la cosa pública Romana: éste fué desterrado de Roma malamente por embidia de algunos sus contrarios, é la causa de su condenación fué ésta. Parece que en Roma auía gran mengua de pan, por lo qual los Romanos ficieron traer ende Sicilia gran copia de pan para mantenimiento de la dicha Ziudad; é tratándose en el Senado quánta quantía deste pan sería repartido por los del pueblo, el dicho Coriliano muy fuertemente defendió que non se repartiesse cosa alguna del dicho Pan por los del Pueblo, fasta tanto que primeramente fuesse fecho repartimiento por los mayores, é padres de la Ciudad de aquello que deuían auer, según que antiguamente les era debido de derecho; lo qual oydo por los del Pueblo, fueron mucho dello ayrados en tanto grado, que quisieron poner las manos en el dicho Coriliano por lo matar, saluo que los oficiales de la Ciudad, que eran llamados Tribunos, se pusieron en medio, é lo defendieron del Pueblo, diciendo que le debían señalar cierto día, para que dijesse la causa porque se auía mouido á facer el dicho defendimiento; é porque al dicho término, que para esto le fué assignado, non pareció, fueron dél muy malamente indignados, é desterráronlo de Roma: fecho este destierro, este cauallero, considerando que los Romanos injustamente, é con mala intención le auían desterrado, se fué, é pasó para la gente de los Volscos; los quales entonces eran enemigos de los Romanos; é la dicha gente de los dichos Volscos, non acatando que este Cauallero era Romano, é les auía fecho muchos daños, mas auiendo consideración que él era muy notable cauallero, é digno de toda virtud de honor, le reciuieron por tal, é lo establecieron, é ordenaron por su Emperador, é Mayor, conociendo su gran virtud, é por esto dice aquí Valerio, que la virtud en qualquier lugar que ella está es tenida en gran precio; é que este Cauallero, el qual los Romanos non quisieron auer para sí por saludable é prouechoso Emperador, la experiencia les fizo conocer aquél ser contra ellos Duque enemigo muy cruel, é dañoso; ca muy agriamente se ovo contra ellos, tanto, que muchas veces desbarató los Romanos fasta los poner por los muros de la ciudad de Roma; assí que el Pueblo Romano soberuio, que non quiso perdonar al Cauallero, que, según la opinión falsa dellos, era auido por culpado, después aquel mesmo Pueblo, apremiado por necessidad, le ovo de suplicar, seyendo él desterrado dellos; é assí parece que el Pueblo Romano, teniéndolos el dicho Coriliano cercados en la Ciudad de Roma, é puesto sitio sobre ella muy cerca de la Ciudad; ellos veyéndose en gran aprieto, é seyendo todos en común muy trabajados, assí los mayores, como los menores: entonces los padres del Senado de Roma acordaron de embiar sus mensajeros, é Embajadores al dicho Coriliano por tratar

Paz con él, é con los Volscos; los quales Embajadores se tornaron con trabajosa respuesta, que por él les fué dada, diciendo que si los Romanos querían tornar á los Volscos sus términos, es á saber la tierra, que los Romanos en otro tiempo les avían tomado por Guerra, que faciendo esto se podría tratar entre ellos la Paz, é non en otra manera; é que si los Romanos querían gozar de aquella tierra, que les auían tomado, que los Volscos se entendían entregar, é auer enmienda de la injuria, que los Romanos les auían fecho, é continuar contra ellos la Guerra, que tenían comenzada: los Romanos, veyendo esto, acordaron de embiar otra vez sus Embajadores al dicho Coriliano, suplicándole que se quisiesse alzar del sitio, que tenía sobre Roma; mas ellos non fueron por él bien reciuidos, nin aun quiso que entrassen dentro de sus tiendas: los Romanos, veyendo esto, é por muy gran temor, que avían del dicho Coriliano, temiendo de ser vencidos por él, acordaron de embiar sus Obispos, Prelados, é Sacerdotes rebestidos, é cubiertos de sus ornamentos, pertenecientes á Prelados, suplicando la dicha Paz, los quales se tornaron sin recado, según que los otros Embajadores; é assí los Romanos desesperados de todo otro remedio, las Señoras Madres, é Dueñas generosas de Roma se ayuntaron, é vinieron á la dicha Madre de Coriliano, é Abeluma [1] su mujer, é les suplicaron que se dispusiessen á ir al dicho Coriliano, é le rogassen, é recadassen dél que quisiese decercar á Roma, é

---

(1) Volumnia.

alzar el sitio, que sobre ella tenía puesto, é lo que los Romanos non podían defensar por fuerza, nin por armas, nin por suplicaciones, é embajadas, é ofrecimientos, ellas le oviessen, é alcanzassen por sus lágrimas, é rogarías: é estas dos Dueñas, mouidas por los grandes ruegos, é soplicaciones de las señoras de Roma, se fueron para el Real, que Coriliano tenía asentado sobre la ciudad de Roma, é lleuaron consigo dos fijos de pequeña edad, que el dicho Coriliano auía auido de la dicha su mujer; é después que las Dueñas sobredichas en compañía de otras señoras Romanas vinieron en las tiendas del dicho Coriliano, le fué fecho saber, que muy gran compañía de Dueñas Romanas estaban allí: mas el dicho Coriliano, que por todo el Pueblo Romano, nin por sus Embajadores, nin por la religión, é reuerencia de los Prelados, é sacerdotes, que entre los Gentiles eran auidos por santos, non se quiso inclinar, nin condescender á dar Paz á Roma, nin por las lágrimas de las Dueñas, que ante sus ojos veya; quando uno de sus seruidores ovo reconocido á Venturia su Madre, como más honrrada de las otras, que con lloro estaba con su nuera, é sus nietos, dijo estas palabras al dicho Coriliano: Ciertamente, si mis ojos non me engañan, tu Madre, é tus fijos, é tu mujer son éstos, que aquí están; é quando Coriliano oyó estas palabras, fuertemente fué espantado, é poco menos como sin sentido se leuantó de su silla, é salió de sus Tiendas apresuradamente por facer reverencia á su Madre, queriéndola abrazar; mas quando la Madre lo vió venir assí, ella mouida muy virtuosamente, mostrándose muy encendida en ira por el gran dolor, é piedad, que auía de su tierra, como quier que saliera muy humilde de la Ciudad, pero, llegando al Real de los enemigos, se fizo muy peleadora contra su fijo, é despertadas las fuerzas en el su corazón, como quier que era vieja, é flaca, tornó las rogarías en saña, é díjole estas palabras: O manceuo contrario, é enemigo de Roma, detente allá, é non te mueuas á me abrazar, ca primero quiero yo saber, si vienes á me reciuir como á Madre, ó como á catiua, é enemiga, é si yo só venida á fijo, ó á enemigo; ca ciertamente yo cuytada, desaventurada me pienso que tú vienes á mí, assí como á enemiga, é la luenga vida, é vejez codiciada de los mortales, aunque á mí ha seydo por causa tuya muy desaventurada, me ha traydo, é llegado para que primeramente yo te viesse desterrado, é después público enemigo de Roma: ruégote pienses en quál suelo estás, armado como enemigo; ¿por ventura non conoces tu tierra, que tienes delante tus ojos? ciertamente tú la conoces; é si non la conoces, sepas que ésta es la tierra, en la qual fuiste engendrado, é nacido, é en ella con mi trabajo fuiste criado; pues dime tú aora, ¿con quál corazón, con quál voluntad pudiste traer armas de enemigo contra Roma? ¿cómo pudo ser que tú ayas seydo osado de robar la tierra que te engendró, y crió? ¿cómo pudo ser que, aunque tú vinieses con corazón sañudo, que, quando Roma fué ante tí, é miraste los muros della, non ayan amansado toda tu ira? ¿é ayas dicho: dentro de aquellos muros son los palacios de mis Padres, é míos, é allí son la

Madre mía, por desventura suya, é por causa mía? ¿Otrosí son mi mujer, é mis fijos? Deuieras considerar la honrra deuida á la tu Madre, é el amor dulce de la tu mujer, é la piedad de tus fijos, é la reuerencia de la tierra, do naciste; ca toda Roma, é todos éstos son fechos oy tus enemigos; vinieron á tí los Padres de Roma, vinieron los Obispos, é todas estas cosas non pudieron mouer tu corazón, duro como piedra; ¿en caso que tú justamente fuesses ayrado, por quál razón, seyendo tú rogado, non has tú querido facer aquello que de tu voluntad facer debieras? Dígote, que me siento muy desaventurada, porque aquello, que nació de mí, yo lo vea contrario de mi tierra, é de mí, é donde yo me pensaba, que auía parido fijo, é ciudadano de Roma, yo veo aver parido enemigo muy contrario; ploguiera á los Dioses que yo non oviera conceuido, nin parido; ca la ciudad de Roma non fuera conquistada, si yo non oviera fijos, é yo entonces vieja pobre muriera libre, é franca, é en tierra libre; mas estas cosas non las digo yo por mí, ca non puedo estar mucho catiua, nin mi trabajo puede durar mucho, pues soy llegada á muy grande edad, nin yo puedo sofrir cosa ninguna de mal, nin deshonrra, que á tí non sea muy torpe, é fea; mas guárdate desto, es á saber, que si tú non te dejas desta conquista, conviene que tu mujer, é fijos ayan de sofrir muerte antes de tiempo, ó viuir en luenga seruidumbre; é assí le dijo otras muchas palabras muy notables; é acauada Venturia su arenga, luego assí ella, como la mujer, é fijos del dicho Coriliano, é las otras Dueñas, que ende estaban, derramaron muchas lágrimas con grandes gemidos, é rogarías, é abrazándolo la mujer, é los fijos, é él á ellos, de lo qual se siguió, que aquello que la Majestad de los Embajadores, é la reuerencia de los Obispos de Roma, non auían podido alcanzar, fué alcanzado por esta noble Venturia, la qual amansó la ira del muy cruel fijo suyo, é le fizo mudar su propósito; ca luego él dijo á la dicha su Madre: Combatiste, é venciste la mi ira; é inclinado por los dichos ruegos de la dicha su Madre, mandó luego alzar los sitios, que tenía puestos contra Roma; é assí quedó libre la dicha Ciudad por causa destas dos Dueñas; la qual ciudad estaba en muy gran estrecho, é á punto de ser tomada por el dicho Coriliano, según el grande afincamiento en que la auía puesto, é la mengua de mantenimientos, que los de dentro tenían; por lo qual los Romanos, que todas las cosas consideraban con grande seso, acatando que la Ciudad de Roma fuera librada por estas dos Señoras, que tan virtuosamente se ovieron en librar la dicha Ciudad, establecieron que dende en adelante los hombres, que estubiessen asentados, se leuantassen de sus logares por honrra, é reuerencia de las Mujeres, cada que ellas viniessen, do quier que ellos estouiessen; é assimesmo viniendo por las calles, é otros logares les fuesse dado logar por los Varones, para que ellas pasassen, é fuessen delante; é aun que las acompañassen, é fuessen con ellas fasta las dejar en sus posadas; lo que antes desto non auían, nin les era fecha por los Varones ninguna honrra destas; é otrosí en señal de Dignidad, é honrra de

Madres, é Señoras les otorgaron, que pudiessen traer vestimentas de Púrpura, é Oro, é Plata, é otros arreos preciosos, demás de los que primeramente tenían, é en especial una estola, la qual después acostumbraron traer en la cabeza, é cobría del lado derecho fasta el lado izquierdo: esto ficieron, porque en aquel tiempo más auía aprouechado la Ciudad de Roma la buena acusación de las Mujeres, que las armas de los Cauallos; otrosí allende desto, ficieron, é edificaron un templo muy honrrado en aquel logar, donde Coriliano fué rogado, é condescendió á se alzar del sitio de Roma, el qual templo consagraron á la Diosa Ventura, é Fortuna de las Mujeres, é desto fabla complidamente San Agustín en el su libro quarto de la Ciudad de Dios. ¡O mujeres muy virtuosas dignas de grandes loanzas! la memoria de las quales debe durar para siempre, pues por su sabiduría, é muy honesto razonar, é bien fablar merecieron alcanzar cosa tan alta, é de tan grande valor, es á saber, librar de castidad, é de muerte tan noble, é imperial Ciudad, más excelente que todas las otras, é cabeza de todas las Provincias del Mundo, conuiene á saber la muy noble ciudad de Roma, común Patria, é Tierra de todo el Mundo, é librar de muerte tantos Padres, é tan grandes Señores, é tan nobles cauallos, é tan honrrados ciudadanos, é finalmente tan virtuoso Pueblo, como eran los Romanos, de donde descendieron los grandes emperadores, é señores de todo el Mundo, lo que non pudieron alcanzar los muy altos Senadores, nin los nobles Caualleros, nin los muy honrrados Prelados, é finalmente aquello, que por seso, nin por ciencia, nin por armas, nin por deuoción de Religión, nin en otra manera, el grande Pueblo Romano alcanzar non pudo, estas dos notables Dueñas por su gran prudencia, é cordura la ovieron, é alcanzaron; por lo qual non sin razón los Romanos, gente muy auisada assí en fecho de armas, como en Ciencia, según que dello facen testimonio las auténticas Historias en muchos lugares, especialmente el libro de los Macabeos en el libro primero, conociendo los dichos Romanos el muy grande beneficio, que destas dos muy virtuosas Mujeres reciuieron, por el grande merecimiento dellas dotaron, é honrraron á todas las Mujeres de las sobredichas honrras, é prerrogatiuas; é assí, non embargante, que mucho sean de loar Gedeón, é Sansón, é Baraque, que, quando el Pueblo de Isrrael se regía por los Juezes, libraron al dicho Pueblo de mano de sus enemigos; é assimesmo el noble Infante Jonatás, fijo del Rey Saul, que fué el primero Rey de los Hebreos, é el Rey, é Profeta Dauid, que, seyendo Cauallero, antes que fuesse Rey, mató al Filisteo; é los otros Reyes, é notables Caualleros, que según se lee por la Biblia, especialmente en el libro de los Juezes, é en el libro de los Reyes, se falla, que con gran corazón, libraron de muerte á algunas Ciudades, é Reynos: con gran razón son de loar estas sobredichas Dueñas por la su prudencia, é aunque la manera de las armas sea propia de los hombres, é non de las mujeres, pero Nuestro Señor Dios complidamente ha provehido de sus gracias á las mujeres, dándoles lugar, é manera, porque ellas pudiessen facer muy grandes fechos por sus virtuosas, é sabias avisaciones, é polido razonar; con lo qual bien concuerda lo que se escribe por el Sabio en el libro de la Sabiduría, donde dice: Venció las campañas, non en virtud, nin en fortaleza del cuerpo, nin por poderío de armas, mas sojuzgó por la palabra á aquél que lo ponía en trabajo, etc. E assí como es de loar el gran Orador Tulio, muy aventajado en la manera del bien fablar, que por su buena fabla libró á muchas personas de grandes peligros: bien assí es de loar la sobredicha noble Venturia, pues por la su graciosa proposición libró á Roma de tan gran mal; é assí lo tal, según la sentencia del sabio en el su libro, llamado Ecclesiastés, es mucho de loar por aquello, do dice: Mejor es la sabiduría, que la fortaleza, etc. Casi podemos decir, é concluir, que complidamente se ovo Nuestro Señor Dios con las Mujeres en toda generación de virtud; é esto es lo que se escribe por el Sabio en el libro, llamado Ecclesiastés, donde dice: El amor de Dios es honrrada Sabiduría, é el comienzo de la Sabiduría es el temor del Señor, el qual anda con las escogidas fembras, é con los justos, é fieles, comienzo, é fundamento de la Sabiduría, del qual dice el Psalmista, que la su loor dura para siempre, é es dada por Dios, assí á las mujeres, como á los hombres.

CAPÍTULO IV.

TANAQUIL.

Después de Venturia, á Tanaquil, mujer de gran linaje, me conuiene pasar, la qual, é si [1] de los Tarquinos viniese á Roma, empero ella en uno con su marido ovieron el Imperio de Roma, por lo qual me plogo de la poner entre las Romanas; la Historia de la qual es ésta, según la cuenta Valerio en el primero libro de las Señales de las cosas maravillosas; é Tito Livio en la primera Década en el primero libro del fundamento de la ciudad de Roma: parece que en el tiempo, que el Rey Anco reynaba en Roma, acaeció que un hombre, llamado Lucomón Tarquino, sabio, é rico, é codicioso, fué venido en Roma por codicia, é por esperanza de ganar alguna honrra; ca en la Ciudad de Tarquina, donde él era nacido, le pareció bien que él non podía auer allí mucho honor, esto por quanto Daramacos, su padre, era allí venido pobre hombre de la tierra de Corintio, é este Daramacos auía ganado en Tarquina grandes riquezas, é ovo allí dos fijos, el uno el dicho Lucomón, que era el primero, é el otro, llamado Artines, que era el segundo, el qual murió antes que su padre, é el dicho Lucomón ovo todos sus bienes, con los quales por ser muchos le creció el corazón, é casó con una mujer de muy alto lugar, llamada Tanaquil, la

---

[1] Este *é si* parece que equivale al latino *etsi*.

qual assí como era de gran linaje, assí era de muy gran corazón; ca ella non podía sofrir más la homildad, que el su nacimiento requería; é por quanto ella veya, que los Estruques, é los Tarquinos, gentes de aquella tierra, menospreciaban á su señor é marido, por él ser de extraña nación, ella non pudo sofrir el menosprecio dellos, antes, olvidado el amor natural, que cada uno há á su tierra, é non faciendo fuerza dél, tanto que ella viesse su marido en estado de honrra, por ende dió consejo á su marido que saliesse de la Ciudad de Tarquina, é se fuessen á morar en Roma, ca le pareció que aquél era lugar más aparejado del Mundo, donde los hombres podían viuir honrrados como en pueblo nueuo, é porque todas noblezas eran allí, las quales de poco tiempo eran engendradas por virtud; é assí era lugar propio de viuir, especialmente para hombre virtuoso; é para mejor traer á su marido á esto, le contó cómo Tacius, extranjero, fuera llamado para reynar, é reynara en Roma; é assimesmo cómo Numa era nacido noble por una sola emaginación, é non embargante que aquéllos fueran Reyes, é Señores de Roma por sus virtudes asaz sin gran dificultad; finalmente la dicha Tanaquil trajo á Lucomón su marido á lo que ella decía, á se partir de aquella tierra de Tarquina; assí que él, é su mujer tomaron sus bienes, é se fueron á Roma, é moraron en aquella parte de la ciudad, llamada Genicula, é allí, do eran asentados en sus carros, vino un Aguila de alto, é espandió sus alas mansamente sobre Lucomón, é le lleuó el sombrero, que tenía sobre su cabeza, dando grandes voces volando sobre el carro, assí como si ella oviesse fecho aquello, porque le oviesse seydo assí mandado; é después de cauo le puso el sombrero en su cabeza muy mansamente, é le dejó allí; é entonces ella fué volando en alto sin más tardanza; é la Dueña Tanaquil fué muy alegre desta señal marauillosa, como mujer que sabía mucho de la ciencia de los agüeros, é adeuinanzas, según la costumbre de la gente de los Estruques, de los quales era ella nacida, é dijo á su marido que fuesse cierto que él auía de auer grande alteza, ca la dicha Aguila era venida de la partida del Cielo, é que era mensajero de aquel gran Dios Júpiter, que le auía mostrado esta señal de soberuia, é alteza en tanto como le auía tirado de la cabeza aquella honrra humanal, é se la auía tornado diuinalmente; é estas esperanzas, é estos pensamientos trayendo consigo marido, é mujer, venidos los dos á la ciudad de Roma, compraron allí una casa; entonces el dicho Lucomón se llamó Prisco Tarquino, al qual, su venida nueua allí, é sus riquezas le facían marauilloso varón, é la fortuna le ayudaba, él era cortés, é bien fablante, é allegaba á sí á todos aquéllos, que él podía, faciéndoles muchas ayudas, é fizo tanto fasta que su fama llegó en casa del Rey, assí que en poco tiempo él ovo oficios, é gran conocimiento con el Rey, é fué en los consejos públicos é secretos, é él era assí aperceuido, é sabio, é entendido, que el Rey Ancius le dejó por tutor de sus fijos en su testamento; é después que los fijos del Rey Ancius fueron en edad que la tutela podía cesar, entonces este

Lucomón su tutor trajo maneras con los Romanos cómo él fué alzado por Rey dellos. En aquel tiempo, en la casa del dicho Rey Tarquino acaeció una cosa maravillosa, es á saber, un mozo estaba durmiendo, é resplandecíale una llama de fuego en la cabeza en manera, que á todas las gentes, que allí estaban en el Palacio, donde el mozo dormía, les parecía, que salía llama de fuego de la cabeza del mozo; é algunos allí ovo que le quisieron hechar del agua en la cabeza, diciendo que con ella matarían el fuego; mas la Reyna Tanaquil, assí como aquélla, que era muy sabia, é entendida en tales cosas, defendió que non se ficiesse, é fizo callar á los hombres del Rey, que daban voces; é assí, quando el clamor de las gentes fué sosegado, la dicha Reyna defendió que ninguno non despertasse el mozo, fasta que él se despertasse por sí; é á la fin el mozo despertó, é la llama se fué con el dormir en manera que non pareció más; é la Reyna llamó luego al Rey á una cámara secreta, é díjole assí: Señor, vedes este mozo, que auemos criado en tan poco estado, faciendo poca mención dél, sabed por verdad, que éste será un espejo nuestro en nuestras cosas dudosas, é será defendedor de la nuestra silla Real, que será atribulada; é por ende yo soy en consejo, que nos lo criemos de aquí adelante, assí en plaza como en secreto con toda diligencia, assí como materia de nuestra grande honrra: entonces el Rey, é la Reyna tomaron luego aquel mozo en logar de fijo, é ficiéronle enseñar las artes liberales, é otros saberes, por los quales muchas veces acaece que los corazones de los hombres se mueben, é despiertan á alcanzar grandes fechos; el mozo creció por la industria Real, assí que andando el tiempo, como fuesse buscado por la ciudad de Roma marido perteneciente para la fija del Rey, non fué fallado ninguno de los mancebos Romanos, que por ningún arte de Cauallería, nin de otros saberes podiesse ser igualado á este mozo; por la qual razón el Rey otorgó á éste su fija por mujer; é dicen algunos, que, quando la villa de Cananicula fué tomada por los Romanos, el Príncipe de aquélla, que auía por nombre Seruio Tullio, fué muerto en aquella Guerra, é su mujer fincó en cinta, la qual lleuada con los otros cautiuos á Roma, assí que la Reyna Tanaquil conoció que era la Dueña noble, é non quiso que ella fuesse sierua, antes la mandó venir á su Palacio, é allí parió á este mozo; é por este bien, que la Reyna le fizo, é por la conociencia de las Dueñas de la casa de la Reyna, é de su buena voluntad, que le sopo ganar, ovo gran conocimiento en casa del Rey, lo qual fué causa, por qué el dicho mozo vino á este estado, que es dicho. Los fijos del Rey Ancus, muy quejados porque fueran priuados del Reyno de su Padre por su tutor, é porque veyan reynar en Roma hombre, que non era del linaje Romano, nin de su vecindad: por esto ordenaron de matar al Rey, é pusieron en obra de se aperciuir dello en esta manera: escogieron dos Pastores muy crueles para facer este fecho, los quales auían acostumbrado de usar de ferramientas rústicas; éstos fingieron, que ellos auían peleado entre sí, é viniéronse fasta el Palacio de la silla Real, dando voces con gran ruido el uno contra el otro, en manera, que toda la Corte se tornó á mirarlos; é assí fué que ambos á dos llamaron al Rey, diciendo que apelaban para ante él: el Rey, oyendo las voces dellos, los mandó llamar, é quando fueron delante del Rey, el uno comenzó á querellar del otro, é amenazábanse allí; mas los Sargentos de armas mandaron se estubiessen quedos, é que dijesse cada uno su razón; finalmente, ellos se sufrieron de dar voces, é el uno dellos, comenzando á fablar al Rey, ordenando sus palabras, é trayéndolas á propósito, el Rey escuchándolo con gran diligencia, en tanto el otro firió al Rey con una facha de fierro, que tenía en la mano, por medio de la cabeza, é dejóle aquel fierro dentro de la cabeza; é las guardas del Rey, que allí estaban, prendieron luego aquellos dos Pastores, é las voces fueron muy grandes; ca todo el Pueblo se juntó allí. Entonces la Reyna Tanaquil, como entendida en toda manera de virtud, fizo luego cerrar el Palacio, é echar fuera toda la gente, é mandó buscar todas las cosas necesarias para guarescer aquella llaga, assí como si ella oviesse esperanza que el Rey non era ferido de muerte; mas ella lo fizo por se aperciuir de ayuda de socorro: entonces la Reyna fizo llamar á gran priesa al manceuo hierno suyo: éste auía por nombre Seruio; la Reyna le mostró cómo iacía el Rey muerto, rogándole que non quisiesse dejar la muerte de su señor sin venganza, nin quisiesse consentir que este fecho quedasse en escarnio de sus enemigos, é díjole estas palabras: ¡O tú Seruio, á tí pertenece tomar este Reyno, é non á aquéllos, que con manos ajenas ficieron cruel muerte! aderézate, é suplica á los Dioses, los quales en otro tiempo significaron que en la tu cabeza abría una claridad real, por el fuego reluciente, que en derredor della se asentó; é sea assí que esta flama celestial te faga agora espertar, é bien considerar que nos somos venidos de otra tierra, é seyendo peregrinos auemos reynado, é piensa quién eres, é non de adónde eres, é si tú eres espantado de aquesta cosa, que assí es desbaratada, porque los tus consejos serían tardíos, yo te ruego que de presente tú tomes el mi consejo. El Pueblo estaba de partes de afuera, lleno de gran temor, en manera, que las voces de la muchedumbre de las gentes non podían ser por eso sostenidas; é la Reyna subió en lo más alto del Palacio á unas finiestras en manera que la podían bien ver los que estaban de fuera: entonces la Reyna, desque vió al Pueblo, les dijo que non desmayasen, ca el Rey estaba sin peligro; pero que estaba adormido del golpe, que le auía seydo dado arrebatadamente, mas que el fierro non auía entrado mucho, á que ellos podían bien ver el fondo de la llaga, quando la sangre fuesse restañada; aued buena esperanza, que todas las cosas son saluas, é en breue tiempo veredes sano al Rey. Entre tanto ella mandó llamar á Seruio; mandó, é encomendó al Pueblo, que ellos le obedeciessen, é á él encomendó que quisiesse mantener los derechos en logar del Rey, fasta tanto que fuesse bueno, é ficiesse los oficios, que á él pertenecían; é desta manera salió Seruio del Palacio, vestido de los ornamentos reales, é con él guardas de hombres de armas, é asentóse en la Silla Real, é determinaba algunos juicios, que venían ante él, é otros dejaba, diciendo que los viesse el Rey, é disimulaba, diciendo que se quería aconsejar con él en esta manera; después que el Rey Tarquino fué muerto, estobo Seruio por consejo de la Reyna Tanaquil algunos días fortalecido, buscando sus ayudas, é allegando sus riquezas, dando á entender que usaba de oficio de otro; mas, después que se descubrió la muerte del Rey, comenzaron el Pueblo de facer grandes llantos, é Seruio estaba ya aperciuido de buenas ayudas, é de firme, é fuerte compañía de gente del Pueblo por la sabia auisacion de la Reyna; assí que por el encomendamiento del Pueblo, é con consejo de los Padres reynó en Roma, é fincó por Rey della. Los fijos del Rey Ancus, quando oyeron decir á la Reyna, que el Rey era viuo, otrosí vieron que los Pastores, que hicieron aquel maleficio, eran presos, é que las ayudas de Seruio eran muy grandes, ellos se fueron á una villa llamada Ponice por morir allí assí como desterrados; é Seruio se guarneció de buenas ayudas, assí por consejos públicos, como secretos, siguiendo los buenos consejos de la dicha Reyna, por cuya avisación fué Rey de los Romanos. ¡O mujer muy noble! la grandeza de corazón de la qual, é casi su deuinal sabiduría, si con el corazón fuere acatada, non sin gran marauilla la su memoria sería tomada; porque ¿quién será aquél, que de la grandeza de su corazón non se marauillará? la qual, como viesse sin honrra á su marido por propia virtud, olvidada del amor de su tierra, non pudo sofrir tal cosa; mas tomando consejo se fué para Roma, donde por los sus merecimientos esperaba ser traído en grandes honores. ¿Quién non se marauillará de la su prudencia? porque, quier sea por ciencia de adeuinar, quier por sabiduría de su ingenio, dijo lo que auía de acaecer á su marido por acatamiento de aquella señal. ¿Quién no se marauillará de la su sabiduría? la qual, amonestada por el acatamiento de las flamas del fuego, que vido sobre la cabeza de Seruio, lo tomó como si fuera su fijo, é lo trajo á tan gran dignidad. Pues non sin razón digo la sabiduría della non auer seydo en menor grado, que la de algunos claros varones; é pues los Patriarcas Jacob, é Joseph su fijo, é el Profeta Daniel, é otros Santos son mucho loados en la Sacra Escritura, é en otras Historias, porque Dios les quiso mostrar en sueños, é en diuersas reuelaciones las cosas, que eran por venir, é assimesmo porque les dió sciencia para poder declarar las semejantes señales, quando acaecían: bien podemos loar la gran dignidad del alto íngenio desta noble Reyna Tanaquil en las cosas dichas, donde parece que en toda manera, quier de reuelación, quier de Sabiduría, é en todos los otros saberes, han logar assí las mujeres, como los hombres; é non solamente las mujeres viuientes so la ley de Dios, mas aun las del Pueblo de los Gentiles, las quales non ovieron conocimiento de la ley de Escritura, nin de la ley de Gracia, é con todo esto se disponían á toda obra de virtud, é sabiduría.

CAPÍTULO V.

PORCIA, FIJA DE CATÓN.

Acauada breuemente la historia singular desta muy virtuosa Reyna, non sin razón deuemos fablar de la noble Dueña Romana Porcia, fija del muy virtuoso Catón; la historia de la qual cuenta Valerio en el segundo Capítulo de su libro tercero, donde fabla de la virtud de la fortaleza, que ésta muy virtuosa Dueña, como viesse que Bruto, marido suyo, auían determinado en su consejo de matar al Emperador Julio César, dudando que aquel consejo non vendría en obra, é que lo sabría el dicho Emperador, é assí sabido, mandaría matar por ello al dicho Bruto su Marido, ella demandó un cañiuete pequeño, diciendo que lo quería para cortar las uñas, é queriendo tentar, demostrar por experiencia el grande amor, que á su marido avía, é que, si él muriesse, ella non quería más viuir después dél, se firió con aquel cuchillo, de que fué muy mal llagada, aunque non murió de aquella ferida, donde parece que ella quiso semejar por gloria de virtud, é grandeza de corazón, al sabio Catón padre suyo, el qual, veyendo ser perdida la libertad de Roma, é non podiendo sofrir aquello, se mató; é como quier que de aquella ferida ésta muy virtuosa Dueña non muriesse, al fin ella resciuió muerte muy osadamente; ca según Valerio cuenta en el dicho libro, é Capítulo, é assimesmo en el libro quarto del amor que han entre sí el marido, é la mujer, como esta noble Dueña oyesse que el dicho su marido era vencido, é muerto por los Príncipes Antonio, é Otauiano en los campos Felipos, ella, non podiendo auer fierro para se matar con él, tomó las brasas ardiendo del fuego, é echóselas en la boca, é assí murió mostrando el grande amor, que á su marido auía, auiendo por bien de non viuir más después dél. ¡O mujer muy virtuosa, de gran corazón, é muy amiga de su marido! la qual ovo por cosa razonable de non quedar en esta vida, nin usar de las delectaciones della, después de la muerte de su buen marido, é osó con grandeza de corazón reciuir la muerte, é non sólo cometió de se matar una vez, quando tan cruelmente se mató lanzando las brasas de fuego en su boca; mas aun de ante auía cometido de se matar con un cuchillo. ¡O quán pocos serían tan fuertes, é de tan gran corazón, que assí osassen reciuir la muerte de sí mesmos! como parece que esta noble Dueña la osó reciuir, é ¿por quál cosa ella debe ser más loada, ó por ser de tan grande corazón, según se mostró por sus fechos, osándose matar, ó por tener encerrado en su pecho tan ardiente amor de su marido, según que lo mostró por la obra, non viuir después de la vida dél? fablando verdad, lo uno é lo otro resplandece en ella tanto, que nos non podemos pensar que á ella se aya de anteponer la grandeza del corazón del sabio Catón su Padre, porque él tomó muerte en la manera acostumbrada por otros muchos, é ella quiso morir por nueua manera; nin fizo más que ésta muy noble Dueña aquel varón Romano Graco, el qual, aviendo fallado en su propia casa dos serpientes macho, é fembra, é entendiendo que esto significaba alguna cosa que le auía de acaecer, lo fué á decir á los Adeuinos, é les preguntó que le dijessen lo que aquello demostraba, é ellos le dijeron, que si de aquellas dos serpientes dejasse el macho, é matasse la fembra, que su mujer del dicho Graco sería muerta, é por el contrario, é si ambas matasse, que ambos serían muertos; é si ambas las serpientes quedassen viuas, que ambos marido, é mujer morirían; é assí era necessario matar qualquiera de las dichas serpientes el macho ó la fembra, para que qualquiera de los dichos Marido é mujer quedassen viuos; é el dicho Graco por el grande amor que auía á su mujer, quiso matar el macho, é dejó viua la fembra, queriendo él morir, é que su mujer viniesse; nin es de anteponer á esta virtuosa Dueña aquel compañero de armas del Rey Saul, de que fabla el primero libro de los Reyes, el qual, veyendo que el Rey era ferido, é muerto en la batalla, é que los Filisteos auían contra él mostrado dello gran dolor, con mucho amor, é lealtad se mató por sus propias manos él, non queriendo más quedar en aquesta vida, después de la muerte de su señor.

CAPÍTULO VI.

SEMPRONIA.

La muy noble Porcia, las virtudes de la qual suso auemos fecho mención, me ayuda que yo me pase adelante á contar la historia de la loable firmeza de aquella noble Romana, llamada Sempronia, hermana de los nobles Gracos, é mujer del noble Cauallero Romano Cipión Emiliano, de la qual fabla el muy grande Valerio en el su tercero libro, donde trata de la virtud de la constancia, que es llamada firmeza de corazón; é assí parece que esta Dueña, después de la muerte de su marido, é de sus hermanos, estando viuda, esclareció muy virtuosamente, manteniendo castidad, mostrando bien por su vida, é obras la memoria del alto linaje, de donde ella descendía, é assimesmo el marido, con quien ella fuera casada; é fué assí, que ella, viuiendo en Roma, acaeció que vino ende un hombre de pequeño estado, llamado Equecio, el qual se fingió ser fijo de Tiberio Graco, hermano de aquesta Dueña: este Equecio era assí semejable en gesto al dicho Tiberio Gracó, tanto, que por esto él ovo por sí el fauor del Pueblo Romano, é el consentimiento de los Tribunos, é Juezes para ser auido por fijo de Tiberio Graco, é de su casa; para lo qual esta noble Dueña fué llamada á juicio por parte de aquel hombre, que se llamaba su sobrino, la qual, traída á juizio, ella non queriendo receuir por sobrino aquel hombre, porque sabía que non lo era, usando de la virtud de grande constancia, é mostrándola por obra, non embargante las amenazas del Pueblo, é el gesto muy airado de los Jueces, que contra ella se mostraba, é el grande fauor, que todos daban á aquél su contrario, ella lo resistió todo tan fuertemente, que non sólo se defendió de la demanda de aquel hombre, mas aunque mucho fué afincada por el Pueblo, é por aquellos Tribunos, que en señal de conocimiento de deudo quisiesse dar paz á aquél, que se llamaba sobrino suyo, según que era la costumbre en Roma de la dar las tías á sus sobrinos, ella nunca quiso á ello condescender; é por esto Valerio, contemplando la gran constancia de aquella noble Dueña, dice della en el dicho capítulo estas palabras: ¡O Sempronia, hermana de los Gracos Quinto, Tiberio, é Gayón, mujer de Cipión Emiliano! quiero yo agora por breues palabras facer complida relación de las tus virtuosas obras, de las quales merece ser fecha historia, es á saber, cómo seyendo tú tan honesta, é virtuosa, fuiste traída en gran vergüenza ante el Pueblo Romano por aquel Juez suyo contra la costumbre antigua de Roma, que non consentía que las mujeres fuessen traídas al ayuntamiento de los hombres, é á las plazas, donde se juzgan los Pleytos, lo qual oviste de facer assí por el fecho ser señalado, por lo qual con razón ovo de ser dejada en esto la autoridad de la primera, é antigua costumbre, porque mayor poderío tiene la fuerza que lo que manda é amonesta la vergüenza; é como quier que assí ayas seydo trayda á tan grande plaza, é con tanta vergüenza, todavía retoviste, é defendiste con grande virtud, é firmeza, la grandeza del tu claro linaje; é dice más: ya sea que esto basta para digna relación de tus virtudes; pero yo lo quiero proseguir más largamente, porque quede dello honrrada memoria. ¡O Sempronia! apremiada fuiste de estar en el logar, donde la fuente de los Príncipes de la ciudad se suele auergonzar, é turbar, es á saber, en el ayuntamiento de tan gran pueblo, é de tan gran ciudad, como era Roma, é allí fuiste muy aquejada del grande poderío del Juez, mostrándote gesto muy sañudo, é el Pueblo dando grandes voces contra tí con grande diligencia, porque diesses paz como á sobrino, á aquel mal hombre, llamado Equecio, el qual falsamente se llamaba fijo de Tiberio tu hermano; pero tú con grande firmeza resististe, é deshechaste á aquél, que con tan mala osadía quería usurpar para sí non verdaderamente la fidalguía de la tu generosa casa; é aquí acaua Valerio de fablar della. Pues, según esto, ¿quién es aquél, que pueda decir que persona alguna aya seydo más virtuosa que esta noble Dueña, especialmente en la su constancia? ¡O Sempronia! si Dios tanto bien te quisiera facer que ovieras conocimiento de la Feé de Nuestro Señor Jesuchristo, é la grande virtud de constancia, que por defender tu fidalguía en esto mostraste, la ovieras mostrado padeciendo por la verdad de nuestra santa feé, non dudo que podieras ser en algo comparada, non sólo á los nobles Varones cathólicos, que con grande constancia, faciendo muy grandes fechos, padecieron muy grandes trauajos por Dios, mas aun á los Profetas, é á los santos Apóstoles, los quales, por servir á Dios, é según su ley, é santa dotrina, pasaron en esta vida muchos trabajos, é vergüenzas ante los Emperadores, é Reyes, é ante los grandes Pueblos, assí como se lee de Moysén, é Aarón, é de Isayas, é Jeremías, é del Apóstol San Pablo, é de otros muchos santos en muchos logares de la Santa Escritura, é especialmente en aquel libro Diuinal de los fechos de los Apóstoles, que escriuió el Evangelista San Lucas, donde dice que los Apóstoles eran traydos á los grandes ayuntamientos de los Príncipes, é los Pueblos, é allí eran injuriados, é maltratados, é pasaban grandes trauajos por defender la verdad, é la santa dotrina de Nuestro Señor Jesuchristo, é con todo esto ello con grande virtud de constancia se gozaban, é daban gracias á Dios, porque ellos eran dignos de padecer aquellos trauajos, é vergüenzas por Nuestro Señor Jesuchristo, el qual es vía, é verdad, é vida, é viue, é reyna por siempre jamás.

CAPÍTULO VII.

ANTONIA, MUJER DE DRUSIO.

Después de la Historia de la noble Sempronia se ofrece á mí de escribir la muy señalada continencia de castidad de la muy fijadalgo Romana, llamada Antonia, mujer de un grande señor Romano, llamado Drusio, la qual por maravillosa virtud ha sobrepujado la nobleza de los sus antepasados; ca según cuenta Valerio en el su libro quarto de la Abstinencia é continencia, esta Dueña Antonia, auiendo quedado muy moza después de la muerte del dicho Drusio su marido, é en la flor de la su muy grande fermosura, considerando que su marido, en quanto con ella fué casado, nunca conoció otra mujer, é queriéndole ella semejar en esta virtud de castidad, é dando á entender por obra el honesto amor, que al dicho su marido auía, pensó de guardar muy noblemente para en toda su vida, después de la muerte dél, la feé, que le debía en el tiempo que era viuo, é era ella casada con él; ca esta noble Dueña, queriendo ser libre de toda mala sospecha, é mostrando por experiencia la su grande continencia de castidad, nunca se quiso acostar, nin dormir en otro lecho después que el dicho su marido murió, sinon en la cama de su suegra, madre del dicho su marido; é después que por el casamiento ovo dejado la flor de su virginidad, ovo por bien de non casar otra vez, nin conocer otro varón, por cuanto los antiguos auían por señal de destempramiento si la mujer, después de muerto su marido, casasse otra vez; é assí dice Valerio desta noble Dueña, que en essa mesma cama, donde se acauó la flor de la mocedad de aquél su marido, en aquella mesma ella se envejeció por experiencia de su honesta viudad desta noble Dueña, la qual sin duda non se oluidó los establecimientos de los padres primeros, é seyendo ella asaz contenta de auer seydo casada una vez, quiso después de la muerte de su marido ser ennoblecida por corona de castidad; é por ende, queriendo un poco más alargar acerca desto, digo, que ¿quién será aquél, saluo si fuere menguado de seso, que pueda decir que esta noble Dueña non aya seydo en esta virtud igual al dicho Drusio su noble marido, el qual, como quier que fuesse muy glorioso por las batallas, que fizo en Germania, é assimesmo por él ser muy generoso, es á saber del linaje de los muy nobles Claudios, é el Emperador

Otauiano se obo por bien contento de auer por mujer la madre deste Drusio, é ser casado con ella; é assimesmo este Drusio ovo por hermano al Emperador Tiberio, los quales dos Emperadores fueron dos luces muy resplandecientes de la cosa pública; é el dicho Drusio, seyendo hombre tan generoso, fizo cosa muy virtuosa en non conocer otra mujer, saluo á la suya propia, quier ella fuesse presente, ó ausente; pero non fizo ella cosa menos virtuosa que él en esta parte, mas mucho mayor en non conocer otro varón después que él morió, continuando siempre por señal de su mayor guarda la cama de su suegra: esto por tanto que, según dicen los naturales, cosa muy trabajosa es á las mujeres, que después de la muerte de sus maridos assí quedan mozas, guardar la continencia; é otrosí, porque el dicho Drusio solamente se dice auer guardado aquella feé de castidad á su mujer durante el casamiento, é esta noble señora, non solamente guardó esto mesmo en tanto que con él fué casada, mas aun todos tiempos después fasta que ella murió, la qual con razón yo puedo decir que aya pasado en la dicha virtud á muchos notables varones, que después del primero casamiento, pasadas de la presente vida sus mujeres, se casaron, é llegaron á otras, non guardando esta continencia de castidad; é non sólo á los virtuosos, mas aun á algunos de los santos Patriarcas, especialmente al grande Patriarca Abraham, el qual, como quier que él fuesse muy grande Profeta, é amigo de Dios; pero, después de la muerte de Sarra, su legítima mujer, tomó otra mujer, según se lee en el libro del Génesis, aunque los fechos de los santos Patriarcas, é Profetas non ligeramente se deban traer á consequencia, porque debemos entender que por mandado de Dios ayan fecho las cosas que dellos se lee, non embargante que algunos parezcan algún tanto reprehensibles quanto al seso humano, pero siempre las debemos auer por buenas; mas con todo esto con grande razón es de loar la continencia desta noble Dueña, que en ésta tan señalada virtud de castidad parece pasar al dicho Patriarca Abraham, é á otros muy nobles varones, mayormente seyendo ella del Pueblo de los Gentiles, los quales de Dios, é de su santa feé non auían el conocimiento, que debían, é con todo esto, guiados por la razón natural, usaban de tan marauillosa virtud.

CAPÍTULO VIII.

BILIA, MUJER DE DIULIO.

Á la tempranza destas Dueñas queremos ayuntar la marauillosa castidad de Bilia, mujer de aquel Capitán Romano, llamado Diulio [1], el qual, según los antiguos escribieron, fué el primero Romano, que de vencimiento por mar alcanzó corona por la batalla que ovo: aquesta Dueña tanto sobrepujó en marauillosa honestidad, que en aquel tiempo fué auida por luz, é ejemplo de la castidad Romana; en aquel tiempo en Roma florecía mucho la limpieza de la castidad, según escribe San Je-

---

(1) Duilio.

rónimo en el libro que fizo contra Joviniano, de lo qual podemos entender que ésta es cosa de gran marauilla, aquesta Dueña pasar allende de todas las Romanas en limpieza de castidad, quando la castidad se honrraba con tanta diligencia, á la qual es juntar la tempranza, sin la qual la castidad non puede estar; ca el casto conviene que tenga el corazón apartado de toda suciedad de lujuria; por lo qual es de decir que aquesta noble fembra, que fué tan clara en la limpieza del cuerpo, é de la voluntad, que fué muy compuesta de todas las virtudes, é que domó todos los vicios, é pecados, los quales los Filósofos llamaron enfermedades de la voluntad; é assí ésta ovo vitoria de sí mesma, lo qual non le es de contar á poca gloria suya; é por aquesto non es sólo de igualar esta Dueña á los Grandes Emperadores, que muchas veces merecieron auer la corona de la vitoria en el Capitolio de Roma, mas antes es de decir, que fué más sobrepujante que ellos, como sea de mayor gloria vencer assimesmo, que someter á otros á su señorío; ca muchos ovo que venciessen á otros en el campo, é á sí mesmos non pudieron vencer; é como quier que mucho sean de loar Héctor el Troyano, é Aquiles el Griego, é el grande Josué, é el fuerte Sansón, é el religioso Cauallero Judas Machabeo, é el Conde Don Fernán González, é el Cid Rui Díaz, é otros caualleros, que fueron muy valientes assí en el Pueblo de los Gentiles, como en el Pueblo de Isrrael, como después dellos en el Pueblo Cathólico por los muy grandes fechos que cada uno dellos, en su tiempo, loablemente fizo en el muy grande fecho de la Cauallería, é armas; pero mucho es de loar esta virtuosa, é muy noble Dueña, que en tantas, é tan nobles virtudes sobrepujó á todas las otras virtuosas Romanas, é por tal manera sojuzgó los apetitos, é deseos codiciosos de la sensualidad, es á saber de la carne, al su noble ingenio, é virtuoso entendimiento que ella mereció alcanzar tan soberano, é marauilloso grado de virtud, la qual cosa non es menos que vencer los enemigos, é combatir, é sojuzgar las ciudades por fuerza de armas, según la sentencia del sabio en el libro de los sus Proverbios, do dice: Mejor es auer la virtud de la paciencia, que la virtud de la fortaleza; mejor cosa es ser señor de sí mesmo, que conquistar la ciudad; é esto mesmo trata el grande Sabio Séneca en el tercero libro de las naturales questiones, donde pregunta: ¿quál es la mayor cosa, que los hombres pueden facer, é quál es la mayor vitoria que pueden auer? responde, é determina, que la mayor cosa es vencer los vicios; porque muchos son los que vencieron, é tomaron Ciudades, é imperaron; é muy pocos son los que son señores de sí mesmos; ca ese es libre, el que fuye la seruidumbre de sí mesmo, la qual continuamente le apremia día é noche sin intervalo alguno, etc., é assí con gran razón deben ser muy loadas las marauillosas virtudes desta muy noble Dueña, seyendo señora de sí mesma, é domando los apetitos, é abrazando las virtudes; pues, según común determinación de todos los sabios, esto es mayor cosa, que vencer las batallas, nin conquistar, é tomar las Ciudades, é señorear los Reynos.

CAPÍTULO IX.

MACCIA, FIJA MENOR DE CATÓN.

Después desta muy noble Dueña, queremos aquí añadir la tempranza de la noble, é virtuosa Maccia, fija menor del sabio Catón, de la qual fizo señalada mención San Jerónimo en el dicho libro contra Joviniano, donde cuenta que después de ser muerto el marido desta dicha Maccia, á ella fué mouido casamiento, para que casasse segunda vez, é ella, queriendo guardar su honestidad como Dueña Romana muy virtuosa, se excusó muy marauillosamente, diciendo que ella non casaría segunda vez, porque non fallaba marido que la quisiesse en casamiento más por su amor, que por causa de auer lo que ella tenía. E dice aquí San Jerónimo, que por este dicho mostró la noble, é sabia Dueña, que comunmente los hombres más quieren casar con las mujeres viudas, por la facienda que ellas tienen, que non por la castidad dellas, porque en casando segunda vez se muestran por non muy tempradas, é por tales eran auidas por los Romanos; é dice más San Jerónimo fablando desta noble Dueña, que ella, después de la muerte del dicho su marido, siempre trajo por él continuamente áuito de luto, mostrando gran sentimiento por la su muerte; é que le fué preguntado por las Señoras de Roma, fasta quánto tiempo auía de durar aquel sentimiento, é áuito de luto, é dolor, que por el dicho su marido mostraba; la noble Dueña respondía muy prudentemente, diciendo que esto duraría fasta el postrero día de la su vida, é assí la noble Dueña guardó la su castidad fasta que murió, é non quiso conocer otro marido después del primero. ¡O Dueña muy casta digna de toda loanza! quánta honestidad mostraste después del primer marido, trayendo continuamente luto por él, en lo qual eres mucho de loar más que otros muy notables varones, que por non poder guardar su continencia ovieron de casar muchas veces; é en esta virtud de continencia bien quisiste semejar á lo que se escribe por los naturales de aquella ave, llamada Tórtola, la qual, después que ha perdido su marido, siempre anda muy apartada, é solitaria, é non se ayunta á otro, é continúa en las alturas, é non se asienta en ramo verde, é fuye todas las otras delectaciones, mostrando naturalmente gran dolor por auer perdido su marido, de la qual fabla San Jerónimo en el dicho libro primero contra Joviniano, é assí mesmo San Bernardo en el sermón 59 sobre el libro del Rey Salomón, llamado Cantica canticorum, é se escribe en el libro de las propiedades de las cosas en el doceno libro en el Capítulo, que fabla desta dicha ave; é como quier que, según el Apóstol San Pablo, la mujer después de muerto el marido es libre de la ley del matrimonio, é puede casar con quien quisiere, tanto, que case, según Dios; pero esto se entiende de aquélla que non puede guardar continencia, la qual es mejor que case, que non se queme en el fuego de la lujuria, según lo dice el Apóstol, é assí mucho es de loar la Dueña casta, que virtuosamente vence los apetitos, é deseos de la lujuria, é quiere ser contenta de auer seydo casada una vez, pues que por ejemplo de la dicha Tórtola, muy casta aue, lo debe facer, siguiendo aquella palabra del santo Job, que dice, que Dios nos ha enseñado, é dotrinado para que aprendamos de las bestias de la tierra, é de las aues del Cielo; é esto mismo dice el Sabio en los sus Proverbios, redarguyendo al hombre negligente, é perezoso, diciéndole que aprenda, é tome dotrina de la formiga, la qual de sí mesma con gran prudencia coge, é guarda su mantenimiento para el tiempo de la necesidad; é assí con muy gran razón todas las Dueñas, é mayormente las nobles, deben tomar ejemplo de las cosas sobredichas para guardar honestidad; é si naturalmente los animales tan pequeños han tanto sentimiento, quánto más lo deben auer las criaturas razonables, é mayormente las Cathólicas; é assí es mucho de loar esta noble Dueña, pues tan virtuosamente supo guardar su honesta Castidad, que es cosa tan loada, é preciada.

CAPÍTULO X.

AVIA.

A la Continencia desta noble Dueña Maccia son de ayuntar tres ejemplos de loanza asaz muy claros, el uno de los quales es de la muy casta Romana, llamada Auia, de la qual face especial mención San Jerónimo en el dicho libro contra

Joviniano, donde cuenta que esta noble Dueña, muerto su primero marido, fué muy aquejada por los parientes della que quisiesse tomar otro marido, ca era moza, é muy fermosa; é ella, queriendo guardar su honestidad, como mujer notable Romana, dijo assí: Ciertamente yo esto non lo faré en ninguna manera; ca si el segundo marido fuere bueno, según que ove el primero, non quiero yo estar, nin vivir con temor de lo poder perder cada día como el primer marido que auía; é si acaeciere que sea malo, pregunto yo (decía ella) ¿qué necesidad es, después de bueno, é virtuoso marido, sofrir mal marido? Con esto se excusó la noble Dueña Romana de casar segunda vez, é assí guardó muy notablemente su castidad. ¡O Dueña muy sabia, é virtuosa! con quánta sabiduría defendiste la castidad tuya, aunque non auías auido noticia de aquello, que el Apóstol escribe en la su Epístola á los Corintios en el capítulo siete, donde dice: La mujer después que muere el marido, más bienaventurada será, si non casare, é guardare castidad, que non si casare; porque la viuda piensa en aquellas cosas, que son de Dios, etc., é assí parece que esta Dueña era muy virtuosa, pues por amor de honestidad, é castidad dejó de casar segunda vez, aunque lo pudiera bien facer; é si las nobles Romanas por mayor guarda de su honestidad tan altamente la guardaban, mucho más lo deben facer las cathólicas, é mayormente las grandes señoras, siguiendo el consejo del santo Apóstol, que es complimiento de toda perfección; é con esto concuerda bien lo que escribe San Jerónimo en el dicho libro contra Joviniano, que la muy noble Porcia la menor, seyendo loada en su presencia por otras señoras una Dueña, que auía casado dos veces, diciendo aquélla ser bien acondicionada, respondió muy prudentemente, diciendo assí: La Dueña casta, é honesta non casa más de una vez. ¡O dicho muy noble, é de muy honesta Dueña! ¡en quántas breues palabras puso tan gran sentencia! por lo qual bien se muestra en quán gran precio era auida entre las nobles, é virtuosas Romanas la muy alta virtud de castidad; por lo qual las castas mujeres relucen en el Mundo assí como las estrellas en el Cielo, viuiendo virtuosamente; é si los hombres castos, é honestos por esta virtud son loados, non lo deben ser menos las castas, é honestas mujeres.

CAPÍTULO XI.

VALERIA ROMANA.

Vengo agora á otro ejemplo de continencia, el qual, según yo me pienso, es digno non de menos memoria que el sobredicho, el qual es de la generosa Valeria Romana, hermana de Meselario, é mujer del noble cauallero Romano Seruio, pues della face especial mención San Jerónimo en el dicho libro contra Joviniano, donde dice, que esta noble Dueña guardó muy notablemente su castidad después de la muerte de su marido, é nunca quiso casar con otro; é seyendo preguntada quál era la razón por qué non quería casar segunda vez; ella, queriéndose excusar, muy sabiamente, é con gran honestidad, respondió: Que ella siempre tenía quanto á su pensamiento el su marido Seruio viuir, é non ser muerto; é por ende que á ninguna Dueña non era honesto casar otra vez, seyendo viuo su marido; é con esto se excusaba siempre la noble Dueña de casar otra vez. ¡O Dueña muy notable, é de gran feé acerca de su primero buen marido! pues aquél siempre auía ella por viuo, como si visiblemente lo tobiesse ante sus ojos; é desta tal, é de las semejantes Dueñas se puede bien decir aquello que se escribe por el Sabio en los sus Proverbios: La mujer virtuosa es corona de su marido; é estas tales son mucho de honrrar, de las quales fabla el Apóstol en sus Epístolas, donde dice: Varones, amad vuestras mujeres, assí como Nuestro Señor Jesuchristo amó á la su Iglesia.

CAPÍTULO XII.

VIRGINEA, FIJA DE VIRGINEO.

Agora trataremos del tercero ejemplo, é puesto que non sea mayor en loor, será más claro por la fazaña del Padre. Virginea fué virgen Romana, fija de Virgineo, Cauallero de gran virtud, assí en la sabiduría de la Cauallería, como en las cosas pertenecientes al regimiento de la casa, é de la familia. Este Cauallero desposó á la dicha su fija con Lucio Icilio, varón de gran estado: aquesta, como fuesse fermosa de gesto, fué amada sin medida de Apio Claudio, el qual comenzó de la requestar con ruego, é dones; é después que vió ella ser muy casta, é por ruegos, nin por falagos, nin dones ella non quería condescender á corromper su virginidad, el encendido fuego de lujuria volbió su corazón en un pecado maluado, é encomendó á Marco Claudio su liberto (que quiere decir, que auía seydo su sieruo, é lo auía aforrado) que cada que tiempo viesse, tomasse á Virginea, diciéndola ser su sierua; é dende á pocos días, como la Virgen viniesse al mercado con otras muchas doncellas á mirar los Juegos, el ministro de la lujuria, es á saber, el dicho Apio Claudio, puso mano en ella, diciéndola ser su sierua, fija de una sierua suya, é mandábale que se fuesse en pos dél; é marauillándose la Doncella de aquesto, dió grandes voces, é una su ama, que con ella venía, é llamando la feé de los Cauralleros Romanos, juntóse gran parte del pueblo, por lo qual la Virgen era segura que non le sería fecha fuerza ninguna; entonces el dicho Apio, hombre de gran osadía, dijo, que non era menester tanto bollicio de gente; ca él por derecho entendía demandar la Doncella, non por fuerza; dende llamó á la dicha Doncella á juicio, é como vinieron á la audiencia de Apio Claudio, el demandador contó al Juez la fabla, que entre ellos auía seydo concertada; é dijo cómo aquella Doncella era nacida en su casa de una sierua suya, é furtiblemente fuera trayda en casa de Virgineo, lo qual quería probar con el mismo Virgineo, é en tanto que era justo que la sierua siguiesse á su señor. ¡O osadía sin vergüenza! que non auiendo prouado cosa de su intención, por tal manera demandaba poderosamente ante el Juez, que parecía verdaderamente que tenía derecho en lo que demandaba. Los Abogados de la Doncella, como alegassen que el Padre suyo era ausente por causa de la cosa pública, es á saber, en la guerra, é estaba con los otros Caualleros en aquel logar llamado Aligido, pidieron que le fuesse dado espacio de dos días para que el Padre pudiesse venir, diciendo ser cosa sin razón tratar en juicio el ausente de la libertad de los fijos; por lo qual demandaron que la causa se debía dilatar fasta que el Padre viniesse, lo qual plogo á Apio Claudio; mas porque en tanto non se ficiesse injuria al demandador, dió por sentencia que él lleuase la moza consigo; é como á la sentencia de Apio non osasse alguno contrastar, Publio Munitorio, abuelo de la moza, é Icilio, su esposo, intervinieron; é fecho gran bollicio de gente, porque non se lleuasse la moza fuera de la casa del Padre, dijo Apio, que si Virgineo en el siguiente día non viniesse, que él daría sentencia, é consentiría que la moza fuesse adjudicada á Marco Claudio; en el qual día el padre de la moza vino vestido de viles vestiduras acompañado de gran gente, trajo consigo su fija en el mercado; é como Apio adjudicasse la moza á Marco Claudio sin oir á Virginea, é el Marco Claudio la quisiesse arrebatar, encendido de ira el Padre rogó que le fuesse dada licencia de fablar un poco delante la moza con su aya, é que por aventura mostrado el error cómo la moza non era su fija, él la daría con mejor voluntad; é como diesse á entender que quería fablar con ella, sacó un cuchillo, é dijo: Fija, por la mejor manera, que puedo, yo quiero guardar tu libertad; é después que dijo aquesto, abrió con el cuchillo el tierno pecho de la moza, lleno de marauillosa castidad; é assí la virgen sin ventura vertió su sangre junta con la limpia voluntad, según cuenta Tito Livio en el tercero libro de la fundación de Roma. ¡O varón lleno de generoso espíritu! que quiso más ensuciar sus manos en la casta sangre, que non que viviesse su fija después que fuesse corrompida su virginidad. ¡O muerte más de llorar con piadosas lágrimas, que non de escribir con qualesquier loores! non ay ciertamente cosa más digna de misericordia, que contemplar el padre armado con ira contra la casta fija, é mirar la fija, que acataba al padre ayrado con piadosos ojos, llena su cara de honestidad, é, según creo, rogando que por el pecado de otro non mudasse la piedad de padre en tan gran crueldad. Sólo por una cosa esta muerte se puede decir bienaventurada; ca puesto que se acauó la flor de su edad, más puso su nombre en luz para siempre, defendiendo muy honestamente su castidad, con toda resistencia; é si los tres manceuos del Pueblo de Isrrael son mucho de loar, porque antes quisieron ser lanzados en el forno del fuego ardiente, que non adorar los ídolos por su mandado del Rey Nabucodonosor de Babilonia, según lo cuenta el Profeta Daniel en su libro; é assimesmo si el Patriarca Joseph, Gouernador en el Reyno de Egipto, es mucho de loar, porque muy virtuosamente resistió á la señora Egipciana, que dél estaba enamorada, é guardó su castidad, é non la quiso corromper, según se lee en el segundo libro del Exodo: mucho es de ensalzar por grandes loanzas esta noble Doncella, la qual muy virtuosamente resistió al dicho Apio Claudio menospreciando sus rogarías, é falagos, é dones, é amenazas, é guardando sobre todo su castidad, é en fin reciuiendo muerte por ella con virtuosa paciencia.

CAPÍTULO XIII.

VIRGINEA, FIJA DE AULIO PUBLIO.

Queriendo tratar de otras Vírgines, acordamos de non dejar á Virginea, otra que la que es dicha, la qual es digna de muchos loores, porque mi fablar non desbíe de la castidad de las señoras Romanas: esta Virginea (según los antiguos escriben) fué clara señora cerca de los Romanos, fija de Aulio Publio, más honrrada que todas las de su tiempo en virtud de castidad; de la qual, puesto que nos podemos decir muchas cosas dignas de loores, mas por el presente pensamos especialmente decir una, non sólo honesta, mas muy clara cerca de la fermosura de su vida. Escríbese por los antiguos, que en la Ciudad de Roma auía cerca de la casa redonda de Ercules un templo de castidad seruido muy santamente de las claras, é honrradas fembras, en el qual templo, como las señoras del linaje de los Patricios ficiessen fiesta é sacrificio para alimpiar los males, que podían venir, según la antigua costumbre, donde Virginea con las otras fembras vino á facer sacrificio, fué alanzada de allí por las otras señoras con sobervia, por quanto en aquel año auía seydo casada con Volimio, hombre, que non era de linaje; é como Virginea se dijese ser casta, é del linaje de los Patricios, por lo qual non debía ser echada del templo, bolbióse á su casa, é añadió á sus palabras noble ejemplo de obra; ca, como ella tobiesse grandes casas, en las quales moraba con su marido, cercó un breue espacio, quanto entendió que abastaba; edificó un pequeño templo, donde ordenó una ara, é llamó las Dueñas que non eran de linaje, é descubrióles la sobervia de las del linaje de los Patricios, donde dijo: ¡O castas mujeres! non sólo vos ruego, antes vos amonesto, que assí como vedes que los Varones de nuestra Ciudad trabajan por pujar en castidad, assí vosotras trabajedes por aventajaros en castidad, que pertenece á mujeres casadas: aquesta ara, la cual yo juzgo en vuestra presencia pertenecer á la castidad de las mujeres que non son de linaje, si por alguna manera puede más divinalmente ser honrrada de las más castas en vuestro obrar, parezca non solamente las mujeres del liñaje de los Patricios deberse gloriar de la limpieza de la voluntad, mas vosotras eso mesmo. ¡O palabras muy santas, dignas de mujer virtuosa! ¿qué cosa más clara, más santa dijeran los dos Cipiones, si fueran presentes por acrecentar la castidad? ¿qué podiera más decir Metelo, al qual mató Aníbal? ¿qué más dijera Paulo, el qual murió en la batalla de Canas? ¿qué más dijera Africano, al qual mataron las paredes de su casa? ¿que más pudiera decir Rutilio, muy inocente varón, é muy enseñado, el qual fué desterrado? mas ¿qué alargamos tanto en fablar? ciertamente parece esta señora ser muy bienaventurada, de la boca de la qual salieron palabras tan diuinas, tener su pecho guarnecido de toda castidad, en lo qual se mostró por muy virtuosa, assí en honesta paciencia, como en grandeza de corazón.

CAPÍTULO XIV.

MARCIA, FIJA DE VARRO.

A aquesta marauillosa castidad juntaremos la singular limpieza de Marcia, fija de Varro: de quál Varro aya seydo aquesta fija non me acuerdo auerlo leydo; aquesta, según escriben los antiguos, clareció en Roma en perpetua virginidad, la qual tanto pienso ser digna de mayor loor, quanto por su voluntad guardó sin corrompimiento la virginidad; ca non se vistió de bestiduras sacerdotales, nin lo fizo por voto, que ficiesse á la Diosa Diana, nin á otra qualquier Diosa, mas por su sola limpieza de voluntad escogió de facer vida casta, desechados los deleytes mundanales, á los quales es cierto muchos de los grandes hombres averse dado; é assí limpia de toda mancilla de hombre acauó su vida; é puesto que sea mucho de loar por tan notable castidad, mas non menos es de loar por la viuez de su juicio, é la obra de sus manos; ca aquesta de su juicio, ó aya aprendido só disciplina de maestro, ó la aya auido por instinto natural, menospreciados los oficios de las mujeres, nunca se dió á ociosidad, mas algunas veces se daba á pintar, otras á labrar imágines en piedras; é tan sabia, é polidamente pintaba, é facía imágines de marfil, que sobrepujaba á aquellos maestros, llamados Sopilis, é Dionisio, los quales eran en su tiempo maravillosos Pintores; ca las tablas, que ésta pintó fueron más preciosas que otras, é lo que más era de marauillar en ella que non sólo pintaba marauillosamente, lo qual facen muchos, mas en el pintar traya las manos ligeras más que otro ningún Pintor; escríbese asimesmo por los antiguos que muy gran tiempo duraron las muestras de su obra, é entre las otras cosas pintó su figura, la qual puso en una tabla, en la qual fijó sus pinturas, é color, é figura de su boca, mirando un espejo así propiamente que non auía alguno, que la viesse, que dudasse ser figura de aquélla; é escribiendo algo de sus honestas costumbres, dícese que siempre pintó figuras de mujeres, é nunca figuras de hombres; é desto creemos que fuesse causa la casta vergüenza: ca como los antiguos siempre ficiessen las imágines desnudas, ó medio desnudas, parecióle que si oviese de pintar hombres, ó que faría sus imágines imperfectas, ó si las ficiesse perfectas, que non guardaría la vergüenza virginal, la qual, por non caer en el un error, se guardó de ambos prudentemente: aquesta mujer fué digna de todo loor, la qual tanto tovo el corazón ajeno de toda suciedad, que, aun usando su oficio, non perdió su honestidad; é assí non sin razón debe ser contada entre las personas virtuosas.

CAPÍTULO XV.

CORNELIA, FIJA DE CIPIÓN.

Porque cosa cierta, é determinada es por los muy grandes sabios la pobreza voluntaria ser fundamento de la verdadera continencia, é fablando propiamente, aquélla ser verdadera riqueza; porque non es pobre el que poco tiene, si con ello es contento; nin es rico el que mucho posee, si se há por pobre, é non se contenta con lo que tiene; assí que la riqueza, ó pobreza todo está en la voluntad del hombre; por esto después de Antonia, mujer de Drusio, que fué muy guardada, é continente, de la qual auemos fecho mención, tornaremos á fablar de la pobreza voluntaria de la noble Cornelia, fija del noble Cipión, é mujer de Tiberio Graco, é madre de los generosos Gracos; ca según cuenta Valerio Máximo en el su libro quarto, donde trata de la pobreza tomada por voluntad: Una generosa dueña, natural de la Ciudad de Campania, como fuesse aposentada en casa desta noble Cornelia, la dicha Dueña de Campania, queriéndose mostrar abondada en riquezas temporales, mostró á la dicha Cornelia los sus arreos, é joyas preciosas que en aquel tiempo se usaban, é ella traya para postura de su persona; la qual noble Cornelia, queriendo mostrar á la dicha su huéspeda, que la loor, é bienaventuranza non es propiamente en las semejantes riquezas, aunque ellas sean causa de la bienaventuranza, la detovo en razones, fablando con ella, fasta tanto que los fijos desta Dueña Cornelia vinieron de las escuelas, donde aprendían las artes liberales; ca en aquel tiempo los fijos de los Grandes Señores, aunque principalmente su oficio era el uso de las armas, é de la cavallería, para defender, é amparar la tierra, é conquistar los sus contrarios; pero con todo esso ellos aprendían los saberes en tanto que eran mozos, porque fuessen fechos más virtuosos, é entendidos en todas cosas; é assí venidos de las escuelas los fijos desta Cornelia, ella queriendo mostrar á la dicha Dueña de Campania, que auía otras riquezas mayores más principales que las riquezas de oro, é plata, é joyas preciosas, le mostró, é fizo traer delante della aquéllos sus fijos, diciéndola que aquéllas eran las sus joyas, é ornamentos, é non le quiso mostrar cosa alguna de las otras riquezas temporales, que ella tenía, é esto, dándola á entender que la verdadera riqueza es en las virtudes, é non en otras riquezas; en lo qual bien concuerda con el Rey é Profeta David en el Psalmo, donde dice: Si las riquezas sobrepujaren, non querades poner vuestro corazón en ellas; é assí loando la prudencia desta noble Cornelia, dice della Valerio que todas las cosas tiene é posee aquél que non há codicia, é que mayor virtud es non codiciar cosa alguna, que auer, é poseer todas las cosas; é esto por ser cosa más cierta, é segura non auer muchas cosas, que auerlas, por quanto el señorío de las cosas se suele perder, mas la virtud siempre queda, la qual non se pierde por ninguna cosa triste de fortuna, que acaezca; é como quier que el acatamiento de las riquezas quanto á lo de fuera parezca alegre, pero de dentro es lleno de mucho trauajo, porque con trabajo se ganan, é con temor se poseen, é con dolor se pierden; é assí dicen que la cara de la riqueza es contraria á la de la pobreza, porque la cara de la riqueza es alegre de fuera, é de dentro muy aborrecible; é la cara de la pobreza es triste de fuera, é alegre de dentro, porque los pobres non han de qué se duelan de dentro, ca non tienen que perder; é por ende mayor, é más seguro estado es el de la pobreza, que non el de la riqueza; é todo esto entiende el autor de la pobreza tomada con voluntad, ó en caso que non sea de voluntad de aquélla, que se sufre con paciencia, porque cada una destas es virtuosa, é assí tanto, que el pobre sea contento, ó aya paciencia de su pobreza, es auido por rico; é el rico, que non es contento con lo que tiene, es auido por pobre, aunque posea muchas cosas; por lo qual virtuosamente se ovo en su respuesta esta noble Cornelia, mostrando que ella non auía codicia de las riquezas temporales, nin se preciaba dellas. ¡O dicho digno de grande, é virtuosa mujer! por el qual mostró ella non ser ocupada por codicia de bienes temporales, é que ella posehía todas las cosas, que fortuna, usando de su acostumbrada condición, assí como las da, assí se las lleua, en lo qual bien concuerda con el dicho del Apóstol en la Epístola á los de Corinto, donde dice, amonestando á todo el Pueblo Christiano, de qué manera se deben auer cerca de las riquezas, é manda que solamente ayan cuydado de lo necessario para la vida presente, é que sean assí como aquéllos, que non tienen cosa alguna, é posehen todas las cosas, porque asaz las posehe aquél, que non há cura dellas; é el que gran cura há de las cosas, es posehido, é sojuzgado dellas. ¡O bienaventurada la pobreza voluntaria desta generosa Dueña! pues que en tal manera su corazón era ajeno de toda la codicia de las riquezas temporales; é fablando dellas los autores dicen que siempre se desleznan, é se van de las manos, assí como face la anguilla, que, cuando el hombre piensa que la tiene en las manos, es fuera dellas, é assí se parten, como si fueran por el ayre; mas la pobreza tomada de voluntad, ó sofrida con paciencia, siempre es segura de sí mesma, non padece vergüenza por ningún miedo, nin es fecha fea por mancilla de ninguna cosa torpe; ca do quier que ella reyna, es necessario que todas las virtudes ayan logar, ca como quier que en otro tiempo, oyda la voz del muy grande, é poderoso Emperador Julio César, los sobervios Reyes ovieron dél muy gran temor; pero, según cuenta el Poeta Lucano, estando una noche riberas del mar aquel pobre marinero Amiclas, vino el César, é llamó á la puerta de aquel pobre marinero, el qual non ovo temor deste gran Emperador, mas con gran reposo oyó los golpes, é voces, que el César daba á su puerta; ¿é para qué alargaremos en fablar de aquesto, pues que por respuesta de Apolo, el qual los Gentiles auían por Dios, se falla la pobreza ser antepuesta á la riqueza; ca, preguntado este Apolo por el Rey de Lidia, llamado Giges, el qual era muy glorioso en armas, é abondado en riquezas, é poderío, si auía otro, que fuesse más bienaventurado que él? fuéle respondido por el dicho Apolo, que otro auía más bienaventurado que él, conviene á saber un hombre pobre en tierra de Arcadia, llamado Aglao Sophidio, el qual non auía, si non un campo pequeño, los términos del qual nunca pasara con el fruto, del qual era contento, é non curaba de más; de la qual respuesta el Rey fué muy turbado marauillándose porque hombre tan pobre, é de tan pequeño estado era antepuesto á él, que era tan gran Rey rico, é poderoso; á lo qual el dicho Apolo le respondió, diciendo que á él era más placible la casa pequeñuela de aquel pobre, pues que con toda seguridad se gozaba, é era alegre con ella, que el Palacio Real lleno de trabajos, é cuydados, é que mejor es los pocos terrones, es á saber pequeño pedazo de tierra, que aquel pobre tenía, pues con él era contento, é seguro, que los muy abondosos prados, é tierras del Reyno de Lidia, los quales eran llenos de temores; é que más bienaventurada cosa era auer una yunta de bueyes, la qual era ligera de guardar, que auer gran hueste, é armas, é cauallería con carga de grandes gastos, é expensas, é que mejor era auer una cosa muy pequeña para el uso desta vida, la qual non fuesse deseada por ninguno, que auer muchos tesoros codiciados de todos, é aparejados á muchas asechanzas; é assí dice Valerio que allí aprendió aquel Rey, donde sea, é more la limpia, é muy fundada Bienaventuranza, según todo esto se reza por el dicho Valerio en el libro de la Bienaventuranza; é assí parece que la pobreza voluntaria, ó tomada con paciencia, siempre fué antepuesta á las riquezas; é assí lo ficieron los nobles Romanos, llamados Camilos, Equincios, Curcios, Cipiones, é Catones, los quales en otro tiempo, deseando gloria de grandes fechos, é non curando de ser ricos de oro, se honrraron, é antepusieron en el imperio del Mundo por marauillosos triunfos, non temiendo de traer ante sí las señales del imperio, aunque ellos pobres de las riquezas temporales; pues que assí es, que la gloria de la pobreza es tanta, que en otro tiempo los muy nobles emperadores muy mucho la honrraron, é los hombres virtuosos por usar de virtud dejaron las riquezas, é ella es de tanta excelencia, que face muy nobles de toda virtud á aquéllos, en quien reyna; con razón podemos concluir que esta señora Cornelia, en la qual florecía la pobreza de voluntad, non solamente ella aya seydo gloriosa, mas en todas las virtudes muy señalada, la qual bien concuerda con la Sacra Escritura en muchos logares, donde la pobreza voluntaria, ó sofrida con buena paciencia, es mucho loada; pero por esto non se niega, que las riquezas bien ganadas, é en fechos virtuosos despendidas, sean buenas, é prouechosas, é sean instrumento para ganar las virtudes; ca por usar virtuosamente de las tales riquezas, muchos merecieron en esta vida alcanzar grande fama, y en la otra vida perdurable.

CAPÍTULO XVI.

CLAUDIA VESTALES.

La pobreza loable de Cornelia me auía traído á fablar della más largamente, si la noble Doncella Claudia Vestales algún tanto non me oviesse detenido, para que yo fable della por la marauillosa piedad, que la dicha Doncella con gran corazón mostró acerca de su padre; la Historia de la qual, según cuenta Valerio en el 5.º libro, do fabla de la piedad acerca de los Padres, es ésta: parece que un noble Cauallero, padre desta Doncella, llamado Claudio, auiendo muy bien peleado por mandado de los Romanos contra los Parchos (1), é auida vitoria dellos, fué acordado por el Senado de Roma, que en memoria, é galardón de la vitoria, que él assí oviera contra los dichos Parchos, entrasse, é fuesse reciuido en la ciudad de Roma encima de un carro, el qual era guiado por quatro cauallos, é muy maravillosamente apostado, é ésta era una honrra señalada, que los Romanos acostumbraban facer á los Emperadores, é á los otros Grandes Señores, quando auían algunas vitorias, é facían algunos fechos señalados en honor de la ciudad de Roma, ca los hacían en tales carros reciuir; é assí parece que el dicho Claudio, iendo en aquel carro, que un Tribuno del Pueblo de Roma, que era enemigo suyo, cometió de trabar dél con sus manos, é quísolo descender por fuerza del ca-

(1) *Parthos.*

rro, queriéndolo deshonrrar, é priuarle de aquel triunfo: é como esta Virgen Claudia, fija del dicho Claudio, que iba cerca del dicho su Padre, viesse aquesto, ella, movida con toda fortaleza de corazón, non aviendo temor de la muerte, muy marauillosa, é ligeramente, se puso en medio de la gente, é de las armas, que allí eran, é fizo arredrar de allí al Tribuno, é assí lo embargó, que él non pudo usar de su voluntad, nin de su propósito, aunque tan gran poderío tenía, por manera que mediante la buena avisación de la dicha Virgen Claudia, el dicho Claudio fué librado de la deshonrra, que el Tribuno con su gran poderío é enemistad le quería facer; é assí dice el dicho Valerio, que aquí fueron dos honrras, una fecha en el Capitolio al dicho Claudio, porque auía vencido los Parchos, é la otra desta doncella su fija, porque seyendo ella religiosa, é trayendo el áuito de la Diosa Vesta, fizo éste tan notable fecho, é que non se pudo determinar á quién debiese ser dado más loor, al dicho Claudio por la vitoria, que auía avido contra los Parchos, ó á la dicha su fija, que acompañada de tan grande piedad, tomó oficio de varón, é con grande esfuerzo de corazón se puso entre el dicho su Padre, é el dicho Tribuno, é menospreciada la muerte, é non auiendo temor della, nin de las armas, que allí eran, libró al dicho su Padre de tan gran injuria, quitando de allí por fuerza al dicho Tribuno; é aviendo por muy virtuosa á aquesta virgen, el Bienaventurado San Jerónimo la loó mucho en el su libro contra Joviniano, donde dice, que ella, seyendo Religiosa, le fué levantado, que non avía guardado su virginidad; é queriendo ella prouar su inocencia, é que aquel leuantamiento contra ella non era verdadero, trajo una gran nao con su cinta, la qual nao muchos millares de hombres non podían mover, según que los Gentiles esto della afirman. ¡O fecho muy de loar desta Virgen! ¡O fuerza de naturaleza mucho de marauillar! la qual naturaleza, aunque suele sacar de sí maravillosas cosas; pero entre las otras non há cosa tanto de marauillar, como la piedad, la qual es una virtud, que nos despierta para que de buena voluntad nos pongamos á todo peligro por librar de muerte á aquéllos que amamos, lo qual aun assí parece, que el Gran Cipión Africano con gran peligro suyo, é que todos lo ovieron á gran marauilla, lo bien ha mostrado por experiencia, quando él, seyendo niño, libró de muerte, é guardó con su virtud á su padre, que estaba llagado, é muy cercano á la muerte en el río Cicino [1], peleando con Aníbal: mas ¿para qué contaré más desta virtud de piedad, saluo tanto, que ella con sus fuerzas muy grandes face buenos, é virtuosos, los hombres saluajes, que, siguiendo la costumbre de las bestias, han acostumbrado de andar valdíos por los campos? lo qual parece assí por la respuesta, que los Scithas embiaron al Rey Alejandro; é lo que es más graue de decir, que esta virtud de la piedad face fablar á los mudos, assí como se falla por los Historiadores, que el fijo de Cresio era mudo; é seyendo los Sardos sojuzgados del Rey Ciro, uno de los Caualleros de Persia cometió de

(1) *Ticino.*

matar con un cuchillo al dicho Cresio, é alzando la mano para le dar el golpe, vídolo aquél su fijo mudo, que allí estaba, é tanta fué la piedad que ovo de su padre, que fabló, é dió grandes voces, tanto, que el cauallero fué por él assí embargado, que por aquello alzó la mano, é non dió con el cuchillo al dicho Cresio, é assí tan grande fué la virtud de la piedad del fijo, que seyendo mudo lo fizo fablar, é librar de muerte á su Padre; é á esta virtud de piedad, la qual los Filósofos Estóycos dicen ser nacida del conocimiento, que auemos de los Angeles, es ayuntada la virtud de la justicia, é todas las virtudes, por las quales, según la sentencia de los Filósofos, se alcanza la bienaventuranza, é por ella son dados á las cosas celestiales, regulados por ella á los Ángeles en todas cosas, saluo que dicen estos Filósofos, que non son inmortales, como los Ángeles; é nos, según nuestra santa feé Cathólica, decimos que éstos son inmortales, pues, apartado el cuerpo del alma, las ánimas de los buenos viven para siempre en la vida eternal, é nunca mueren; é assí lo dice nuestro Señor Jesuchristo por el Evangelista San Lucas en el su Evangelio, donde dice, que los justos, desque pasaren desta vida sus ánimas, non pueden morir, é que son fijos de Dios, é eguales de los Angeles; otrosí se lee en el libro de la Sabiduría, que las ánimas de los justos son en las manos de Dios, é non les toca tormento de muerte; é aunque mueren los cuerpos, las ánimas siempre quedan en paz; é aunque en esta vida pasan algunos tormentos, pero tienen esperanza complida de nunca morir en la otra vida; la excelencia, é sobrepujanza desta virtud de piedad es de tanto grado, que Nuestro Señor Dios, assí en el Viejo como en el Nuevo Testamento, dijo, que ésta le era más placible, que el sacrificio, diciendo assí: Yo quiero la misericordia, é piedad más que el sacrificio; é queriendo mostrar á los hombres de quánto grado es la piedad, dice en el santo Evangelio: Sed misericordiosos (quiere tanto decir como piadosos), assí como el vuestro Padre Celestial es piadoso, é misericordioso; é dice otrosí: Bienaventurados son los misericordiosos, é piadosos; é desta gran virtud de piedad se loa Dios en muchos logares de la Sacra Escritura, que dejo de decir aquí por non alongar, é como quier que por la Sacra Escritura se falla en muchos logares que algunos varones, usando de piedad, se ayan puesto á muchos peligros por sus padres, é hermanos, é amigos, é por la tierra de donde son naturales. Assí como aquel varón Judas, fijo del Patriarca Jacob, que, según se cuenta en el Génesis, quando el Patriarca Joseph, Governador de Egipto por el Rey Faraón, fizo prender á Benjamín su hermano: el dicho Judas, mostrando la gran piedad, que auía acerca del dicho su padre, é porque, sabida por él la prisión del dicho Benjamín, su fijo menor á él muy amado, él abría della gran enojo, se ofreció por prisionero del dicho Patriarca Joseph, tanto que él librasse de prisión al dicho Benjamín su hermano, para que se fuesse libre á su padre; é como quier que en esto mostrasse este varón Judas gran piedad á su padre, queriendo ser preso en logar de aquél su hermano, porque el dicho su padre non padeciesse tan gran tristeza por el singular amor que él auía al dicho Benjamín, fijo menor suyo, al qual dice la Sacra Escritura que él mucho amaba; pero non menos mostró esta noble Virgen Claudia, quando por la singular piedad, que ovo de su padre, porque non reciuiesse tan gran deshonrra, se puso á tan señalado peligro, é tomó tan gran empresa por lo librar; é assí parece que en toda generación de virtud las mujeres han logar, según que los hombres.

CAPÍTULO XVII.

DE LA FIJA, QUE MANTENÍA EN LA CÁRCEL Á SU MADRE CON LA LECHE DE SUS TETAS.

El fecho tan señalado de la Virgen Claudia, de que suso auemos fecho mención, me trajo á considerar la manera de piedad muy grande de otras dos mujeres, porque nos podamos más marauillosamente contemplar la grande fuerza de aquesta virtud de piedad; de las quales fabla Valerio en ese mesmo quinto libro; é queriéndose excusar, porque, fablando de cosas grandes, es á saber del gran fecho desta Religiosa Claudia, comienza á fablar de cosas acaecidas en la cárcel, que es logar triste, é de fechos de personas bajas, dice assí: ¡O vosotros los muy ancianos, é eternales luces, que para siempre alumbrades en los templos de los Dioses! perdonad, é aved paciencia, si fablando de los altos fechos, é del vuestro muy santo templo, ayamos de descender, é fablar de aquel logar de la ciudad de Roma, que más fué constituído por necesidad, que por fermosura, nin honestidad, es á saber del logar de la cárcel pública, donde son presos los mal fechores; é este perdón deuedes dar con razón, porque el precio de la muy amada virtud de piedad non se face vil por ninguna cosa, aunque ella sea menospreciada, é baja, nin por ninguna crueldad de fortuna; mas antes, quando nos usamos de la piedad en las tales cosas, entonces por experiencia mostramos ella ser más cierta, é más piadosa; é por esto la llama Valerio experiencia más piadosa, porque cada una de las virtudes tiene propia materia, cerca de la qual participa, assí como la osadía cerca de los temores, é la tempranza cerca de las pasiones, é assí de las otras virtudes; é pues que assí es la virtud de la piedad cerca de los padres, como una parte de la muy alta virtud de la justicia; ca somos tenudos á nuestros Padres por derecho de natura, pues que nos engendraron, é criaron; é quanto más ellos de nos han menester, é nos los seruimos, é socorremos, tanto más reluce la nuestra piedad natural; é assí tornando á la Historia de la piedad de estas dos mujeres, parece que, seyendo acusada de maleficio una mujer, ella fué presa, é condenada á pena de muerte, é movido á piedad el que la tenía presa, non quiso luego ejecutar en ella la sentencia, mas antes la mandó detener en la cárcel, pensando que allí perecería de fambre, é que aquello era mejor, que non ser muerta, é fecha della justicia públicamente; la qual mujer auía una fija, é ésta suplicó mucho al que la tenía presa, que la dejasse entrar á visitar la dicha su madre cada día en tanto que ella duraba viua; de lo qual á él plogo tanto, que cada vez, que la dicha su fija venía á visitar la dicha su madre en aquel logar apartado, do ella iacía en la cárcel, ella era bien catada con gran diligencia por el carcelero, por manera que ella non podiesse traer mantenimiento alguno á la dicha su madre; é como esto durasse muchos días, el Alguacil se marauillaba mucho qué cosa podía ser aquélla, é cómo era viua aquella mujer, pues non le era dado cosa alguna, de que se pudiesse sostener, é mantener; para lo qual puso gran guarda cada vez que aquélla su fija assí la venía á visitar; é fallóse que la dicha fija la mantenía de la leche de sus tetas, que le daba á mamar quando allí venía; é el alguacil, que la tenía presa, veyendo cosa tan nueua, é tan marauillosa, fízolo saber al Juez, que la auía condenado, é aquel Juez fizo dello relación al Alcalde de Roma, é este Alcalde lo notificó á los Cónsoles del Senado, los quales, considerada ésta tan gran piedad, que aquella mujer auía fecho á su madre, é por ser invención de cosa tan notable, é de muy buen ejemplo, mandaron librar la Madre de aquesta prisión; é sobre esto Valerio, encomendando la virtud de la piedad, dize aquestas palabras: ¿Quál es aquella cosa, que la piedad non pasa, é penetra? ¿ó que por ella non pueda ser pensada, é sacada? ¿pues que falló nueua manera para mantener la madre puesta en las cárceres? ¿Ay en el mundo cosa tan no oyda, nin usada como ser mantenida la madre de las tetas de su fija? ¿Por ventura piensa alguno esto ser contra natura? Ciertamente non es contra natura; ca la primera virtud de natura es amar los Padres, á los quales, según fabla Aristóteles en el noveno libro de las Ethicas, debemos mantener más abastadamente, que á nos mesmos, é por los grandes beneficios, que dellos reciuimos, los debemos honrrar, assí como á Dios.

CAPÍTULO XVIII.

DE OTRA FIJA, QUE MANTOUO CON LA LECHE DE SUS TETAS Á SU PADRE.

De la piedad de la otra Mujer dice el dicho Valerio en aquel mesmo libro, é capítulo, contando otro semejante fecho, es á saber, que, seyendo acusado, é presso, é condenado á muerte un hombre, padre de una mujer, é auiéndole dejado en la Cárcel, para que allí muriesse de fambre, é él, seyendo muy viejo, aquélla su fija, mouida con gran piedad, lo mantubo á la leche de sus tetas, assí como si fuera niño, por la memoria de la qual los Romanos, auiendo esto por muy señalado fecho, é cosa muy nueua, mandaron facer en el Capitolio una estatua de una imagen, que daba á mamar á su padre, teniéndolo puesto á sus pechos, é lo mantenía con la leche de sus tetas; é dice aquí Valerio, que los Romanos acostumbraban de facer aquestas estatuas, porque quedasse memoria de los grandes fechos; ca los ojos de los hombres, quando veen alguna imagen pintada, que representa algún fecho señalado, luego se llegan á verla, é marauillándose por aquel presente acatamiento, renueban la condición de las cosas antiguas, creyendo ver los cuerpos, que fueron viuos, en aquellas figuras muertas; por lo qual es necessario que ellos, tomando dotrina desto, se ayan de recordar, é traer á su corazón las cosas antiguas, é passadas, que por aquellas imágines se representan; pues agora ¿quál hombre es simple, que cosa tan alta non la quiere leer con delectación, é leyéndola non se marauille de tan ingeniosa caridad, que en la cárcel, por librar de muerte á sus padres, falló nueua invención, é marauillándose dello, non quiera para sí la memoria de aquestas mujeres? ¡O cosa digna de gran marauilla! la qual yo non me pienso auer podido ser fecha, salvo si la primera ley de natura sea amor á los padres; é por esto Nuestro Señor Dios en el Viejo Testamento mandó honrrar los padres, é assimesmo Nuestro Señor Jesuchristo en el Nueuo Testamento respondió á la pregunta, que un manceuo le fizo, demandándole, qué cosa de bien él faría para auer la vida eternal; respondióle: Guarda los Mandamientos de Dios, entre los quales se contiene: honrra á tu Padre, é á tu Madre, según se lee por San Matheo en el su Evangelio; é este mandamiento de honrrar los Padres, dice el Apóstol en la epístola á los Filipenses, que es el primero mandamiento en que Dios promete galardón á los que bien lo ficieren, lo qual muestran aquellas palabras, do dice: Honrra á tu padre, é madre, porque ayas bien, é vivas luengamente sobre la tierra; é por ser tan grande la virtud de la piedad, es mucho encomendada por el dicho Apóstol en la su primera Epístola á Timoteo, do dice: Manifiestamente es grande el misterio de la virtud de la piedad, el qual es manifiesto en la carne, é justificado en el espíritu; apareció á los Ángeles, é es predicado á las gentes, é dado al Mundo, é reciuido en gloria, etc. É dice más en la dicha Epístola: La piedad es mucho provechosa para todas las cosas, la qual nos promete la vida deste mundo, é del otro, etc., etc. É sobre esto dijo San Ambrosio en la glosa de la dicha epístola, que toda la alteza de la disciplina christiana está en la misericordia, é piedad, lo qual se entiende en quanto á las obras de fuera, porque la virtud de la castidad, por la qual somos ayuntados á Dios, es de mayor peso que la piedad, é misericordia, las quales han logar en los prójimos; é porque estas palabras misericordia, piedad, clemencia, é mansedumbre se tratan en muchos logares, é algunos piensan ser todas una misma cosa, é otros juzgan ser diuersas cosas, queremos aquí poner lo que Santo Thomás de Aquino dice de cada una dellas en la segunda parte del segundo libro de su Suma en la quesción [1] de la clemencia, é mansedumbre, donde determina que la misericordia, é piedad concurren en esa mesma obra con la mansedumbre, é clemencia, en quanto viedan los males de los prójimos; pero es departimiento entre ellos, quando al mouimiento, porque la piedad quita los males de los prójimos por reverencia que há á algo soberano, assí como á Dios, ó á sus padres; mas la misericordia quita los males de los prójimos, porque se contrista con ellos, en quanto piensa aquellos males ser á él mesmo fechos; lo qual viene de la amistad, que

---

(1) *Quesción.*

face á los amigos que se gocen de los bienes de los amigos, é se contristen de los males dellos; mas la mansedumbre face esto, que quita el daño de la ciudad, tirada de sí toda ira, é venganza; pero la clemencia face, que con piedad de corazón juzga ser cosa egual, que aquél que padece non sea más punido; é tan grande es la fuerza de la piedad, que el dicho Apóstol la puso en uno con las otras virtudes, según se lee en la dicha su epístola, do dice: Tú varón amigo de Dios, seguirás justicia, piedad, caridad, paciencia, é mansedumbre, etc. É aun el Apóstol la antepone á la castidad, según se lee por la dicha epístola, donde dice: Para que fagas vida sosegada en toda piedad, é castidad, etc., é de tan alto logar es, que Dios se llama en la sacra Escritura piadoso, é misericordioso, según se lee en el segundo libro del Paralipomenon; pues que por esta misma piedad, él usando della, auiendo piedad de la generación humanal, porque sus ánimas non se perdiessen, le plogo de descender á tomar carne humanal, é padecer muerte, é passión en la cruz, en quanto hombre, por la redención de nuestra salud, la qual compró por su preciosa sangre; é assí con gran corazón loó el Apóstol en tan alto grado el misterio de la piedad, por lo qual concluyo, que estas mujeres que de tanta piedad usaron acerca de sus padres, non sólo son de loar de la dicha virtud de piedad, mas aun de grande ingenio, pues que cosa tan nueua supieron fallar, é la osaron continuar por saluar la vida de sus padres; é yo non puedo fallar hombres, que en la dicha virtud de piedad ayan pasado á aquestas mujeres.

CAPITULO XIX.

EMILIA VIRGEN.

A aquesta noble piedad juntaremos el fecho de Emilia Virgen, la qual, según escriben los antiguos, fué de la casa de los Emilios, donde dependió Paulo Emilio, el qual murió en la batalla de Cañas [1], al fijo del qual llamaron Paulo, assí como á su padre, el qual dicen que derramó de sus ojos piadosas lágrimas por la desventura del Rey Perso [2], el qual él auía preso: desta noble Emilia Virgen, muy fermosa, é virtuosa, é de muy honesta vida, face mención Valerio en el su primero libro de la Religión, é servicio de los Dioses, donde parece que en Roma auía un templo de la Diosa Vesta, á la qual los Gentiles atribuyan, é daban la guarda de los árboles, frutas, é de las otras ierbas de la tierra; é en este templo entraban las vírgines generosas, é de grandes linajes, é non otras, las quales facían voto de guardar su virginidad todos tiempos, é en significación desto siempre tenían en el dicho templo fuego encendido, queriendo semejar á lo que Nuestro Señor Dios por significación del grande amor, é caridad, que le deuemos auer, mandó, é ordenó en el Viejo Testamento, que todos tiempos día é noche fuesse encendido fuego en el templo, el qual nunca fuesse apagado; é assí en el templo de la dicha Diosa, aquel fuego era

---

[1] *Cannas.*
[2] *Perseo.*

mucho guardado, é con gran diligencia por las religiosas vírgines, que en el dicho templo estaban, teniendo carga de la guarda dello cada una su noche, porque non se matasse; é según dicen algunos autores, especialmente Dionisio en la su Glosa sobre Valerio, la significación desto era, que assí como el fuego encendido guarda el su calor enteramente sin corrupción de ninguna friura, assí la virginidad conserua la castidad sin corrupción, nin daño, porque la friura significa el vicio é pecado de la corrupción de la castidad, é de las buenas costumbres, según lo escribe el Profeta Jeremías en su profecía; non embargante que á las vegadas se toma el fuego por la corrupción de la incontinencia, é lojuria, según aquello que pone el Apóstol en la su Epístola á los Corintios, do dice: Que la Virgen, que non puede sofrir de guardar su virginidad, mejor es que se case, que non que se queme; é tornando á la historia de la dicha Virgen, parece que acaeció, que guardando, é velando una noche aquel fuego, una virgen religiosa, se dormió, é non puso tanta guarda, quanta complía, para que non se apagasse el dicho fuego, é assí el fuego fué muerto, por lo qual el Obispo de aquel templo priuó de aquella religión á la dicha virgen, por cuya negligencia el fuego se auía apagado, é según parece en aquel mismo templo era la sobredicha virgen Emilia, la qual veyendo que por negligencia de su compañera se auía apagado el fuego se puso en oración, é acauadas sus plegarias, tomó un velo muy noble, que tenía en su cabeza, que era de lino muy blanco, é muy delgado, é púsolo en aquel fogar, do estaba el fuego, el qual era casi muerto del todo; ca quedaban ende muy pocas reliquias dél, tanto, que non auía esperanza de poderse encender dellas fuego: é assí puesto allí aquel velo se encendió en él una llama de fuego; por lo qual fué auida la virgen Emilia por santa, é religiosa entre todas las otras, que en aquel templo eran, porque por su oración el fuego fué restaurado, la qual cosa fué auida por muy marauillosa entre los Gentiles.

CAPÍTULO XX.

TUCIA.

Después de la dicha Emilia, pláceme de contar la mucha fiducia de Tucia, asimesmo consagrada á la Diosa Vesta, la qual, como fuesse acusada que auía dormido con un pariente suyo, é algunos creyan ella ser culpable en el pecado, por el qual, según la costumbre de los Romanos, ella auía de ser enterrada viua, ó según quiere Séneca, la auían de despeñar: ella que se sabía ser limpia del pecado, tomó un farnero, é llamó á la Diosa Vesta, diciendo: ¡O Vesta, si á tus sacrificios yo puse castas manos, rúegote que fagas que en este farnero yo saque agua del río Tíber, é lo pueda traer en su templo; el qual voto assí fecho, ella finchió el farnero de agua, é trájolo fasta el templo, donde non se salió gota alguna, según cuenta Valerio; é como quier que non damos feé á los milagros que los Gentiles afirman, que entre ellos ayan acaecido, porque, aunque parezcan ser cosas marauillosas, é Dios aya dado logar que fuessen fechas, ciertamente muchas de aquéllas eran procuradas por los diablos, mediante los ídolos de los Gentiles, según es declarado por los Santos Dotores en algunos logares, é especialmente por San Agustín en el su quarto libro de la Ciudad de Dios, é se muestra por el Exodo, que es el segundo libro de la ley de Dios, por aquellas cosas, que parecen que los magos del Rey Faraón ficieron quando Dios embió á Moysén que sacasse de cautividad el Pueblo de Isrrael; pero por esto non es de dejar de facer mención de las grandes cosas, que ayan acaecido á las notables Romanas por su buena vida, é virtudes, que naturalmente en ellas auía: lo primero, porque San Jerónimo en el libro, que fizo contra Joviniano, face gran mención destas cosas, é las trae por ejemplo, non embargante que ayan acaecido á las mujeres del Pueblo de los Gentiles; lo qual face á fin, que pues las mujeres de los Gentiles, que solamente vivian so la ley Natural, é non auían conocimiento de nuestra Santa Feé, fueron tan virtuosas, é ficieron tan grandes fechos, que las Cathólicas tomen dellas ejemplo, é se esfuerzen á viuir santamente, pues que tienen más cargo, é han mayor razón de lo facer por la santa, é verdadera Feé, que reciuieron, é en que son, é viuen; lo segundo, porque, pues Nuestro Señor Dios, veyendo la buena intención, que las Gentiles solamente mouidas por ser criaturas razonables, auían al bien viuir, é el gran deseo, que tenían á la virtud, las daba lugar á que ellas fuessen de tan apurada vida, é ficiesen cosas tan marauillosas, la memoria de las quales por sus grandes merecimientos durará para siempre; con gran razón deuemos creer que mucho más serán administradas por Dios las Cathólicas, el qual les dará esfuerzo para virtuosamente viuir, é especialmente las Religiosas, que verdaderamente son Esposas de Nuestro Señor Jesuchristo, por la Feé Cathólica, é santo Bautismo, é otros Sacramentos, que dél reciuieron, é por los votos solenes, que á él facen á la entrada de la Religión, los quales con gran fuerza se deben esforzar muy virtuosamente, non sólo seyendo semejantes en toda virtud á las Dueñas, é Doncellas, é Religiosas del Pueblo de los Gentiles, mas aun pasando dellas, é en tanta perfección, como ya muchas santas Cathólicas lo han fecho, según se face mención en el postrimero libro desta obra, donde trata de las santas Mujeres del Pueblo Christiano; lo tercero, porque San Isidro, en el su libro de las Etymologías, face gran mención de muchas cosas marauillosas, que han acaecido en el Pueblo de los Gentiles, según parece por el libro Doce de las dichas Etymologías; é assí, pues estos Santos ficieron tan gran mención destas cosas, non es sin razón, que nos, siguiendo á aquéllos, escribamos algunas cosas marauillosas, que ayan acaecido á las mujeres virtuosas del dicho Pueblo de los Gentiles, pues nuestra intención es de escriuir las loanzas dellas, é por ende tornando á nuestro propósito, según cuenta el dicho Valerio en el su libro octauo de aquéllos, que fueron librados de las infamias, que les eran leuantadas;

la dicha Virgen Tucia, la qual auía fecho profesión á la Diosa Vesta, en el templo de la qual solamente eran reciuidas las Vírgines, ella fué acusada que corrompiera la su virginidad, yendo contra el voto que auía fecho de la guardar toda su vida, de la qual acusación ella era inocente; por lo qual ella, confiando de su inocencia, é queriendo ser purgada de aquella infamia, é mostrar ante todos aquello ser leuantado falsamente contra ella, é auiendo gran esfuerzo, é fiducia en su inocencia, tomó en la mano el dicho Instrumento llamado farnero, é fecha primeramente su oración, suplicando que assí como ella era libre de aquel pecado que la oponían, assí le fuesse otorgado por Dios que ella fuesse al río Tíber, é finchese de agua aquél, é sin se derramar cosa alguna, lo trojesse entero, é lleno de agua al templo de la dicha Diosa: acatada por Dios la inocencia desta Virgen, le plogo, é dió lugar que lo ficiesse assí, é ella trajo el farnero lleno de agua á la dicha casa de la Diosa, sin se derramar cosa alguna; por lo qual todo el Pueblo la ovo por inocente de aquel pecado, que assí le era leuantado. ¡O bienaventurada virgen, digna de ser ensalzada en honrrados loores! la qual, cierta de su limpieza, con gran fiducia vino por alcanzar salud, que alcanzó milagrosamente! Es cosa mucho marauillosa, agora aya acaecido por benignidad de Dios, ó virtud muy preciosa, la qual es de tanta dignidad, que non sólo á los fieles, mas aun á los infieles faga ser Dios cercano; ca non embargante que parezca ser duro de creer, atrahe á aquéllos los quales ponen su viuir en maldad de pecado, que esperen en su deidad, assí como en un gran beneficio celestial; é assí como una ara religiosa é santo templo lo adoren, lo qual leemos de Cipión Africano, el qual, como viniessen unos ladrones, é le adorassen, con gran codicia tomaron su mano diestra, é auiéndola besado por grande espacio, después que dejaron delante de su casa aquellos dones, que acostumbraban dar á los Dioses, volbiéronse alegres á sus casas, porque auían visto á Cipión; lo qual, si assí es, que cerca de los malos hombres la virtud sea de tanta marauilla, que, aunque no vivan según ella, la honrran por cosa diuinal, pues aquesta nos face seguros de los peligros, é por participación nos face diuinos; digna cosa parece que aquesta virgen, que se prouó ser entera de ánima, é de cuerpo por milagro, sea loada de marauillosos loores; é por el ejemplo de aquesta todas las Vírgines vivan honestamente, mayormente aquéllas, que son claras por nobleza de sangre, porque dende conseguirán gloria de castidad, é virginidad; é como por la Sacra Escritura se falla que Nuestro Señor Dios aya fecho, é obrado grandes milagros, bien podemos decir que este dicho milagro, que el dicho autor afirma ser fecho en Roma, mediante la dicha virgen Tucia, ser muy grande, é digno de memoria, la qual non es de auer por imposible quanto al poderío de Dios, que es sin medida alguna, mayormente que ya se falla en la Sacra Escritura, Dios auer reciuido, é acetado las rogarías, é sacrificios de los Gentiles, assí como se lee del Rey de los Moabitas en el quarto libro de los Reyes; é assí parece que non sólo los varones, mas las mujeres alcanzaron esta gracia, es á saber que Nuestro Señor Dios obrasse por ellas cosas marauillosas, assí como por los hombres.

CAPÍTULO XXI.

CLAUDIA VESTAL.

Después de Tucia virgen queremos tratar de Quinta Claudia Vestal, la qual no es cierto de quáles parientes sea nacida; mas por un noble acaecimiento, que le acaeció, mereció auer perpetua claridad: aquesta virgen Claudia, como acostumbrasse cada día de afeytarse de diuersos afeytes, é andubiesse bien puesta, decíasse contra ella por las Señoras honrradas de Roma, non sólo ella ser deshonesta, mas antes creyan ella non ser casta, é acaeció que Marco Cornelio, é Publio Sempronio, Cónsules de Roma, ordenaron que se trajesse del monte de Pesimonte á Roma una estatua, llamada por los Romanos, según sus errores, en que á la sazón eran, madre de los Dioses, la qual fué trayda acerca de la ribera del río Tíber, al reciuimiento de la qual, como, según el mandado de aquél, que los Gentiles llamaban el Dios Febo, Cipión Nasica, varón muy bueno, fué juzgado por todo el Senado que viniesse con todas las señoras Romanas, el qual vino fasta tanto que fué cerca de la nao, la qual, queriendo los marineros traer á la riuera, dijeron que non podía salir del vado; é como trabajasen muchos hombres por la sacar, é non podiesen, vino la dicha Claudia, que estaba entre las otras Romanas, é confiando de su castidad, fincó las rodillas, é adoró á la Diosa con gran humildad, suplicándola que si creya que ella era casta, que se dejasse traer con su cinta; dende leuantóse con gran fiducia, esperando que se auía de facer lo que auía suplicado, é mandó que atassen á la nao su cinta, é que se apartassen de la nao todos los manceuos; é en diciendo esto ligeramente, sacó la nao del vado á donde quiso, marauillándose todos los que estaban ende; del qual fecho marauilloso luego avino, que se volviesse en contrario, con gran loor de castidad, la opinión que tenían de Claudia, que non auía guardado castidad: é assí la que llegó á la riuera dañada su fama, voluió á la Ciudad de marauilloso resplandor de castidad clara. Otros dicen que esta noble Virgen, acusada, que, seyendo religiosa, corrompiera su virginidad, é ella, queriendo mostrar ser sin culpa, é probar su inocencia, movió, é trajo por sí sola la dicha nao con una cinta suya, la qual nao por gran muchedumbre de hombres non podía ser mouida, según que desto face mención San Jerónimo en el su libro contra Joviniano; é assimesmo lo dice Dionisio en la Glosa de Valerio en el dicho libro, que fabla de aquéllos, que fueron absueltos de las infamias, que les eran levantadas; é pues que los santos hombres, mediantes los quales Nuestro Señor Dios fizo muchos milagros, son por ello muy loados entre los otros hombres, razonable cosa es de ser loadas las mujeres, pues, según se escribe por los dichos, han obrado cosas marauillosas, según se falla en esta dicha Virgen.

CAPÍTULO XXII.

TERCIA EMILIA, MUJER DEL GRAN AFRICANO.

Como de la marauillosa piedad de las dos mujeres, que la una acerca de su madre, é la otra acerca de su padre, ovieron, por nos, por ventura asaz complidamente se ha razonado; pero porque en éste nuestro Tratado la virtud de la feé, que algunas notables mujeres han mostrado acerca de sus maridos, non se oluidara, en el resplandor de la qual, como nos pensamos en las cosas antiguas, fallamos entre las otras tres mujeres del Pueblo de los Gentiles, é con ellas una del Pueblo de Isrrael, que más singularmente que otras han esclarecido, guardando muy complidamente la feé, que debían á sus maridos, las quales son éstas: Tercia Emilia, mujer del gran Africano, de la qual cuenta Valerio en el sexto libro, do fabla de la feé, que las mujeres deuen auer á sus maridos, diciendo assí: Tercia Emilia, mujer del soberano Africano, madre de Cornelia, la qual Cornelia fué madre de los nobles caualleros Gracos, tanto se ovo muy cortés, é suauemente acerca del gran Africano su marido, é con tan gran paciencia, que como ella sopiesse que el dicho su marido era enamorado de una de sus esclauas, porque tan grande varón domador del Mundo non fuesse difamado, é avido por culpado por la poca paciencia desta su mujer, ella con gran nobleza disimuló aquella incontinencia del dicho su marido, é dió logar á que él podiesse complir con aquella esclaua su voluntad, non murmurando el fecho, nin descubriendo á su marido; é aun non sólo guardó esto en vida de su marido, mas aun después de muerte dél, mostrando su gran virtud de paciencia, tanto fué su corazón arredrado de venganza, que fizo librar á la dicha esclaua, é assimesmo á un sieruo suyo, é los casó en uno.

CAPÍTULO XXIII.

TURIA, MUJER DE QUINTO LUCRECIO.

La segunda de las quatro es Turia, mujer de Quinto Lucrecio, de la qual fabla el dicho Valerio en el dicho libro, é Capítulo, donde dice que el dicho Quinto Lucrecio, seyendo condenado por sentencia de los Juezes á muy gran pena, la dicha Turia, su mujer, por la gran feé, que le auía, lo tovo escondido en una cama entre la cámara y el tejado, sabiéndolo una de sus esclauas solamente, lo qual fizo con muy gran peligro suyo, é allí lo tovo seguro, é esto ella fizo con muy gran feé, é por tal manera, que los otros semejantes condenados, é desterrados, que en los reynos ajenos, é de sus enemigos les conuenía de andar padeciendo muy grandes trabajos; é este Lucrecio en la cámara, é seno desta noble su mujer, fué libre, é seguro.

CAPÍTULO XXIV.

SUPLICIA, MUJER DE LENTULO.

La tercera de las quatro es Suplicia [1], mujer de Lentulo, de la qual face mención el dicho Valerio en el dicho Capítulo, donde dice, que seyendo condenado á destierro para el Reyno de Sicilia este cauallero Lentulo por sentencia de ciertos Juezes, esta Suplicia, su mujer, non embargante que Julia, su madre, mandaba poner gran guarda, porque non se fuesse con el dicho su marido, ella mostrando por obra la gran feé, que al dicho su marido auía, tomó una vestidura de una de su casa, é poniéndose en desemejable ávito, muy secretamente con dos esclauas, é otros tantos sieruos se fué fuyendo para su marido, é non rehusó de ser puesta en el destierro por mostrar á su marido la feé, que ella le auía.

CAPÍTULO XXV.

MICOL, FIJA DE SAUL.

La quarta es la Infanta Micol, fija del Rey Saul, de la qual face mención el primero libro de los Reyes, donde dice: Que seyendo el dicho Rey muy indignado de Dauid su hierno, embió ciertos hombres de armas para lo guardar, é matar en su casa; lo qual sauido por la dicha Micol, su mujer, ella

---

[1] Sulpicia.

guardando la feé, que le deuía, lo reueló al dicho Dauid, su marido, al qual saluó ella de la muerte en esta guisa: ella lo puso de noche por una finiestra de su casa, é ayudándole que descendiesse por ella abajo, por manera que él pudo foir, é ser saluo, é porque los que lo guardaban, non supiessen que era ido, é cuydasen que estaba en aquella casa la dicha Infanta, tomó una estatua, é la puso sobre la cama, donde acostumbraba dormir Dauid, é puso á la cabezera una piel pelosa de cabras, é cubrióla con ropa: el Rey Saul embió hombres de armas, que por fuerza lo sacassen de la casa, é lo trojiessen ante él: fuéle respondido que él estaba enfermo; por lo qual el dicho Rey embió otra vez sus mensajeros, mandándoles que viessen á Dauid, é que lo trojiessen ante él en la cama, que estaba doliente, para que él lo mandasse matar; ca era ya ido, é fallaron en su logar la estatua sobre el lecho, é el pellejo de las cabras á la cabeza, é assí fué libre Dauid por la industria de la dicha Micol, su mujer: ciertamente grande es la gloria destas quatro señoras, que con tan firme feé relucieron, para que ligeramente podamos creer que la memoria dellas non pueda perecer; de lo qual ellas alcanzaron la justicia, sin la qual ninguna cosa non puede ser loable, porque aquél, que esclarece por feé, conuiene que sea relumbrante por justicia; ca ciertamente non vemos ser guardada por otra cosa la salud de los hombres, saluo por la feé, la santidad de la qual tan honrrosa fué acerca de los antiguos, para que aun á los enemigos debiesse ser guardada; ca leemos ser venida cerca de Sicilia gran armada de la gente de los de Cartago, é como los Duques dellos, quebrantados sus corazones, tratassen sus consejos para demandar paz, é buscando entre sí á quién embiarían por mensajero, un Duque dellos, llamado Amolcar, dijo que él non osaría ir con esta embajada á los Cónsoles Romanos, temiendo ser preso por ellos, según que fuera por los de Cartago aquel Cauallero Romano Cornelio, que á ellos fuera embiado por Embajador de los Romanos; mas otro Duque, llamado Harco, entendiendo que los Romanos guardaban mucho su feé, é por ende que non debía temer de ir á ellos, aceptó la embajada, é con gran fiducia se fué para los Cónsoles de los Romanos, é trató con ellos su paz, la qual tratada, entonces el Tribuno de los Caualleros de Roma dijo al dicho Duque, que con razón podría á él acaecer lo mismo, que al dicho cauallero Cornelio auía acaecido en Cartago. Entonces los Cónsoles de Roma mandaron al Tribuno que callasse, é dijeron al dicho Duque: Deste miedo te libra la feé de la Ciudad de Roma; é por esto dice Valerio que nobles ficiera á estos Cónsoles prender á tan Gran Duque, como era Harco, mas que muy claros más los fizo non lo auer querido prender por guardar feé, é el derecho de la seguridad, que es deuido á los Embajadores; é assí podemos concluir que pues la virtud de la feé es de tan gran fuerza, que non sólo á los amigos, mas á los enemigos, se debe guardar, que estas quatro mujeres son mucho de loar desta virtud, pues también la guardaron á sus maridos, poniéndose á todos trauajos por ellos, é que en esto deben ser eguales á los virtuosos varones, que ayan virtuosamente guardado su feé, assí á la cosa pública, como á sus amigos, é señores, é á los otros, á quien la ayan prometido, aunque sean sus enemigos.

CAPÍTULO XXVI.

LA MUJER DE ISAÍAS, CAUALLERO ROMANO.

Después de la noble feé destas dichas mujeres, determinamos con razón debe ser aquí fecha mención de la gran paciencia, é honestidad de la noble mujer de Isaías, Cauallero Romano, pues que San Jerónimo face della especial mención en el dicho libro contra Joviniano, donde dice que como el dicho Isaías fuesse viejo, é le tremiessen los miembros, é padeciesse otras enfermedades, acaeció que un día, auiendo razones con otro Cauallero Romano, le fué dicho por aquél, con quien contendía, que le olía mal la boca al dicho Isaías, el qual, oydo esto, ovo dello muy gran desplacer, como le viniesse de nueuo á su noticia, ca nunca primeramente lo auía oydo: fuesse triste para su casa, é quejóse á la dicha su mujer, diciéndola que por quál razón él non fuera por ella auisado de aquella passión, que ella dél sufriera, é padecía; ca si lo oviera sauido, él trabajara por se guardar, é ser curado de la dicha passión; é la dicha virtuosa mujer suya, assí como prudente, é casta dueña, le respondió con toda honestidad, é humildad, diciéndole assí: En verdad, señor, yo de buena voluntad oviera fecho esso, que tú dices, saluo, que yo me pensaba, que todos los hombres comunmente auían esta passión, es á saber, que les olía mal la boca; é dice aquí San Jerónimo que si esta Dueña sabía que su marido padecía aquella passión, é con buena paciencia lo sofría, non mostrando dello sentimiento, ó si era verdad que ella, entendiendo que aquel vicio era común á todos los hombres, é con todo esto ella con bondad non lo reciuía por enojo, é lo padecía, é callaba, que en lo uno, é en lo otro es mucho de loar esta noble, é muy paciente, é vergonzosa fembra; é como quier que verdaderamente todo ello sea cosa muy virtuosa en la dicha noble Dueña, pero, como dice San Jerónimo, muy mayor virtud es, si lo ella sabía, sentía, é con mucha bondad lo sofría, é callaba. ¡O mujer Romana muy virtuosa! quánta feé, quánta paciencia ovo en tí, que fuiste poderosa de sojuzgar el sentido del olor, que es naturalmente tan delicado, é tan sentible, que quando hombre güele las buenas cosas, todo el cuerpo há gran alegría; é con malos olores há gran tristeza, é con todo esto la gran feé, é verdadero amor, que auías á tu marido fué tan sobrepujante, que todo esto podiste sofrir tan luengamente, queriendo con tan gran honestidad guardar á tu marido aquella feé, que le debías; é como quier que tú non ovieses conocimiento de la ley de Escritura, nin de la ley de Gracia, por las quales Nuestro Señor Dios ordenó que el marido, é la mujer sean auidos por una, é essa mesma carne, é non se puedan partir, aunque qualquier dellos sea hecho gafo, ó contrecho, é padezca otra qualquier enfermedad, que le venga; é assí lo ordenaron los santos Padres de la Iglesia de Dios en los sacros Cánones: con todo esto tú, mouida virtuosamente por sola ley natural, en que eras por el tú claro ingenio, é por ser tan bien criada, mostrándote ser muy honesta, aunque de la ley de Dios non auías noticia, juzgaste ser cosa muy honesta sofrir continuamente tan gran passión, que tu marido auía, sin le ser por tí mostrado ningún sentimiento.

CAPÍTULO XXVII.

ANFRONIA.

Después de la feé noble destas mujeres, como yo muchas veces conmigo mismo pensasse qué cosa deuiesse escriuir dellas, vino á mi pensamiento la singular paciencia de aquella Dueña Romana, llamada Anfronia, la qual fué de muy gran honestidad, según cuenta Valerio en el Capítulo 8.º del libro 7.º, donde dice que la Madre desta Dueña, mouida más por voluntad que por razón, exheredó de sus bienes, é herencia en su testamento á esta Anfronia, é estableció por heredera en todo á Petronia, otra fija suya, non embargante que ambas á-dos fuessen buenas, é honestas, é non oviesse razón porque ser exheredada por su madre la dicha Anfronia, nin le oviesse fecho injuria porque con razón la podiesse priuar de su lexítima parte de la herencia; é como quier que la dicha Anfronia en esto fuesse muy agrauiada de su madre por la assí querer exheredar, ca los padres, según el derecho de las leyes Ciuiles, non pueden exheredar á sus fijos, saluo quando ellos cometen alguna cosa contra su Rey, ó contra su tierra, ó contra sus Padres, ó facen otras cosas señaladas, por las quales quieren los Derechos que los Padres los puedan exheredar; pero con todo esto esta Anfronia fué de tan gran paciencia, que non quiso contender que era cosa mejor encargar el testamento de la madre con su paciencia, non yendo contra él, que non si lo ficiesse reuocar por juicio; por lo qual tanto más ella se mostraba non ser merecedora de aquella injuria, que le fué fecha en ser exheredada, quanto más con buena voluntad ella auía paciencia, é consentía que el testamento de su madre quedasse firme. ¡O marauillosa paciencia desta noble Dueña! la qual, aunque sea llena de franqueza, como non sea pequeña franqueza querer dejar su derecho; pero aun ningún hombre de seso non dudará ser ella muy clara por grandeza de corazón, la qual assí se muestra por menospreciar los bienes temporales; ca ciertamente esta Dueña fué magnífica, si éste su fecho con diligencia fuere bien considerado, porque quiso antes ceder su derecho, que facer por pleyto culpada de justicia á la madre suya, porque non ay ninguna mayor injusticia que quitar á uno su derecho, é ser dado á otro que non há por qué lo hauer; ca non ay cosa más loable, que ser pagada á la madre la honrra, que le es deuida, aunque la madre non guarde á la fija lo que según el amor maternal le deue; é como quier que esta mujer fuesse del pueblo de los Gentiles, los quales non auían noticia de la ley escrita, nin de la de Gracia; por la qual Dios manda, que honrremos á nuestros padres, é assimesmo usemos de la virtud de la paciencia, la qual es mucho loada en las Sacras Escrituras, tanto que Nuestro Señor dijo en el santo Evangelio por San Lucas, que con la virtud de la paciencia podíamos poseer, é ser señores de nos mesmos para mejor conocer, é sentir á Dios: con todo eso parece que esta Dueña, alumbrada por la razón natural, honrró, é ovo reverencia á su madre, pues que non quiso reclamar lo por ella ordenado en su testamento, é con gran paciencia lo quiso sofrir, é dejar pasar.

CAPÍTULO XXVIII.

AMESIA É ORTENSIA.

Después de la Dueña Anfronia, yo traydo por la gran nouedad, é excelencia de lo acaecido á las dos Dueñas, la una llamada Amesia, é la otra Ortensia, fija del gran Orador Quinto Ortensio, quiero contar las singulares loanzas destas dos Dueñas; ca, según cuenta Valerio en su 8.º libro, do fabla de las mujeres, que por sí, ó por otros defendieron algunos pleytos en los juicios, esta Amesia fué condenada por sentencia del Alcalde de Roma, llamado Lucio, é dada por culpada de un maleficio, de que era acusada, la qual, seyendo apremiada por aquel Juez que pareciesse ante él en juicio sobre aquella causa, assí prudentemente sostubo su razón ante aquel Juez, seyendo allí ayuntados muy gran parte del Pueblo de Roma, que non sólo diligentemente, mas verosímilmente defendió, poniendo por sí razones, é excusaciones fasta tanto que fué dada por libre de la sentencia, que aquel Juez contra ella auía dado; é tan bien se ovo en su razón, defendiendo su derecho, que non semejaba que ella oviesse corazón de mujer, mas aun de varón, é por esta razón el Pueblo Romano la llamaron dende en adelante varonil; é como quier que generalmente sea defendido á las mujeres de estar en los juicios, pero para defender sus pleytos, mayormente criminales, son reciuidas en ellos, según lo qual parece que aunque estar en los juicios es vedado á las mujeres, por non les ser honesto estar en tales logares; pero quando son constreñidas por necessidad para defender sus pleytos, é causas, non las fizo más menguadas natura que á los hombres para lo poder é saber bien facer, según que ellos lo facen. E la otra Dueña Ortensia fabla el dicho Valerio en el dicho libro, donde dice: que el Cauildo ó Cofradía de las Vestales de Roma fueron condenadas en gran suma de tributo por ciertos Juezes de la dicha Ciudad, los quales tenían un oficio de Juzgado, que se llamaba de los tres Varones; é dada la sentencia contra ellas, non fué osado ninguno de los Varones de Roma de abogar por ellas, nin las ayudar delante de aquellos Juezes, por lo qual esta Ortensia assí constantemente se puso á las defender, que mediante su razón muy suaue, en la qual bien representaba el muy alto fablar del dicho Quinto Ortensio, gran orador, padre suyo; é assí era honesto su gesto, é los mouimientos de su cuerpo, razonando, é defendiendo aquella causa de las dichas señoras ante los dichos Jueces; é assí respondían á su gesto las palabras muy dulces, é polidas de su bueno, é fermoso razonar, que non se podía hombre determinar quál cosa le más ploguiera, es á saber, ó auer gran sabor de oir sus palabras, ó de mirar su honestidad; é assí tan prudente, é suauemente se ovo en su decir, que mediante su muy polida, é discreta eloquencia, é buena fabla las señoras de Roma fueron libradas por aquellos Jueces, é les fué fecha remisión de la mayor parte de aquella pecunia, que les era impuesta que pagassen; en lo qual dice Valerio que esta Dueña Ortensia bien mostró que el dicho Orador su padre tornaba á viuir, é muerta esta Ortensia, por non quedar fijos della, fué acauada de su linaje la herencia de la buena, é polida fabla deste Orador su padre; pero fué traspasada al emperador Julio César, el qual después fué fallado ser heredero de su elocuencia, é fabla Ortensiana; quiere tanto decir que este Emperador siguió en la eloquencia á aquel Orador Quinto Ortensio, é tanto le semejaba en el polido fablar, que parecía ser heredero suyo quanto á la dicha eloquencia. ¡O fembras muy dignas! las quales sobrepujaron en tanta grandeza de corazón, é marauillosa manera de fablar, que yo pensaría la gloria dellas non ser menor que la gloria de Cicero, varón muy bien fablante, el qual non menos magnífica, que diuinamente libró á Gayo Pompilio de la acusación, que le era fecha; nin que la gloria de Gayo César, quando libró á Sestilio del graue crimen, de que era acusado; ó la gloria de Torcato, quando libró á Paulino, varón del consejo de Roma, las riquezas del qual por codicia desordenada auían ya tragado quantos eran en Palacio, é se las él tiró de las manos; ó que la gloria de aquel varón esforzado Judas, fijo del Patriarcha Jacob, quando por la suaue fabla, é suplicación que fizo al Patriarcha Joseph, hermano suyo, que entonces gobernaba el Reyno de Egipto, le fizo que manifestasse, cómo era hermano suyo, lo qual el dicho Joseph se esforzaba de encobrir, é non lo manifestar; é assimesmo fizo que fuesse libre de la prisión, en que tenía preso, á Benjamín su hermano; ó que la gloria del Profeta Daniel, quando, mediante su eloquencia, libró de muerte á Susana: con razón los nobles oradores se esforzaron de ensalzar con grandes loanzas la fortaleza, é polida fabla destas dos mujeres.

CAPÍTULO XXIX.

JULIA, FIJA DEL NOBLE EMPERADOR JULIO CÉSAR.

Agora me place de fablar de Julia, fija del noble Emperador Julio César, la qual, puesto que en su tiempo fué más clara en linaje, é en casamiento que las otras mujeres, mas muy clara fué por el honesto amor, que auía á su Marido por la muerte súbita, que murió: esta noble Julia, como fuesse casada con el gran Pompeio, muy claro varón, el qual muy fuertemente requestó las tierras, como viesse por una ventana la vestidura de su Marido cubierta de sangre, ella espantada, pensando que le oviesse acaecido algún mal, cayó amortecida en tierra: é con la súbita alteración abortó, é assí con destruición casi de todo el humanal linaje espiró, según cuenta el gran Poeta Lucano, é assimesmo Valerio en sus libros, donde largamente facen mención de las notables virtudes desta gran señora, é assimesmo que si ella viuiera, por ventura se excusaran tantas muertes del linaje humanal, como acaecieron entre el Emperador Julio César, é el Gran Pompeyo, los quales eran hierno, é suegro. ¡O amor muy santo, digno de contemplar! de una parte de grande admiración, de otra de gran dolor, el qual, puesto que ficiesse honorable á esta señora en todo tiempo por singular fama, mas la maluada licencia de las Batallas, que entre sí los Ciudadanos ovieron, conturbó la Paz de todo el Mundo; nunca ciertamente los fechos de César, é Pompeyo, se encendieran en tanta ira, si quedara la concordia entre ellos junta con un deudo de sangre, es á saber si esta señora por la causa de suso contada non abortara, é moriera.

CAPÍTULO XXX.

TERENCIA.

Por quanto de suso es escrito el honesto amor de Julia, acordé de escribir de Terencia, mujer del claro Orador Cicerón, digna de muchos loores, la qual es cierto que entre los grandes dolores, de que por el destierro del dicho su marido era fatigada, mostró tanto esfuerzo de corazón, que mereció ser loado por letras de muchos, é por común fabla del Pueblo, según escribe Cicero en sus Epístolas, por la qual, razonándose con ella, dice assí: ¡O mezquino! que por mí eres venida en tantos trauajos con tanta virtud, é feé, é bondad, é misericordia! ciertamente yo creo aquesta noble Dueña ser digna de tal marido, aunque más la tenga por bienaventurada, por ser dotada de tantas virtudes, é ciertamente para loar la dignidad de aquesta, non fallo alguno, que la podiesse loar, sinon otro, que fuesse tan sabio como Cicero. La vida de aquesta fué muy temprada en tanto, que se cree hauer viuido 103 años. ¡O mujer bienaventurada! que fué clara de honestas virtudes, que mereciese non sólo ser amada, mas muy querida de tal marido. Léese que Cicerón, Príncipe de la eloquencia Romana, llamaba á aquélla su mujer luz, deseo, é vida suya, tanto, que la escribía: Si amas á mí, non te quieras doler tanto de mí; ca de día, é de noche eres presente delante de mis ojos; pensando en tí oluido todos mis trauajos; temo que non puedas soportar los trauajos, que tienes; é como éste escribiesse á Publio Valerio, hombre de mucha piedad, del trabajo desta su mujer, non ovo vergüenza de confesar auer leído las letras, derramando lágrimas de sus ojos; según aquesto parece que non sea poco de dudar, si es de creer á aquéllos que dicen claro auer deshechado mujer tanto amada assí por alguna cosa non honesta, pues que en los brazos de aquélla él deseaba más que todas las cosas venir de su destierro, donde estaba; á mí parece que si queremos acatar la complida sabiduría de Cicero, é la dignidad de su mujer, la qual es aprouada por testimonio dél, é si queremos acatar el grande amor, con que uno á otro se amaban, non diremos, que lo fizo este varón muy sabio, saluo porque más libremente pudiesse entender en la filosofía, en el estudio de la qual se deleytaba, según que muestra en sus obras Diuinales.

CAPÍTULO XXXI.

PAULINA, MUJER DE BOECIO TORCATO.

Non son aquí de oluidar las virtudes de la noble Romana Paulina, mujer del virtuoso Romano Boecio Torcato, el qual, seyendo Gentil, é muy sabio, se convirtió á nuestra Santa feé Cathólica, é fué muy Cathólico Christiano, é de tan buena vida, que plogo á Dios que él fuesse santo, é éste es el que fué llamado San Seuerino, según que lo reza assí Trebo, é otros autores en las Glosas, que ficieron sobre el notable libro, que el dicho Boecio fizo, llamado de la Consolación de la Filosofía: este Boecio fizo, é compuso muy notables libros, é especialmente un libro muy profundo de la Santa Trinidad: é tornando á las loanzas de la dicha noble Dueña, dice el dicho Boecio assí como si la Filosofía lo fablasse con él consolándole, que como quier que el dicho Boecio en su destierro, que le era acaecido quando fué hechado de Roma, auía perdido sus cosas, pero que non las auía perdido todas, antes le auían quedado algunas muy preciosas, especialmente la dicha noble mujer suya; ésta dice la Filosofía, que era honesta, é de muy noble condición, de ingenio muy sosegado, é discreta, é virtuosa en todos sus fechos, é era muy sobrepujante en toda virtud de castidad, é vergüenza; la qual solamente viuía, non porque ella deseasse viuir, pues su marido padecía tantos daños; mas solamente deseaba viuir por seruir á su marido, é para esto sólo guardaba su espíritu, aunque tenía aborrida su vida por los daños acaecidos al noble marido suyo, por los quales ella daba grandes gemidos, é sofría continuamente diuersos tormentos en su corazón; é finalmente la filosofía, queriendo mostrar por breues palabras desta muy loable Dueña concluye, é dice assí: que ella era tan virtuosa, que bien parecía en sus virtudes al noble padre suyo, llamado Simaco, del qual la filosofía, fablando en el 2.º libro de su consolación á Boecio, dice assí: Aún viue, y es bien sano aquel varón Simaco, suegro tuyo, el qual es joya preciosa en el linaje de los hombres, é él es tan noble, é virtuoso, que, si él comprar se pudiesse, sin alguna tardanza darías por él la vida; ves aquí cómo la filosofía eguala esta noble Dueña con el dicho Padre suyo, que era tan precioso, é de tan grande sabiduría. ¡O Dueña bienaventurada! ¿quál de los varones virtuosos podrá decir con razón tú non ser virtuosa? pues que en tí concurrían tan nobles virtudes; ca según la Filosofía da feé de tí, á la qual razonablemente es de estar, assí como aquélla por cuya dotrina se gouierna el Mundo, todas las virtudes, que en el sabio padre tuyo eran, esas mismas auías tú; é assí podemos decir que abondaba en tí la Prudencia, la Justicia, la Fortaleza, la Tempranza, la Feé, que á tu buen marido deuías, é non menos la castidad, é honestidad, las quales cosas son muy propias cerca de todas las Dueñas en común, é mayormente de las de altos linajes; pues podemos bien decir que el sabio Padre tuyo fué asaz bienauenturado, allende de las virtudes, que auía, é de que fué dotado de auer fija tan virtuosa; é como quier que el noble sabio marido tuyo ovo asaz desventura en caer del gran logar é honores, que en Roma tenía, é ser desterrado della, pero aún le quedaba gran consolación en auerte por mujer, pues con tanta honestidad te dolías de sus males; é como quier que por la Sacra Escritura, é por las Historias auténticas leemos muchos ser virtuosos en muchas generaciones de virtudes, razonablemente parece esta Dueña, según sus preciosas virtudes, non solamente deber ser puesta, é contada entre ellos, mas aun deber ser egualada á ellos.

CAPÍTULO XXXII.

DE ALGUNAS VIRTUDES, QUE SE FALLARON EN LAS DUEÑAS ROMANAS.

Cosa razonable nos parece ser ayuntado á esto aquello, que las nobles Romanas, como mujeres muy polidas, é honestas, muy notablemente acostumbraron, es á saber, comer seyendo asentadas honestamente á sus mesas, non queriendo en esto seguir la costumbre, que los Romanos algún tiempo tobieron; ca ellos comían, é bebían, estando echados en sus camas, lo qual las Romanas ovieron por cosa grosera, é que non se debía usar; é assí los Varones Romanos, dejada aquella mala costumbre, é tomando en esta parte lo que las mujeres acostumbraban, es á saber, asentarse á sus mesas á comer honesta, é moderada, é limpiamente, auiendo aquello por mejor, é más honesto, dende en adelante lo acostumbraron ellos assí facer, según que por la mayor parte se face oy, non sólo en el Imperio Romano, mas en todo el mundo; é assí podemos bien decir que esta buena, é honesta costumbre fué fallada, é continuada en el Pueblo Romano por las nobles Romanas, de la qual non sólo los varones Romanos, que eran tan magníficos, assí en fechos de armas como en otras virtudes, tomaron ejemplo como de cosa muy honesta, mas aun todas las otras gentes del Mundo, lo qual cuenta Valerio en el segundo libro de los establecimientos antiguos, é assimesmo el grande Poeta Varro en el libro de la vida del Pueblo Romano; ca ciertamente non era cosa conuenible á ninguna persona, é mayormente non era cosa conuenible á ninguna persona, é mayormente á los grandes Príncipes, comer, nin beber, estando hechados en sus camas, saluo si por causa de enfermedad lo oviessen de facer; é si los varones, que nueuamente fallaron algunas buenas cosas pertenecientes á las buenas costumbres, y al linaje humanal, son por ello muy loados, non lo deben ser menos las nobles Romanas; las quales, usando de gran prudencia, é limpieza, fallaron nueuamente, é comenzaron esta noble costumbre, por la qual deshecharon la torpe, é non limpia costumbre, que los Romanos primeramente en esto tenían.

Assimesmo son de loar las nobles Romanas por una buena costumbre, que comunmente era guardada por todas ellas, es á saber, ser contentas de ser solamente casadas una vez, é non querer ninguna dellas conocer segundo marido, por lo qual, según dice Valerio en el dicho libro de los establecimientos, ellas eran honrradas por corona de castidad, assí como Dueñas muy templadas; é pues, según la ley natural, las nobles Romanas, usando de tanta castidad, é honestidad, guardaban tan complidamente á sus maridos la feé que les deuían, non solamente en vida dellos, mas aun después de su muerte, con razón lo deben guardar las Cathólicas Christianas por la ley Diuinal, en que viuimos.

Otrosí nos pareció que aquí deuía ser fecha especial mención de la gran franqueza de las nobles Romanas, las quales, según Valerio cuenta en el su libro quinto de la Piedad que los Romanos ovieron á su tierra propia, parece que estando la Ciudad de Roma puesta en necessidad de dinero por las Guerras, tanto, que á la cosa pública fallecía lo que auían de complir de cada día para el seruicio de sus Dioses; las nobles Romanas, usando de la muy loable virtud de franqueza, considerando la grande, é extrema necesidad, en que la Ciudad de Roma entonces era venida, non embargante que comunmente las mujeres acostumbran mucho guardar lo que tienen; pero ellas, usando de razón, é menospreciada toda avaricia, con alegre voluntad ofrecieron, é dieron todo el oro, é plata, que tenían para socorro de la dicha Ciudad de Roma, porque los Romanos pudiessen continuar la Guerra contra sus enemigos, é aver vitoria dellos; é assí mucho son de loar, pues en tal tiempo, é con tan buena voluntad socorrieron su Ciudad. ¡O Dueñas Romanas! pues que fuistis tan nobles, é tan virtuosas en toda generación de virtud, según que vuestros magníficos fechos dan de vos testimonio verdadero, é parece por la primera parte deste Segundo libro, que de vosotras fabla, con gran razón vos pueden ser aplicadas, non solamente las virtudes de Prudencia, de Justicia, fortaleza, é templanza, mas aun, si licencia oviéssemos, se podría decir que, según vuestras grandes virtudes, non fuistis del todo ajenas de las otras mayores virtudes, de las quales en caso que non oviéssedes complido conocimiento, pero razonablemente se puede entender, pues obrastes tan virtuosas cosas, que algún acatamiento auíades á aquél que todas las cosas gouierna por marauilloso regimiento, en el qual viuimos, é por él nos movemos, é en él estamos; é si alguna esperanza non oviéssedes auido de cosa muy alta, é de gran remuneración, non auríades sofrido por la virtud tan grandes trabajos; é si algún amor non oviéssedes auido al señor de las Virtudes, que es Nuestro señor Dios, non es de presumir que tan virtuosamente oviéssedes perseuerado, é continuado tan grandes fechos con tanta paciencia, é continencia;

las quales cosas el Gran Profeta Rey, nin el Sabio Salomón, nin otros muchos prudentes varones parece por sus Historias que ellos non podieron guardar; por lo qual razonable, é verdaderamente se puede decir, é concluir que á vosotras non fueron cerradas las puertas de las virtudes más que á los hombres; é por esto con gran razón los Santos Doctores de la Iglesia de Dios, loando vuestras generosas virtudes, é poniéndoos por espejo de virtud, vos pusieron en los sus libros, non sólo en uno con las Cathólicas, é Santas mujeres, mas aun á bueltas de los santos assí del Viejo, como del Nueuo Testamento.

CAPÍTULO XXXIII.

DE SULPICIA, FIJA DE SERVIO PATROCULO.

Pues que suso auemos fecho mención de la noble Romana Lucrecia, la qual, usando de la fortaleza de corazón, queriendo dar testimonio de su gran castidad, se mató, queremos aquí facer fin deste tratado de las muy nobles Romanas en aquella virtuosa, noble, é casta Dueña Sulpicia, fija de Servio Patroculo, é mujer de Quinto Fluvio Flacio, los quales todos eran de los nobles de Roma, porque esta Sulpicia eso mismo es digna de loable memoria, según que adelante se fará mención; ca según dicen algunos Doctores, especialmente Juan Bocaccio en el su libro de las nobles, é claras Mujeres, el qual fué por él embiado á la muy noble Condesa de Altavilla: esta generosa Sulpicia, que viuiendo marauillosamente, fué fallada ella sobrepujar en la virtud de la castidad á todas las otras Dueñas Romanas de su tiempo; é desta Dueña fabla Valerio en el octauo libro, donde trata de las cosas grandes, que acaecieron en Roma, é la Historia es ésta: Parece que en un tiempo la gente de los Romanos era muy entremetida en fechos de lujuria; por lo qual los que gobernaban el Pueblo Romano, queriendo proveer con remedio cosa tan peligrosa, seyendo enseñado por los libros de la sabia Sibila, que los Romanos tenían en gran autoridad, ovieron su acuerdo de edificar un templo en Roma, llamado de la Castidad, el qual fuese fecho á honor de la Diosa de Amor; é assí que mediante aquel templo, é los sacrificios, que se ficiessen, los corazones, é voluntades assí de las Dueñas, como de las Vírgines Romanas, non solamente fuessen conuertidas, é tornadas de aquel mal camino, que llevaban, mas aun porque tornasen á entender en la loable virtud de castidad, é porque aquel templo era principalmente para la guarda de la castidad de las mujeres, é á donde ellas debían convenir á orar, fué establecido por los diez varones, que por el Pueblo Romano para esto eran escogidos, que la guarda, é administración deste templo fuesse dada á la Dueña más casta, que en toda la Ciudad de Roma fuesse fallada, á la qual fuesse entregada la imagen de aquella Diosa, para que ella la consagrasse, é guardasse en aquel templo; é para facer esta elección fueron apuntadas todas las nobles mujeres del Pueblo de Roma, las quales, por mandado de todo el Senado de Roma, escogieron de entre sí ciento de cada linaje, aquéllas que les parecieron ser más castas, é destas eligieron tan solamente diez, por ser aquéllas las más apuradas en castidad; é como el Senado mandasse que destas diez fuesse escogida la más casta, por esto todas en concordia eligieron, é nombraron por la más casta de todas las mujeres de Roma á la dicha Dueña Sulpicia; por lo qual todo el Senado la dió la administración del dicho templo, é la guarda de aquella imagen de la Diosa de Amor, á cuyo honor aquel templo era edificado. ¡O mujer digna de grandes loanzas! quál Imperio, quáles riquezas, quál fermosura, quál generosidad te pudieran facer tan noble, é que la tu memoria durase para siempre, como mereciste ser fecha, é loada por la tu gran castidad, seyendo escogida en tan gran número de tantas Emperatrices, tantas Reynas, tantas Señoras, tantas nobles, é otras muchas mujeres, que en Roma eran, la qual entonces señoreaba todo el Mundo; é de consentimiento, é elección de todas éstas, é assimesmo del Senado, é Pueblo Romano fuiste escogida sobre todas por la más virtuosa, é casta que otra alguna de todas ellas! por lo qual con razón dice Valerio en el dicho libro, é capítulo, que con gran merecimiento deviste ser ayuntada á las loanzas de los grandes Varones Romanos, de que él face mención en el dicho Capítulo, do fabla de los fechos grandes que acaecieron á los Romanos, é en especial nombra á Cipión Nasica, que los Romanos auían por muy virtuoso, lo qual parece, por tanto, que como los Romanos oviesen de costumbre de trabajar mucho por traer á Roma en gran reverencia las Imágines de los Dioses, que las Gentes de otras partes tenían, entendiendo que teniendo en Roma todos aquellos Dioses, é adorándolos, sojuzgarían á todo el Mundo; siguiendo aquesto, ellos fueron amonestados por aquel Apolo, que entre ellos era auido por Dios, que ficiessen traer á Roma, con grandes honores, la ymagen de Cibela, que ellos auían por Diosa, la qual, según sus errores, era por ella llamada Madre de los Dioses; é queriendo los Romanos traer la dicha Imagen de un logar de Grecia, llamado Pesimunte, dice Valerio que aquel Dios Apolo mandó á los del Senado que non consintiessen que otra persona alguna trajesse esta imagen, saluo solamente el dicho Cipión, aunque entonces era manceuo, é non tenía Dignidad, nin oficio público, pero era hombre auido por santo entre los Romanos; é dice Valerio que esto fizo aquel Dios Apolo, queriendo mostrar que tan gran ministerio más pertenecía de ser fecho por mano de aquel hombre, non embargante que non tobiesse Dignidades, que non por otro que las toviesse, é non fuesse tan virtuoso como él, por dar á entender que Dios más acata á la virtud de la persona, que non á la Dignidad, que tiene; é assimesmo nombra Valerio otros varones Romanos virtuosos, que ficieron grandes fechos, es á saber, Hércoles, é Rómulo, con la memoria de los quales concluye, que es de ayuntar la dicha Sulpicia por ser tan casta, é aprouada por todos, é sobrepujar en esta virtud á todas las otras mujeres Romanas; é si alguno quisiese decir que Valerio non ficiera bien en ayuntar en loanza esta Dueña Sulpicia al dicho Cipión, el qual, por sentencia del Dios Apolo, fué escogido para aquel ministerio, é que mayor cosa es ser escogido por Dios, que non ser escogida esta Dueña Sulpicia por los hombres; porque lo que Dios face es sin error, é los fechos de los hombres muchas veces son errados; puédese responder, que Valerio se movió con gran razón, á poner esta virtuosa Dueña en igualanza de los virtuosos varones, porque asaz se puede decir que fué escogida por voluntad de Dios por más casta que las otras, pues todo el pueblo á una concordia la escogieron por tal; é con esto concuerda bien lo que se escribe por los santos Padres en los Derechos Canónicos: que por el Spíritu Santo es elegida la persona, quando aquéllos, que han de facer la elección para qualquier oficio, todos concuerdan en aquella persona, é ninguno non contradice; como las voluntades de los hombres sean departidas, é por la mayor parte non concuerdan en uno, saluo quando á Dios place que todos sean en una concordia; é assí quando son todos de un acuerdo es de entender que aquello viene de Dios, é non de los hombres; é como quier que en este logar, é en otras partes deste libro nos loamos las virtudes de las notables mujeres del Pueblo de los Gentiles, por esso non es nuestra intención de aprobar sus ídolos, nin las otras cosas, que ellos facían contrarias á nuestra santa Feé; ca todo aquello es reprobado, mas facemos dello recontamiento, queriendo mostrar que non solamente en la ley Escrita, é en la ley de Gracia, mas aun en la ley

Natural, so la qual era el Pueblo Gentil, siempre ovo mujeres muy virtuosas, é se ovo con ellas complidamente Nuestro Señor Dios, mediante todo beneficio de Natura; é pues las mujeres del Pueblo Gentil, que non auían conocimiento de la feé, trauajaban por las virtudes, é especialmente por la castidad, de aquí deben tomar dotrina las Dueñas Christianas, que viuen so la Feé de Nuestro señor Jesuchristo; é si las Romanas entendían, que la Diosa de Amor las auía de ayudar á guardar su castidad, mucho más deben entender las fieles Christianas, que ellas, dándose á virtud de castidad, é á las otras virtudes, ellas serán ayudadas á guardar su castidad por Nuestro señor Jesuchristo, que es Dios de todo amor, é charidad, é perfección, é Padre de toda consolación mediante las rogarías de la Virgen sin mancilla, Reyna de los Cielos Nuestra Señora, é abogada santa María, pues que él siempre acostumbra dar á sus fieles buenas, é virtuosas cosas; é tornando al propósito, digo que la dicha Sulpicia muy casta es de ensalzar por grandes loanzas, pues fué tan especial, que sobrepujó en la dicha virtud de castidad á todas las Mujeres de su tiempo, é los autores por sus grandes merecimientos acordaron de la igualar, é poner en compañía de tan grandes varones Romanos, que eran avidos por más virtuosos, que todos los otros; é assí merece que la su gloria dure para siempre; pero como escribe el dicho Juan Bocaccio, alguno podría decir que Valerio, é los otros Autores afirman, que para este ministerio, para que fué escogida esta noble Sulpicia, fueron eso mesmo escogidas cien mujeres castas, por quál razon esta Sulpicia fué auida por más casta que las otras; ca pues todas eran castas, qualquier dellas era suficiente para este ministerio; á lo qual responde el dicho Juan Bocaccio, diciendo que es verdad que todas ellas eran castas, quanto tañía á guardar la feé, que debían á sus maridos; pero que esta noble Sulpicia non sólo guardaba á su marido en esto susodicho, según las otras, mas aun allende desto guardaba su gran castidad assí cerca del acatamiento de sus ojos, non mirando los Cavalleros, nin otros de que algún escándalo se pudiesse seguir; mas teniendo sus ojos inclinados al suelo, é esso mismo fablando non sólo cosas honestas, mas muy pocas, é con gran tiento, é fuyendo el ocio, es á saber, estar de valde non trabajando, porque el tal ocio es enemigo de la Castidad; é otrosí dándose continuamente á trabajos honestos de cosas en que Dueñas deben trabajar dentro de su casa; é fuyendo de combites, é las delectaciones de los verjeles, porque donde non ay bino, nin manjares deleytosos, la lujuria fuye; assimesmo, dejándose de cantares, é danzas, é de cadahalsos, é de mirar á otros juegos, porque estas cosas son los dardos, que la lujuria suele de sí lanzar para engañar las mujeres; é arredrando de sí los olores demasiados, é desechando los afeytes superflos; é finalmente, amando con muy grande amor solamente á su marido, porque ésta es la entera castidad, é non amando á otros algunos, saluo por amor de caridad, que naturalmente debe auer una persona á otra; deseando que le venga bien; é dice el dicho Juan Bocaccio, que por quanto todas estas cosas, é otras muchas tocantes á la entera castidad fueron falladas muy complidamente en la dicha noble Sulpicia, las quales non concurrían todas en alguna de las otras cien Romanas, antes fallecían algunas dellas, é por esta razón fué dada la Corona de la castidad por todas á una voz á la noble Sulpicia, é ella fué antepuesta á todas las otras; la qual cosa quanto sea de señalada virtud á todos, se puede bien entender, é como quier que leemos de Moysén, fiel sieruo, é Profeta de Dios, é Duque del Pueblo de Isrrael, é assimesmo del Rey Profeta Dauid, que ovieron complidamente la virtud de la mansedumbre, é del Patriarcha Jacob, que fué muy casto, é assimesmo de Job, que fué muy paciente, é assí de otros santos, é santas del Viejo é Nueuo Testamento; pero fablando sin perjuicio de la gran santidad dellos, bien podemos decir que esta noble Sulpicia fué muy señalada en esta virtud de la castidad, según que el Apóstol dice que debe ser la honesta, é cathólica Dueña, en la su epístola á Tito, discípulo suyo; é assí parece que se concluye que libre é egual entrada es á toda virtud assí á los hombres, como á las mujeres, é non es de marauillar que Nuestro señor por su infinita bondad se oviesse largamente en las virtudes con el pueblo de los Gentiles, é mayormente con los nobles Romanos, pues que en la Sacra escritura, según parece en muchos logares della, Nuestro Señor Dios se llama Dios de los Gentiles; é otrosí, pues que según dice San Gregorio en los sus Morales, el bienaventurado Job, aunque era Gentil, fué gran Profeta, é Santo, é el su libro es reciuido por la Iglesia de Dios entre las otras santas escrituras, é assimesmo, porque la Ciudad de Roma era cabeza, é señora de todo el Mundo, la qual, desque ovo conocimiento de nuestra santa feé, siempre la honrró, é guardó; por lo qual la Iglesia della es cabeza de todas las del Mundo, de la qual es Obispo el Apostólico Vicario de Nuestro Señor; é assí non era sin razón, que, aun estando en la Gentilidad, fuessen muy virtuosos, según que lo fueron los Romanos, é de quien decendieron los bienaventurados San Gregorio, San Ambrosio, é las once mil Vírgines, que en un día recivieron muerte por nuestra santa Feé, é otros muchos santos, según se fará mención en la postrimera parte deste libro; é como quier que en el Pueblo Romano aya avido otras muchas mujeres, yo fago aquí fin de la Historia dellas, por non facer luengo processo; é quiero comenzar á escribir de las virtudes de algunas nobles mujeres del Pueblo de los Gentiles, que non eran Romanas, en las quales se acauará este segundo libro, que comienza de las loanzas de las mujeres Romanas, é acaua en las otras mujeres de los Gentiles, que non eran Romanas; é en el tercero libro fablaremos, é daremos fin de las loanzas de las Santas, que fueron so la ley de Gracia; porque parezca claramente que en todos tres tiempos, es á saber, assí en la ley de Natura, como en la ley de Escritura, como esso mesmo en la ley de Gracia, Nuestro señor Dios siempre se ovo largamente con las mujeres, dotándolas de muy altas, é excelentes virtudes, según que á los hombres.

CAPÍTULO XXXIV.

MINERVA.

Después que escribimos de las virtuosas Romanas, á las quales nos pudiéramos añadir á Marcia, fija de Catón, é á Paulina, fija de Séneca; mas la orden antepuesta demanda que tratemos de las otras virtuosas Gentiles, que son ennoblecidas de grandes loores, é primero diremos de Minerba, la generación de la qual non se saue dónde venga, según dice Eusebio en el libro de los tiempos; ca regnante Foroneo á la gente Arginos, apareció cerca de una laguna de Africa, llamada Tritonia, donde en los versos de los Poetas Minerua fué llamada Tritonia, non sabiendo los moradores de aquella tierra de quáles partes viniesse, la qual fué tan clara, é viua de ingenio, que ella fué la primera que falló cómo se debía filar la lana, é tejer, é otras obras artificiales, por lo qual cerca de los antiguos fué auida por Diosa, á la qual ficieron templos; é por quanto todas sus obras procedieron de viuo juicio, é de gran sabiduría, dijeron los antiguos en sus fablas, que era nacida del cerebro de Júpiter, que ellos llamaban Dios, é assí lo escribe dellas el Poeta Lucano. ¡O noble Virgen! la qual dignamente fué creyda traer nacimiento celestial, por quanto tanta fué la nobleza de su juicio, é la vivez de su naturaleza, que escribieron grandes hombres aquesta auer fallado los cuentos, é las feguras; ca de primero los antiguos solamente usaban señales de cuentos, é non de arte de cuenta; é assí por su alto ingenio, con razón debe ser fecha mención especial della, pues sacó, é falló lo que muchos varones non pudieron fallar.

CAPÍTULO XXXV.

DE LA REYNA DIDO.

Después de auer escrito de Minerva, pláceme escribir de la Reyna Dido, que fué gran honrra de la castidad de las señoras fijas del Rey Belo, la qual, como fuera noble, é de gran fermosura, muerto su padre Sicheo, dicen que fué casada con un sacerdote del Dios Hércoles, el qual fué muerto por avaricia de Pratualión [1], hermano de Dido: aquesta, después que el Hermano la dijo muchas palabras non verdaderas, fué desengañada de su marido en sueños; é como oviesse muchos en aquella tierra, que quisiessen mal á Pratualión, trayalos á su propósito con fermosas razones, dende con fuerte corazón tomó consigo un tesoro, é fuyó; é como viniesse assí ribera de Africa, ella compró de los moradores de allí tanta tierra, quanta pudiesse ocupar el cuero del espinazo de un toro, el qual ella partió en muchos pedazos, los quales ocuparon gran espacio de tierra, é mostró sus tesoros á los que con ella venían, é atrájolos á que edificassen una ciudad, la qual ella llamó después

[1] Pygmalión.

Cartagena; é como el Rey de una gente llamada los Muritanos, según escribe Justino, Emperador, la demandasse por mujer, diciendo, que si non se la daban, que los faría guerra; é como otros dicen, otro Rey de los Gentiles la demandaba por mujer: desto ella fué muy triste, aunque primero se oviesse ofrecido á todo peligro por la salud de la tierra, por tanto demandó espacio para ir á su marido, la qual se puso en la más alta torre de la Ciudad, é puso gran fuego, diciendo que quería facer sacrificio por el ánima de su marido, é subió encima del fuego, é mirando los Ciudadanos qué faría, sacó un cuchillo, que auía subido consigo secretamente, é dijo: O buenos ciudadanos, á mi marido vo assí como querés; é como aquesto dijo, matóse con el cuchillo. ¡O voz muy magnífica digna de muy casta mujer! en la qual mostró que era antes de escoger de la muerte, que corromper la castidad, la qual non ay cosa, que más convenga á guardar la honor de la honestidad; assí que aquesta cosa, que trae miedo á todos, que es la muerte, aquélla abrazó con corazón fuerte, la qual dió ejemplo de gran memoria; por lo qual si aquestas dos nobles virtudes que en aquesta resplandecieron, conviene á saber, castidad, é fortaleza, quisieres acatar en tu corazón, é entendimiento, podrás considerar si aquesta será tan pujante fortaleza de corazón, como Catón, que se mató por la liuertad de Roma, ó tan casta como Favio Máximo Serviliano.

CAPÍTULO XXXVI.

DE CERES, FIJA DE SATURNO.

Como yo en mí pensasse fasta dónde se extendería mi fablar, ocorrióme la antigua Ceres, fija de Saturno, é mujer de Sicanio, Rey de Sicilia: según escribe Teodorico, fué de tan claro ingenio, que como viesse que andaban los hombres por las Insolas á manera de bestias, los quales se mantenían de manjares bestiales, é que cerca dellos non auía razón de cosa, que perteneciesse á la honrra de Dios, nin al tratar virtuoso de los hombres, pensó cómo se podía labrar la tierra, é falló por su discreción los instrumentos, con que se podía labrar, é ésta fué la primera que pintó los bueyes para arar, é mostró sembrar en los surcos, que el arado facía; é dende los hombres, movidos con la buena razón de aquesto, escomenzaron á partir los Campos entre sí, é juntarse á vivir en uno á manera de hombres; por tanto, escribe Virgilio en sus Bucólicas: Ceres fué la primera, que puso surco á la tierra con el arado; ésta fué la primera, que dió las mieses, é los manjares blandos, é fué la primera, que dió las leyes: todo aquesto fué donado de Ceres. ¡O Reyna muy clara! ca puesto que fué de ingenio marauilloso, porque fué la primera, que mostró á los de Sicilia labrar la tierra, mas non ay ninguno, que dude que fuesse más marauilloso su saber, é fablar en juntar los hombres, que andaban derramados por los campos, é metidos en las cuebas, para que ficiessen vida provechosa, é dejassen la manera del viuir de las bestias.

CAPÍTULO XXXVII.

DIANA, FIJA DE JÚPITER.

Después de la antigua Ceres, Reyna de Sicilia, quiero fablar de Diana, fija de Júpiter, é de Latona: aquesta, seyendo Doncella muy fermosa, tanto tovo el corazón apartado de luxuria, é destempranza, que los antiguos escribieron della auer siempre resplandecido en perpetua virginidad; aquesta se apartó de la compañía de los hombres, é facía su vida en el campo, é dábase á andar á caza; por lo qual los antiguos la pintaron con arco, é carcaje, é la llamaron Diosa de los montes; ¿qué cosa puede ser más excelente que guardar en la vida tan maravillosa tempranza, porque con esta guarda virginal alcanzásse la vida de los Dioses? Mas la virginidad guardada de toda corrupción há vitoria en la carne, é aviendo vitoria sobrepuja á la naturaleza humana; é así nos face eguales á los Dioses inmortales, que quiere decir á los Angeles. De aquí adelante quiero escribir de Minerua; pero non de aquélla, que há por sobrenombre Tertonia (1).

CAPÍTULO XXXVIII.

MINERVA, FIJA DEL SEGUNDO JÚPITER.

Minerva non fué menos clara de ingenio, que de gran corazón, la qual fué fija del segundo Júpiter;

(1) Tritonia.

é dicen que ella fué falladora de las Batallas, según escribe Cicero en el tercero libro de la natura de los Dioses; por tanto, algunos la llamaron Belona, que quiere decir Batalladora, hermana del Dios Marte, que es llamado por los Gentiles Dios de las Batallas; é según dice Estacio, la Sangrienta Belona rige las Armas, é con larga mano esgrime la lanza; donde dice que es armada de nobles armas, é tiene los ojos espantables, é una larga lanza en la mano, é un escudo de Cristal; aquesto fingieron los antiguos, ó por demostrar que aquesta avía seydo la primera que falló el batallar, é por declarar las propiedades que convienen al discreto hombre; é si nos marauillamos de los claros ingenios de los hombre sabios, por quanto fueron falladores de las nobles cosas; assí como Esculapio, el qual adoran los de Arcadia, que fué el primero que falló el espejo, fué assimesmo el primero, que mostró atar las llagas; é por ende non es sin razón que nos marauillemos del ingenio de aquesta mujer, é que la loemos, é honrremos su memoria? la qual falló arte tan ingeniosa, en el seno de la qual consiste el defendimiento, é la ejecución de la justicia; é si debidamente se face, non solamente reposará por ella el estado pacífico de la paz, mas reposará la casa del Imperio: sola por aquesta el Pueblo Romano no sojuzgó todo el Mundo; ca ¿qué valiera la poquedad de gente de los Romanos contra la muchedumbre de los Franceses? ¿qué podiera usar la pequeñez de cuerpo de los Romanos contra la altura de los Alemanes? é cierto es que los Españoles pujaran á los Romanos, non sólo en número, mas en fuerzas; otrosí nunca fueron iguales los Romanos á los engaños, é riquezas de los Africanos; non duda ninguno que los Romanos pudieran ser vencidos por las artes, é discreción de los Griegos; mas contra todo lo dicho aprouechó á los Romanos la sabiduría de la Cavallería, en la qual fueron más pujantes que todas las Gentes; ca su pensar principal fué siempre usar las Armas, escoger el Cavallero entendido; por lo qual los que escrivieron, dijeron que los Romanos siempre acostumbraron poner las manos en la Batalla con vitorioso corazón; mas porque tornemos á lo que dejamos, decimos, que dignamente ficieron los Grandes Maestros, que con todo estudio travajaron, poniendo á aquesta Señora en cuento de las Diosas, pues fué falladora de tan alta sabiduría, é tan provechosa.

CAPÍTULO XXXIX.

NICOSTRATA, FIJA DE JONIO.

Pensando tratar de las otras virtuosas mujeres, ofrécesenos escriuir de Nicostrata, fija de Jonio, Rey de los de Arcadia, la qual, como fuesse muy sabia en la letra Griega, tanto fué viua de juicio, que ovo de alcanzar á ser adivina; é tanto fué sabia famosa, que á muchos, que la preguntaban las cosas de por venir, les respondía en Cantares; é por esto, mudado el nombre, la llamaron Carmenta, que quiere decir Cantadora; é como aquesta viniese en Italia con Evandro su fijo, aportó al puerto de Tribi, é moró en el monte Palatino, donde falló muchos hombres bestiales, á los quales mostró nuebas figuras de letras, é cómo se debían juntar, é pronunciar, las quales letras fueron Diez y seis, é duran fasta oy con las otras, que fueron añadidas; de la qual cosa aquellos hombres fueron maravillados, é creyeron que aquélla más era Diosa, que non mujer, é aun en vida la honrraron de honores diuinales, de lo qual face testimonio San Isidoro en las sus Ethymologías. Después de la muerte de aquesta, ficieron un templo á su nombre, para perpetuidad de su memoria, al fin del monte Capitulino, el qual Roma quiso que siempre durasse, é la puerta de la ciudad, que los Ciudadanos ficieron, la llamaron Carmental; por lo qual se cree que por largos tiempos honrraron los antiguos á aquesta: ciertamente grande es la gloria de aquesta mujer, pues leemos que por sus méritos fué contada en número de los Dioses de los Gentiles; pues conviene dejar aquesta, porque escribamos alguna cosa brevemente de Casandra.

CAPÍTULO XL.

CASANDRA, FIJA DE PRIAMO.

Casandra, fermosa virgen, fué fija del Rey Priamo, é de la Reyna Ecuba, la qual fué muy viua de ingenio, é tanto trauajó en saber adiuinar, que los Poetas dijeron en sus fablas, que era muy amada de Apolo, que ellos llamaban Dios de las adivinanzas; é por quanto non fué creyda en lo que dijo á los de Troya, es á saber de la destruición, que les avía de venir por el robo de Elena, los antiguos fingieron que ella avía burlado al Dios Apolo; é porque non le pudiera quitar el don, que le avía otorgado, que la maldijera, que ninguno diesse feé á lo que dijesse: diríamos aquesta virgen, nacida de sangre tan clara, dotada de tan vivo juicio, aya seydo bienaventurada si non viniera en tanta desaventura, que después de la destruyción de Troya cupiera en parte del robo al Rey Agamenón. ¡O singular dotrina de la miseria humana! que demuestra que ninguno en aquesta vida non se debe decir bienaventurado, porque fasta la muerte, él puede venir en grandes trauajos; é por esto la Iglesia de Dios non celebra las fiestas á los Santos del día que nacieron, mas del día que murieron, porque después de la muerte ninguno non puede pecar; mas en tanto, que dura la vida, muchas cosas pueden acaecer.

CAPÍTULO XLI.

ARTEMISA, REYNA.

Artemisa, Reyna de la gente Caria, puesto que fué excelente en ser de gran corazón, más fué ejemplo muy precioso de santo amor, é de enteramente guardar su viudad, la qual tanto amó á su marido Mausolo después de su muerte, que non abastaría á lo decir; ca como le ficiesse las exequias con mucha honor, pensó de le facer, según la antigua costumbre, un maravilloso monumento, que fuesse conforme á su amor; aquesta non se contentó de un maestro, nin de maestro, que fuesse poco entendido; ca fizo venir para edificar el monumento á Escopa, é Briaje, é Timoteo, é Leocaro, los quales eran en su tiempo los más famosos maestros, que vivían, é mandóles que, según su gran juicio, ficiesen un sepulcro de mármores, porque la memoria de su amado marido non se perdiesse en algún tiempo; el qual sepulcro fué una de las cosas más maravillosas, que ovo en el Mundo; assimesmo mandó llamar Carpinteros muy famosos, é cerca de Alicarnazo, ciudad del Reyno de Caria, por mandado de la Reyna ficieron una figura quadrada, é el bulto, que miraba á la parte de Mediodía, era de 63 pies, é todos los otros más pequeños, é en alto tenía 140 pies, é estaba cercado de todas partes de 36 colunas de Mármol; é el que miraba á la parte Setentrional figurólo Escopa; é el que miraba á la parte de Mediodía lo figuró Briaxe; é el que miraba á la parte Occidental lo figuró Leocaro; é el que miraba á la parte de Oriente lo figuró Timoteo; los quales gastaron todo su juicio en acabar las imágines, é componer las Historias, codiciando cada uno dellos pujar en su obra al otro, que parecía á los que miraban, que de Mármol hauían fecho bultos de hombres viuos, é non plogo á los Dioses que Artemisa viesse en su vida acauada tan maravillosa obra; mas por la temprana muerte suya non quisieron los maestros cesar de obrar, antes creyendo cada uno de alcanzar por aquella obra fama de su ingenio, pusieron fin á la obra; é assí de aquí tomen ejemplo las Dueñas con quánta diligencia deuen façer las exequias de sus maridos después de la muerte dellos, mostrando el grande amor, que en sus vidas les ovieron. ¡O muy clara fembra digna de ser loada! la cual non sólo resplandeció en el gran amor de su marido, mas en gran corazón, é ciencia de Cauallería, de la quál se lee que muchas veces, dejado el áuito de duelo, que tenía por su marido, se armaba por librar su tierra de peligro, é por guardar la feé de la amistansa; ca como oviessen desplacer los de Rodas, que ella poseyesse el Reyno, pensaron de la venir combatir con gran flota, é echarse sobre la ciudad Alicarnazo, que es cerca de la mar, logar de sí mesmo fuerte; ca tiene dos puertos, el uno menor, que entra por un angosto espacio á la ciudad, é está ascondido por tal manera, que se pueden poner los que quisieren, é que ninguno los vea; é está otro puerto cerca de las torres de la Ciudad, donde entra un gran brazo de mar, en el qual, como supiesse Artemisa que los de Rodas hauían de venir, mandó á los suyos que se armassen, é escogió de los marineros aquéllos que entendió que eran pertenecientes para facer una gran fazaña, é mandó á los ciudadanos, que, como viessen venir á los de Rodas, que les ficiessen señal desde los muros, é les pusiessen esperanza que tomarían la Ciudad, si pudiessen, é con aquesta esperanza los lleuassen fasta en medio de la Ciudad; después que aquesto ovo ordenado, fizo que pasasse el mar del puerto menor al puerto mayor, non sabiéndolo ninguno de los de Rodas; é como los viesse venir, é los llamassen los ciudadanos, para que viniessen á tomar la Ciudad, ellos dejaron las naos, assí como si ubieran avido vitoria, é sin pereza aquejábanse de entrar á la plaza de la ciudad; é assí ella ocupó la flota de los de Rodas, que auía quedado vacía de marineros; dende fecho clamor contra los de Rodas, los ciudadanos vinieron contra ellos, é como non toviessen logar de foir, fueron todos muertos; é assí la Reyna, tomada la flota de los de Rodas, se fué para Rodas, é mirando los de Rodas desde las atalayas cómo la flota venía cubierta de laureles, creyendo que los suyos iban con vitoria, abrieron el puerto, é las puertas de la ciudad, é reciuieron al enemigo en lugar del Ciudadano, é assí Artemisa se apoderó de la ciudad de aquéllos, é fizo facer en mitad de la Ciudad dos estatuas: una, que tubiesse figura de vencedora; otra, que toviesse figura de cómo aquella ciudad avía seydo vencida, en las quales fizo cauar letras, en que se contenía cómo aquel fecho auía pasado, é dende volvióse en su Reyno; después, como viniesse Xerxes, poderoso Rey de los Persas, contra los de Lacedemonia con grandes compañas de gentes por tierra, é por mar, non solamente para sojuzgar á Grecia, mas para destroirla del todo, Artemisa armó su flota contra Xerxes; é como fuessen vencidos los de Xerxes, que venían por tierra, como se juntasse la flota Real é la de los Athenas á combatirse, en la qual, como era Duque Temístocles, y creyéndose ya ser seguro Xerxes, sobrevino la Reyna con sus Caualleros, é trauó cruel guerra con él en tanto que pareciesse á Xerxes que ella auía mudado su naturaleza; é ciertamente si Xerxes fuera de tan gran corazón como aquesta, non fuyera tan aína su flota como fuyó; algunos quieren que aquesta non la llamaron Artemisa, mas Artemidora, é éstos han prueba de la diversidad de los tiempos; mas qualquier que ella fuesse, bien parece que fué fembra digna de loor, tanto que yo non dudo poco si ella fuesse digna de tanta gloria como Dulio (1), el qual, después que fué fecho Cónsul, peleó contra la flota de los Africanos, é fué el primero, que ovo vitoria dellos en la batalla del mar.

CAPÍTULO XLII.

IFISICRATEA, MUJER DE MITRÍDATO.

Después de Artemisa, conviene contar los dignos loores de Ifisicratea, la qual, puesto que non se sepa cuya fija aya seydo, mas cierto es que fué mujer del Rey Mitrídato, é tanto amó al marido, que deseó su graciosa fermosura mudarla en áuito de hombre; ca cortó sus cauellos, que parecían de oro, é dejó las vestiduras Reales de mujer, é tomó armas, é cauallo, porque más ligeramente pudiesse soportar los continuos trauajos de la Guerra, la qual facía Mitrídato contra los Romanos, puesto que aquél tobiesse, según la costumbre de su gente, otras muchas mujeres; é escribesse que después que él fué vencido por Gayo Pompeyo, fué ella fuyendo con su marido sin cansar el cuerpo entre muchas ásperas gentes, la feé de la qual fué gran consolación de los travaxos de Mitrídato; ca él se tenía por cierto, que con toda su casa estaba,

(1) Duilio.

pues iba con él en destierro su mujer, según cuenta Valerio en el quarto libro. ¡O claro amor de mujer, que non pudo ser desechado por trauajo áspero de la fortuna! ¿para que alargaremos más en fablar della, pues que muchas veces vió feridas, é muertes, é aun miró sin temor la su sangre, que era derramada en tierra, según lo qual yo non sé por quál razón más me marauille del noble espíritu de Alejandro, el qual osó requestar todo el Mundo, mas que de aquesta noble Reyna, la qual, batallando con muy osado pecho, osó atentar todas las cosas, que en la guerra suelen acaecer?

Después de Ifisicratea, ocúrreme de juntar á ésta una cosa de grandes loores de su tierra: escriben los antiguos que los Mimas, los quales ovieron nacimiento de la noble compañía de Jason, en la ínsola de Lepnos, donde por algunos tiempos estubieron echados de su tierra por los Griegos; subiéronse á los altos montes de los Tajetas, á los quales la ciudad de los Espartones reciuió benignamente por contemplación de Tindaro, que iba en aquel noble navío, el qual resplandeció egualmente con las estrellas de los hermanos; mas aquestos el singular beneficio volbieron en injuria, é quisieron ocupar el regimiento de la Ciudad que les fizo tanto bien; por lo qual los pusieron en la cárcel pública, é condenáronlos á pena de muerte; é como, según la costumbre antigua de los Lacedemonios, la noche antes que oviessen de padecer, consentían á las mujeres de linaje, que entrassen en la cárcel á fablar á sus maridos, é aquestas, avida licencia de los carceleros, entraron en la cárcel, é los maridos tomaron la bestidura de las mujeres, é como que trayan cubiertas las cavezas con el dolor, se fueron de la cárcel, según dice Valerio en el quarto libro; en lo qual estas nobles Dueñas mostraron el gran amor, que á sus maridos avían, poniéndose á muerte por ellos; á lo qual non es necessario de otra cosa añadir, puesto que se puedan decir muchas cosas. Agora fablaremos de la castidad noble de una Dueña.

CAPÍTULO XLIII.

DE LA MUJER DE SYRANTES.

Non dejaré de escribir la noble castidad de una clara señora; ca ésta, como Syrantes su marido, se matasse con un cuchillo, porque non ficiessen escarnio della los de Persia, que eran vencedores, la amistanza de los quales ella auía menospreciado por la confederación que tenía de los Egipcianos, con fuerte pecho se fizo soterrar devajo del pecho de su marido, porque non fuesse corrompida de otro después de su marido. ¡O noble fembra! la alteza de corazón de la qual non con pequeña marauilla la puedo contemplar, que quiso morir más sin corromper su castidad, que non viuir después del su marido, porque en alguna manera non pudiesse ser corrompida su castidad; non sé por quál razón yo non igualaré á aquesta en su castidad á Publio Medio, ó en fortaleza á Decio: el uno de los quales mató á un liberto suyo mucho amado, porque besó á su fija, que era ya en edad de casar; é el otro que fizo voto de meterse en medio de los enemigos por bien de la cosa pública, mostrando su gran fortaleza.

CAPÍTULO XLIV.

PANTIA, MUJER DE ABARADÓN.

Faré assimesmo memoria de Pantia, la qual, muerto Abaradón su marido, al qual mucho amaba, se asentó cerca del cuerpo de su marido, que estaba ferido de muchas llagas, é abrió su pecho, é derramó su sangre en las llagas del marido. ¡O piadoso amor de mujer, que dió de sí tal señal, que non menos amó al marido en muerte, que en vida; é non sólo non quiso viuir después de su marido, mas quiso morir por la manera que él murió.

CAPÍTULO XLV.

LA FIJA DE DARÍO.

Por quanto me agrada facer memoria de las claras señoras, pláceme de juntar á éstas la fija del Rey Darío, la qual sobrepujó en tanta castidad, é de tanto amor amó á su marido, que por una su aya le rogaba que después de muerto quisiesse casar, la mató: ¿qué otra cosa diré, sinon que aquesta, que assí mató á su aya, por la decir que casasse segunda vez, é quiso quedar en el mundo, non fué al, sinon que fué muy entera en su voluntad, é quiso guardar la memoria del marido fasta la muerte? A aqueste caso juntaré otra Dueña, llamada Lacedemonia, digna non de menor loor que la de suso escrita: aquesta tanto amó á su marido Protezelao, que como oyó su muerte, aborreció su vida, por manera que non quiso más viuir; por lo qual yo creo que Gayo Planto non se mató con más fuerte diestra por la muerte de su mujer.

CAPÍTULO XLVI.

DE LA VIRGEN FIJA DE MOCÓN, PRÍNCIPE DE LOS AREOPAGITAS.

Faré memoria de una virgen fija de Mocón, Príncipe de los Areopagitas, la qual, como oyó la muerte de su esposo Lecista, el qual auía mouido la guerra de los Lamacos, matóse con un cuchillo, diciendo que aunque su esposo non la oviesse tocado, mas que si con otro se casasse, que parecería que tomaba segundo marido, por quanto con el primero ya avía viuido siquiera por voluntad.

De la castidad de aquesta virgen, é fortaleza de corazón parece que quisieron auer embidia las fijas de Synodis, las quales, como las trajessen en casamiento treinta tiranos de Athenas, después que ovieron degollado á su padre, é las ficiessen desnudar, según costumbre de los Sacacos, é jugar en un Palacio sobre la sangre del padre con deshonestos gestos, dissimulando su dolor saliéronse dende todas, abrazadas unas con otras, por guardar sin corrupción su tesoro de virginidad.

CAPÍTULO XLVII.

DE LAS CINQUENTA VÍRGINES DE LOS DE LACEDEMONIA.

Semejante voluntad de guardar virginidad acordé de escribir, é fué assí que los de Lacedemonia, los Mesenos, eran tanto amigos, que unos á otros se embiaban sagradas Vírgines: acaeció que los Mesenos quisieron corromper 50 Vírgines de las de Lacedemonia, é por aquesto ninguna dellas non perdió su flor de virginidad; ca non consintieron ser corrompidas: antes, por guardar la virginidad, todas se dejaron morir; por lo qual duró gran tiempo la guerra entre ellos, é fué destroyda la ciudad Menestina; é si nos marauillamos que la natura pusiesse tan fuerte, é casto espíritu en el pecho de Catón, non menos nos marauillaremos auer firmado los tiernos pechos de aquestas vírgines en aquellas virtudes.

CAPÍTULO XLVIII.

DE LA VIRGEN DE ANTIOQUÍA.

Por quanto auemos escrito de suso de algunas sagradas vírgines, razonable cosa es de contar los loores de una virgen, el nombre de la qual non se nos acuerda auer leydo, aunque, según escribe San Ambrosio en el segundo libro que fizo de la virginidad, se cree auer sido natural de la ciudad de

Antioquía: aquesta, como fuesse muy hermosa, é de edad entera, é fuesse codiciosa de muchos, fué traida al burdel, é amenazada que non partiesse dende, so pena que la matassen; é como entrasse en aquel feo logar, regó sus ojos de lágrimas, é faciendo su oración, dijo: ¡O Señor, tú que diste marauillosa fortaleza á la virgen, é domas las bestias fieras, é puedes domar las fieras voluntades de los hombres! ¡tú que vees combatir el templo sagrado á tu nombre, ruégote que non consientas que me sea fecha fuerza alguna! Aún ella non auía fecho aquestas plegarias, entró un cauallero á ella, el qual, como sintiesse que ella auía temor, díjole: Non temas, ca non vengo á tí assí como fornicador, mas por salud de tu ánima soy venido: yo saldré mártir de aquí; mudemos las bestiduras, é tu vestidura fará á mí verdadero Cauallero, é la mía fará á tí verdadera virgen; toma mi manto, con el qual cubre tu cabeza, porque non seas conocida, ca acostumbran los que entran en el burdel aver vergüenza quando salen; é mudadas las vestiduras, la virgen escapó del lazo, en que estaba; é como uno entrasse á ella, pensando que fallaría virgen, fallasse el cauallero, dió voces diciendo, cómo la moza se era dende ida, por lo qual el cauallero fué condenado por la virgen; lo qual como ella oyesse, vino muy aprisa al logar donde el otro auían de matar, é con gran corazón contendía con el caballero por el martirio; é como aquél dijesse: La sentencia, que á mí condena á tí absuelbe, respondió ella: Yo non escogí fuir la muerte, mas solamente deseé guardar el tesoro de mi virginidad: si la sangre demandan, non quiero fiador; ¿qué bien tengo de que pague la sentencia dada por mí contra tí? Non condenan á tí, sinon á mí, á pena de muerte; el fiador es libre, quando el deudor tiene de qué pagar; yo non te otorgué á tí el mérito de mi martirio, mas mi vestidura, é assí, peleando uno con otro, alcanzaron vitoria. ¿Qué diré de Sócrates, ó de Teramenes, varones virtuosos, é sabios? ¿qué diré de Marco Regulo, que fué embiado á Roma para trocar los catiuos, é más quiso volberse á los enemigos, que quebrantar la feé; quando aquesta virgen contendía tan gloriosamente con el cauallero por la muerte, é deseaba el martirio con tan esforzado pecho, que ya non parecía ser martirio, mas vitoria?

Á aquestas vírgines se pueden juntar dos, de las quales non se sabe nombre: la una de aquéllas, assí como se escrive en un libro, que se llama de Paradiso, como su Señor la firiesse grauemente, porque non le quería dar su cuerpo, respondió que antes se dejaría echar en pez ferviente, que su virginidad fuesse corrompida. La otra virgen, según se lee en aquel libro, estobo encerrada en un sepulcro diez años fasta que acauase su vida por guardar su virginidad.

CAPÍTULO XLIX.

DE LA MOZA LLAMADA BURZA.

Fué una moza llamada Burza poderosa en riquezas, la qual usó de gran magnificencia contra los Romanos en aquel triste tiempo que Varro peleó con los de Cartagena (1) acerca de Canas; é tanta fué su magnificencia, que á los que quedaron de aquella triste batalla, los quales fueron diez mill, fatigados, pobres, sin armas, llagados de muchas llagas, acorrió con trigo, con vestiduras, é con viandas; por el qual beneficio, después de acauada la batalla, el Senado la fizo muchas honrras, según escribe Tito Livio en el segundo libro, donde escribe de la segunda batalla de Africa. ¡O clara largueza, la qual dignamente non se puede contar con loores algunos! ya sea que non fué de menos gloria de largueza de que Hermonio, Rey de los de Zaragoza (2) usó con los Romanos, el qual, como oyó la desaventura que los Romanos ovieron cerca de la laguna Trasimena, los embió 300 mill moyos de trigo, é 200 de Zeuada, é 200 marcos de oro.

CAPÍTULO L.

DE LA MUJER GRIEGA.

Después de tan resplandeciente largueza, es de notar la libertad de una mujer Griega, que, seyendo condenada sin merecerlo por el Rey Filipo, estando veudo, dijo apelaría para Filipo, mas estando sin bino; con estas palabras tan libremente dichas sacó la veudez dél, que estaba bostezando; é ella diligentemente acatada forzó al que estaba veudo á dar más justa sentencia, según Valerio en el su libro sexto. En verdad mucho es de loar semejante libertad de corazón, si saludablemente se contemplare, la qual muchas veces es visto alcanzar la justicia, que la inociencia ganar non puede.

CAPÍTULO LI.

DE LA VIEJA DE ZARAGOZA DE SICILIA.

De poner es después desta aquélla non solamente fuerte, mas de cortés libertad, es á saber una vieja de postrimera edad, que pidiendo con deseo todas las de Zaragoza la muerte de Dionisio Tyrano por su gran crueldad de costumbres, ella sola cada día al tiempo de los Maytines rogaba á los Dioses que guardasen á Dionisio sano, é viuo; lo qual, como él supo, marauillándose mucho de la bienquerencia á él non deuida, la mandó llamar; é ella viniendo, Dionisio la dijo: ¿Que es esto? ¿ó por quál merecimiento faces esto? Entonces ella dijo: Cierta es la razón de mi deseo; ca seyendo moza, teníamos un gran tirano; codiciaba ser sin él: el qual muerto, otro algún tanto peor ocupó la Ciudad, é tenía por mucho si se feneciesse su señorío; é agora comenzamos á tener á tí por tercero regidor, más cruel que los de antes; assí que temiendo que, si tú murieres, suceda otro peor en tu logar, ofrezco mi cabeza por tu salud. Mira agora quán seguro es de sí el libre corazón, que nin aun al acatamiento del tirano non ovo temor para que sin miedo non le mostrassen lo que traya en la voluntad; é puesto que tanta era su crueldad, que dejando de contar otras cosas, como él un día quisiesse jugar á la pelota, lo qual él estudiosamente usaba facer, é poniendo la ropa, diesse su cuchillo á un mozo, que amaba, é un su criado le dijo burlando: ¿A éste encomiendas tu vida? Porque el mozo se rió, mandó matar á ambos á dos; é aunque él era tan malo, con todo esto él ovo vergüenza de tomar pena de tan fuerte, é cortés osadía como esta mujer fizo en le decir estas cosas.

CAPÍTULO LII.

DE LA VIEJA DE JULIDE.

Queriendo escribir de la grandeza de corazón de algunas mujeres, que fuertemente sofrieron muerte ó suya, ó de aquéllos que tenían por amados, determiné de dar escritura en lo primero á aquélla muy fuerte firmeza de corazón, con que una fembra Griega de muy gran dignidad, pero de postrimera vejez, acometió á la muerte; ca ésta, auiendo dado razón á los ciudadanos, según era costumbre, porque debía partirse de la vida, determinaba matarse con ponzoña, é entendió que su muerte sería fecha más clara con la presencia de Pompeio, el qual, como en aquel tiempo viniesse á Asia, entró en la fortaleza de Julide, é ella embió á él sus mensajeros, cuyos ruegos aquel varón non sufrió de los menospreciar, é vino á ella, é la dejó ejecutar su propósito: ella, auiendo pasado de los nouenta años, estando en la cama más honrradamente aderezada que non era su cotidiana costumbre, echada sobre el codo dijo: A tí, Sexto Pompeio, los Dioses que dejo te fagan gracias más, que las que espero, porque non curaste de ser amonestador de mi vida, nin desechaste de mirar mi muerte; é ella siempre mostrando ledo gesto á la fortuna dijo: Porque sea forzada de mirar con triste deseo la luz, dejo lo que queda de mi espíritu por mi bienandante salida dos fijas, é una manada de nietos; é dende amonestándolos á concordia, repartido á los suyos su patrimonio, é su arreo, é sus santos de casa dejados á la fija mayor, tomó sin miedo el brebaje mezclado con ponzoña: entonces, embiando sacrificios á Mercurio, é llamado su nombre, para que por placible camino la lleuase á la mejor parte de la silla infernal, con codicioso trago tomó el breuaje mortal; é mostrando por su palabra por quáles partes del cuerpo le iba el rigor de la ponzoña, como dijesse que ya la ponzoña la llegaba á las entrañas, é al corazón, llamó las manos de sus fijas al postrimero oficio del cerrar de los ojos, é á los Romanos, puesto que estaban pasmados de cosa tan nueuamente vista; pero dejólos llenos de lágrimas, según Valerio, que á esta vida fué presente, da testimonio en el 2.º libro; é agora si la noble muerte desta mujer bien contemplares, é dende pusiera ante tus ojos las muertes de los muy fuertes varones, por ventura fallarás que ninguno non pasó desta vida tan constantemente; é como quier que, según nuestra santa feé, esto non sea bien fecho, nin meritorio, antes sea auido por cosa muy dañosa; pero negar non se puede, según los Gentiles, esta Dueña con gran corazón auer osado reciuir su muerte; la qual si oviera noticia de la santa Feé nuestra, es de creer que muy placiblemente se dejara morir por amor della.

CAPÍTULO LIII.

DE LAS MUJERES DE LOS INDIANOS.

Porque non entendamos ser dignos solos los varones en esta manera de loor, pienso poner tras este acatamiento de fortaleza otro, que nin encomendar á escritura non puedo, sin mucho me marauillar: cierto es que las mujeres de los Indios, como, según la costumbre de la tierra, suelen ser casadas muchas mujeres con uno, muerto el marido vienen á juicio, é contienden á quál dellas aya amado más, á fin que la que vence, alegrándose con gozo, é sus parientes llevando alegre gesto, se ponía en los fuegos de su marido, é con él era quemada; é las que eran vencidas, porque á ellas non auía acaecido tal gloria, con lloro quedaban en la vida, según da testimonio Cicerón en el libro 5.º de las Questiones Tusculanas.

CAPÍTULO LIV.

DE LA MUJER DE ASDRÚBAL.

Añadiré á lo susodicho el ejemplo de la mujer de Asdrúbal, porque la fortaleza de las mujeres más claramente parezca, la qual, tomada la ciudad de Cartago, de los Romanos, demostrando la crueldad del marido, porque non podía ganar de Cipión vida sinon para sí solo, lleuando con sus manos al fuego los fijos comunes, que non rehusaban la muerte, lanzóse en las llamas de su tierra, que ardía, según lo escribe Valerio en el libro tercero. ¡O virtud! don agradable de los Dioses, la qual es de tanta libertad, que non puede ser cautivada, é por tanto busca nuebas maneras de muerte, porque viua libremente, é de los hombres enseñanza, quánto mayor debe ser para ellos la dignidad sin vida, que la vida sin dignidad.

CAPITULO LV.

DE LAS DOS MOZAS ARMONIA, É OTRA.

Agora otrosí proseguiré marauillándome non poco del espíritu non vencible de dos mozas, como por la contienda pestilencial de los Zaragozanos todo el linaje del Rey Nerón, gastado por muertes, fuesse traydo á una sola fija virgen, llamada Armonia, é unos en pos de otros viniessen los enemigos contra ella, su ama puso á los enemigables cuchillos otra moza, semejante della, aderezada en aparato Real, la qual nin aun quando era despezada por fierro non dijo de qué condición era; marauillándose Armonia del su corazón, non quiso quedar después de tanta feé; é llamados los matadores, certificándoles quién ella era, los tornó en su muerte, según Valerio en el 2.° libro escribe; é assí á la una la mentira, que encubrió, á la otra la verdad, que fizo, fué fin de la vida. ¡O Dios muy bueno! quánto vale la verdad para sofrir, é aun para alcanzar loanza eternal.

CAPÍTULO LVI.

DE HYPO, GRIEGA.

Á este corazón non vencido quatro ejemplos de fortaleza engeriré; ca es cierto que una fembra Griega, llamada Hipo, como fuesse tomada por la flota de los enemigos, se ovo lanzado en las ondas de la mar, porque con la muerte defendiesse la castidad, cuyo cuerpo, seyendo hechado por las ondas de la mar en la riuera, la tierra, que estaba cercana al agua, lo cubre, encomendándolo á sepultura; é Grecia fizo á ésta más floreciente de cada día por la gloria de su santidad, celebrándola con Cantares de Poetas.

CAPÍTULO LVII.

DE LA MUJER DE FORGIAGONTE.

Consideremos el segundo ejemplo de fortaleza: cómo Gayo Manilio, en el monte Olimpo peleando, en parte matasse, é en parte trajiesse en seruidumbre los Galogriegos, la mujer del Rey Forgiagonte, muy fermosa, fué forzada á sofrir corrompimiento de un Cauallero, á cuya guarda era dada después que vinieron, donde por mandamiento del Cónsul el cauallero auía mandado por su mensajero, que embió á los Parientes de la mujer, traer el precio porque la auían de rescatar: él, pidiendo el oro, é teniendo el corazón en el peso dél, ella mandó por lenguaje de su gente á los Galogriegos que lo matassen; é dende lleuando en las manos cortada la caueza del muerto, vino al marido, é echándosela ante sus pies, contóle la orden de su injuria. ¡O fembra digna de todo loor! cuyo cuerpo, aunque fuesse visto venir en poder de los enemigos, pero su corazón non pudo ser vencido por luxuria.

CAPÍTULO LVIII.

DE LAS MUJERES DE LOS FLAMENCOS.

Agora cumplidero es que pasemos al tercero: las Mujeres de los flamencos rogaron á Mario, vencedor, que fuessen embiadas en Don á las Vírgines Bestales, afirmando que ellas, assí como las otras, non auían de auer parte en ayuntamiento de hombres; mas antes que esto pidiessen, el su campo cercado de carros, agramente pelearon; é esta cosa non la pudiendo ganar dellos, ellas se mataron la noche más cercana.

CAPÍTULO LIX.

DE LA DUEÑA LUCENA.

¡Marauillosa confianza de Lucena! ésta, auiendo embiado su fijo á la pelea, é oyendo que lo auían muerto, dijo: Por eso lo auían engendrado, porque oviesse quien por la tierra non dudasse caer en muerte. Testigo Cicerón en el primero libro de las Questiones Tusculanas. ¡O muy gran voz, é digna de clara mujer! que mostró la muerte, deseada por la República, non sólo ser gloriosa, mas aun ser usada de parecer gloriosa.

CAPÍTULO LX.

YPERMESTRA, FIJA DEL REY DANAO.

Nuestra razón, después de Lucena, se torna á Ypermestra, fija de Danao, Rey de los Arginos, é mujer de Lino, non menos clara por piedad, que por nobleza de linaje; la qual, como las otras hermanas, por mandado del padre, cada una á su marido con vino, é con viandas los oviessen ocupado, é en graue sueño sepultados, los matassen con fierro, sola esta Ypermestra se detovo de la muerte de su marido, é le aconsejó que fuyesse, por la qual fuyda fué libre de la muerte; é como á la mañana el cruel padre aploguiesse á las otras por la maldad cometida, á la sola Ypermestra denostada ató en cadenas; é dende el desbariado viejo ovo pasado en Grecia, é ocupado el Reyno de los Arginos, quier por maestría, ó por fuerza; é al fin uno, llamado Lino, acordándose de tanta crueldad, le sucedió en el Reyno; é á Ypermestra, sacada de la cárcel, la ayuntó assimesmo en casamiento, é fízola compañera en el Reyno; la qual, non solamente Reyna é Sacerdotisa en el Reyno relució, mas aun dejó noble su nombre por singular piedad.

CAPÍTULO LXI.

ORICHIA, FIJA DE MARPESIA, CON SU HERMANA ANTIOPE, REINA DE LAS AMAZONAS.

Es auido por autoridad de los antiguos que Orichia, fija de Marpesia, en uno con Antiope, su hermana, que después de la muerte de la madre fué Reyna de las Amazonas, é noble por perpetua virginidad, la qual tanto pudo por armas, que ennobleció el Reyno de las Amazonas de grandes honores, é tanto ensalzó su nombre por sabiduría de cauallería, que Enatio, Rey de Fila, entendió que se podía ganar por guerra aquel Reyno, é por tanto encomendó esto á Hércoles, como cosa muy grande; ciertamente non pudo á esta Reyna ser cosa más noble para la resplandeciente gloria de las Armas, que serle echado Hércoles, que todas las cosas vencía, el qual, como entrasse en el fecho, é obiesse ocupado la ribera de las Amazonas con nueue naos, ausente Orichia, ovo vitoria, é tomadas Menalipe, é Ipolita, sus hermanas, Orichia, como oyesse que Theseo auía seydo compañero en el fecho, llamadas sus ayudas, contra toda Grecia osó leuantar guerra; mas ella, desmamparada de las ayudas por desacuerdo, seyendo vencida de los de Athenas, tornóse al Reyno; é porque non me acuerdo auer leydo que más ficiesse, entiendo poner fin á las palabras, é dar mi palabra agora á

CAPÍTULO LXII.

ARGIA, GRIEGA.

Después de Orichia determinamos de pasar á Argia, Griega, la qual por los antiguos nos es demostrado, que ovo nacimiento de los antiguos Reyes de los Arginos, é que fué fija del Rey Adrastro: ésta, seyendo casada con Polinices, fijo de Edipo, Rey de Thebas, como oyesse que yacía el cuerpo de su marido sin sepultura entre los otros cuerpos muertos de los hombres vajos del pueblo, echado el resplandor real, tomó el camino para el Real, acompañándola pocos, é que non ovo pabor de las crueles manos, nin de las bestias fieras, nin de las aues, que comían los cuerpos de los muertos, nin, lo que más parece de espantar, de la ordenanza de Creón, por la qual se contenía pena de cabeza, para que á ninguno de los muertos non le fuesse fecho oficio de mortuorio, é con todo esto ella con corazón ardiente, é non vencido, á la media noche rebolbió los cuerpos de los muertos mal olientes, oras los unos, oras los otros, porque conociesse con beneficio de pequeña lumbre el marchito rostro de su amado marido, é non se dejó dello fasta que falló el cuerpo dél. ¡O marauilloso amor de mujer! á quien la cara ya por el orín del fierro, por la suciedad del poluo ya non conocible non se pudo esconder á su mujer; é nin el mandamiento de Creón apremió las piadosas voces, nin las lágrimas, nin le fué asquerosa la casa para que non le diesse besos; ca como muchas vegadas, retornados los besos, le buscasse el espíritu vital, é muchas veces tornasse á tomar con abrazos cuerpo mal oliente, diólo al fuego, el qual gastado, ella guardó el polvo dél en una caja.

CAPÍTULO LXIII.

POLICENA, FIJA DEL REY PRIAMO.

A este marauilloso amor allegaré la non vencida fortaleza del corazón de Policena, virgen, la qual, aunque los Poetas dan testimonio que fué fija de Priamo, Rey de los Troyanos, é de Ecuba; pero allende desto se dice que por tanta fermosura de su cuerpo floreció, que al cruel corazón de Achiles puso llamas de codicia; é como por engaño de su madre lo trojiesse de noche fasta en el templo del Timbreo Apolo, fué muerto de Paris de saetas: es sauido que fué traída por Pirro á la sepultura de su padre para la ofrecer á los infernales; é allí, si de creer es á los antiguos, viendo al cruel manceuo sacar la reluciente espada, llorando todos los que estaban al derredor, con tan gran corazón é non temeroso gesto ofreció la garganta, que non menos movió los corazones de todos por su confianza en marauilla, que por piedad de la mancillosa muerte en lágrimas. ¡O grandeza de corazón de ensalzar con divinales loanzas! á la qual nin la tierna edad, nin la real delicadez, é lo que más es, nin el cuchillo del muy cruel enemigo, pudo sacarla de su gesto.

CAPÍTULO LXIV.

CAMILA, FIJA DEL REY METHABO.

Muy público es, por autoridad de los nuestros Mayores, que la noble virgen Camila fué fija de Methabo, Rey de los Volscos, é de Casmilla, su mujer, la qual quando nació fué causa que su madre muriesse; é que el padre, sacando del nombre de su madre una sola letra, la llamó Camila por consolación suya, é que la fortuna le fué triste desde el día de su nacimiento; ca poco después de la muerte de su madre, el padre, echado por arrebatada contienda de sus ciudadanos, fuyó, é non lleuó otra cosa en el destierro saluo á ella, seyendo pequeña: empero era á él mucho más amada que todas las otras cosas; é como él solo fuyesse á pie, lleuando la fixa en los brazos, vino al río Maseno, que auía crecido con las aguas del día antes, é él, non pudiéndolo pasar á nado por estar empachado con la niña, falló sano consejo por obra de Dios, que curó de guardar del non buen fado la virgen que auía de ser honrrada, es á saber, que la puso sin daño so una corteza, é la ató á una lanza, que acaeció que él traya, é prometióla á Diana, si la guardasse salua; é lanzando con todas sus fuerzas la lanza con la fija, echóla en la ribera de la otra parte, á la qual, siguiendo luego, fallóla sin daño: dende se fué á los logares escondidos de las montañas, é non sin gran trauajo crió la niña con leche de bestias fieras: como viniesse en más recia edad, usaba de los despojos de las bestias fieras, lanzaba dardos con los brazos, é traya carcaje, é seguía á los venados corriendo, é vencíalos; todos los trabajos de las fembras desechó; é guardó la flor de la virginidad, é burlaba del amor de los manceuos, é despreciaba los casamientos de los nobles, que la pedían, é dióse toda al seruicio de Diana; por los quales trabajos la virgen endurecida, é seyendo tornada en el Reyno del Padre, su loable propósito con grande constancia guardó; é después, quando Eneas, después de los grandes trabajos, vino en Lacio, é tomó por mujer á Lauina, fixa del Rey Latino, é por ello, según es escrito por Virgilio, naciendo guerra entre él, é Turno, Camila, fauoreciendo á Turno, vino con gran hueste de Volscos; é como muchas veces, resplandeciendo por las armas, auía ido contra los Dardanos, é un día peleando oviesse echado muchos dardos, é siguiesse á Corebo, sacerdote de la Diosa Cibel, codiciando sus armas, ferida mortalmente so la tetilla, cayó ya como muerta, entre las esquadras de los hombres de armas. ¡O generosa virgen! non solamente de contar entre los nobles, mas aun entre los muy fuertes varones por su merecimiento.

CAPÍTULO LXV.

TARAMIS, REYNA DE LOS CITAS.

La orden de sus cosas mostrará que deue ser añadida la noble Taramis [1], Reyna de los Citas, luego á Camila, non solamente noble por armas, é

[1] Tamyris.

por casa, mas aun por virginidad; la qual Taramis, aunque por la antigüedad, ó pereza de los Escritores, non se falla de qué parientes fuesse nacida, nin con quién fuesse casada; empero fállase que sobre fieros pueblos imperó, teniendo Ciros los Reynos de Asia, el qual, con codicia del Reyno de los Citas, más por ensalzar el resplandor de su gloria, que por alargar los fines de su Imperio; ca avía oído que estos Citas eran hombres pobres, é facían vida á costumbre de bestias fieras; pero que de muy poderosos Reyes non aufan podido ser vencidos; é él, leuantando con esta codicia, se falla que trajo gran gente de armas contra Taramis: como lo oviesse sabido Taramis, aunque á toda Asia, é aun al Mundo, era temeroso por la grandeza de sus fechos, pero ella non fué espantada á se esconder, nin le demandó amistanza de paz; antes, cogidas sus fuerzas, é fecha Capitanía de guerra, aunque le podiera contrariar, dejóle pasar con toda su hueste el río Araxes, é entrar en sus términos, entendiendo que mucho mejor podría domar su saña dentro de sus términos; é desque fué certificada que era venido á lo más adentro del Reyno; á un mozo fixo suyo sólo otorgada la tercia parte de sus gentes, mandó que fuesse al encuentro á Ciro á pelear con él; é Ciro, acatado assí la calidad de los lugares, como pensadas las costumbres de las gentes, acordó de vencer antes por engaño que por armas al manceuo, que venía con la hueste; onde desamparado el Real, é con farto bino, lo qual aún no sabía aquella gente montañés qué cosa era, é viandas, é otros deleytes, mostró que fuya; en el qual Real, él entrando como vencedor, alegre porque avía fecho fuir al enemigo, llamado non á pelea, sino á las viandas, comenzó á tragar, é fenchir mucho de las viandas, é de los non conocidos beberes; por lo qual, dejada la disciplina de la Cauallería, todos en uno se dieron al sueño; é Ciro, sobreviniendo, destruiólos por miserable muerte, fallándolos sepultados en sueño, é en bino. Taramis, como oyó la muerte de los suyos, aunque mucho fué movida por la muerte del su un solo fixo, non mojó con lágrimas derramadas las mexillas, según se suele facer; antes, codiciosa de venganza, pensó que con lo que quedaba de sus gentes, por la misma arte que fué tomado su fixo, podría ser tomado el enemigo, aunque era artero; é ella, sabiendo los logares, é mostrando que fuya, trajo por luengo apartamiento de caminos al codicioso seguidor entre los secos montes, é espantables por nieue, é allí lo encerró; é veyendo menguado de todas las cosas, que auía menester, entre las espesuras de los montes, ella, tornando casi con toda la hueste, lo derriuó, é nin el mismo Ciro escapó, que por sangrienta muerte non fartasse la saña de Taramis; é ella mandó con encendido corazón se buscasse el cuerpo de Ciro entre los cuerpos de los muertos, é él fallado ser cortada la caueza, é ser metido en un cuero lleno de la sangre de los suyos; é assí, dándole sepultura como digna para Rey tan soberuio, dijo: Fártate de la sangre, de que oviste sed. ¡O muy noble fembra! non solamente digna de ensalzar por alteza de corazón con los triunfantes varones, mas por sabiduría, sin la qual poco valen las armas de fuera.

CAPÍTULO LXVI.

PENÉLOPE, FIJA DEL REY ÍCARO.

Después de Taramis apenas daría logar á Penélope, fija del Rey Icaro; saluo que la su singular continencia me constriñe á que lo faga, la qual auer seydo de fermosura guardada, é ejemplo muy santo de noble castidad, se puede asaz entender de las palabras de Ovidio en el su libro de las Epístolas, é el su corazón ser meneado por la fortuna; pero en vano, ca ésta, seyendo mozuela virgen, la casó su padre con Ulises, é parió dél á Telemanco; é seyendo Ulises como por fuerza constreñido para ir al fecho de la guerra de Troya, dejóla con Literte, ya viejo, é con Anticha, é con su pequeño fijo; é en quanto los Griegos entendían en la destruición de Troya, es sabido que sufrió viudez de diez años: empero, seyendo el Ilión quemado, los Grandes de Grecia, que allí eran, viniendo á buscar sus casas, aunque mostraron la fama, que dellos eran echados en las peñas con las tormentas, dellos en las extrañas riberas, dellos tragaba la mar, é algunos pocos dellos eran tornados en sus tierras; sólo Ulises era duda á dónde oviessen corrido sus naos; por lo qual, porque, seyendo luengo tiempo esperado, non tornó, nin pareció quien dél dijesse nueuas algunas; ca si por todos fué creído que él era muerto, por la qual creencia Anticha, su cuytada madre, por aliuiar el dolor, enforcándose quitó á sí mesma la vida; é Penélope, aunque con gran dolor, sofría la ausencia del marido; pero con mucho mayor sostubo la sospecha de su muerte, é al fin, después de muchas lágrimas, llamando en vano á Ulises, muchas veces determinó de facer vida entre el viejo Literte é el mozo Telemanco, en muy casta, é perpetua viudez; mas porque la su gran fermosura, é loables costumbres, é noble linaje auían leuantado los corazones de algunos fidalgos á la amar, é codiciar, ella fué con las requestas dellos mucho atormentada; é porque la esperanza de la vida de Ulises, ó de su tornada cada día menguaba, Literte se fué á la aldea, é que malos afincadores tomaron la casa de Ulises, é que tentaron á Penélope, por muchas veces con ruegos, que casasse con ellos; é la muy constante mujer, temiendo non fuesse corrompido el propósito de su santo pecho, pensó de los burlar, siquier por algún tiempo, á estos afincosos con sabiduría muy sotil; é por tanto, pidió á los que la afincaban, que oviesse logar de esperar á su marido por tanto tiempo, fasta que se acauasse una tela, que auía comenzado á la guisa de las mujeres reales; lo qual, como se lo otorgassen, ella con marauillosa auisación, todo lo que de día parecía que con diligente estudio tejiendo acrecentaba en la obra, desatando los filos de noche, lo amenguaba; é por esta arte por algún tiempo burlando destos, que gastaban los Reales bienes de Ulises con combites de cada día, como ya non pareciesse poderse dar más logar á engaño, fízose por la piedad de Dios, que Ulises, nauegando del Reyno de los Pheicos después del Veinteno año de su partida, solo, é desconocido llegó á Itachia, é yendo por preguntar la manera de sus cosas á sus pastores con avisación, en la qual él mucho valía, andaba en vil ávito, é reciuiéndolo en compañía Siloco, ya viejo, su porquero, por su relación oyó casi toda la aventura de sus casas, é vió á su fixo, que tornaba de Menalito, é encubiertamente se le dió á conocer; é quando vino desconocido á su tierra, é vió por qué manera trayan su facienda, é á la casta Penélope, encendido en saña mató á los malos afincadores, pidiéndole ellos perdón, pero fué en vano, é assí libró á su Penélope de las asechanzas aparejadas; la qual, como apenas lo podiesse conocer, saliendo en gran alegría, abrazó al por luengo tiempo deseado.

CAPÍTULO LXVII.

SOPHONISBA, FIJA DE ASDRÚBAL.

Por los que escribieron las cosas pasadas es asaz dicho, é en especial por Tito Livio, según escribe Lucio Floro su abreviador, que Sophonisba fué fixa de Asdrúbal, fixo de Gisgón, Príncipe de Cartago, la qual, seyendo floreciente en gesto, é en edad, es sauido que el padre la ayuntó en casamiento á Siphas, Rey poderoso de los Munidanos[1] en aquel tiempo que Aníbal, mancebo fiero, destruya á Italia; é esto non solamente por codicia del Real parentesco, mas deseaba el sabio varón

---

(1) Numidas.

desviar con los muy suaues falagos de la fija el corazón del Rey bárbaro del Imperio de los Romanos, á quien era ayuntado en feé de amistanza, é combertirle á la parte de los de Cartago, é su pensamiento non lo engañó; ca, las bodas fechas, dello por las blanduras de Sophonisba, dello por la su pareciente fermosura, Siphas fué traído en tan grande ardor de amor, á que non entendía que auía para sí cosa alegre, si non ella; é assí, quemándose el desventurado en fuego de amor, é diciéndose por fama que Cipión auía de pasar de Sicilia en Africa por amonestamientos del padre, Sophonisba con sus ruegos tanto inclinó el corazón del marido, á su deseo á que non solamente desmamparasse á los Romanos, á quien auía dado feé de amistanza, é se llegasse á los de Cartago, mas aun á que él de suyo tomasse la carga de la ajena guerra; por lo qual se falla que, desechada la feé, que defendió el pasaje por sus cartas á Cipión, é aún non era pasado en Africa Cipión, varón noble, en lo primero condenando la maldad del Rey bárbaro puesta su hueste cerca de Cartago, ordenó de lo conquistar por Masimisa (1), é por Lelio, Legado suyo, de los quales catiuado, é preso cerca de la Ciudad de Numidia, fué traydo, é veyéndolo los Ciudadanos cargado de cadenas á Masimisa, é este Masimisa, non seyendo aún llegado Lelio, como entrasse en la ciudad assí armado, estando todos con temor por el arrebatado movimiento de las cosas, ovo encuentro á Sophonisba, la qual sabía

(1) Masinisa.

ya bien su acaecimiento; é como lo **viesse al entrar** de la casa señalado en las armas más que los otros, entendió el ser, como lo era, el Rey; é ella homillada á sus rodillas, teniéndose con el corazón que de antes, dijo assí: Rey noble, á los Dioses es otorgado, é á la tu bienandanza, que puedas facer todo lo que quisieres en mí, que de antes relucía por Real resplandor; pero si á catiua es otorgado de fablar delante del vencedor, para que le pueda rogar, yo homillada te pido por la señalada honrra de tu cabeza, é por tu linaje Real, que, si Siphas se fuere, que fagas cosa, que parezca piadosa contra mí, á quien la cruel fortuna fizo ser de tu señorío, en tan que non sea yo dada viua á los Romanos sobervios, señaladamente para los Africanos; é si otra manera non se puede dar para esto, pido que por tu mano saques esta ánima, é ruégote que lo fagas antes que aya de venir viua en las manos de los enemigos; Masimisa, que era inclinado á luxuria, mirando la marauillosa fermosura de su cara, mouido con homilde piedad, é traydo con ardor de luxuria, non seyendo aún venido Lelio, assí como estaba en las armas, extendiendo la diestra, levantó esta rogadora de entre los querellosos llantos de las fembras, é luego se la ayuntó por mujer, faciendo bodas en tan gran trabajo de las cosas. Es de creer que Masimisa pensó hauer fallado manera assí para su lujuria, como para los ruegos de Sophonisba; é otro día con todo el robo, é con la nueua mujer, en uno con Lelio se tornó al Real, el qual luego fué reciuido, é acompañado por Cipión por el fecho, que auía acauado; é después entre ellos aparte fué reprehendido por razón del casamiento; é después desta reprehensión se apartó á su cámara, é lloró, é mandó llamar á un su sieruo, al qual auía dado á guardar ponzoña para los dudosos acaecimientos de la fortuna, é mandóle que lleuasse aquella ponzoña á Sophonisba, é la dijesse que de grado él guardaría, si pudiesse, la feé, que la hauía dado; pero que como non fuesse en su poderío, non sin muy gran lloro quería guardar aquella feé, que pudiesse agora; pero que con todo esto ella, acordándose de su padre, é de su tierra, é de dos Reyes, con quien poco antes auía seydo casada, ordenasse quál destos dos consexos quería tomar para sí; ó si quería beber la ponzoña, ó como catiua sofrir el señorío de los Romanos; lo qual oído, Sophonisba, con firme corazón, é sin temor, dixo al mensajero: Reciuo las donas de la boda; é si non auía otra cosa, que marido pudiesse dar á su mujer, yo lo he en grado; pero dile, que pues auía de perecer, mejor me fuera non auer fecho bodas. É tan agramente como dijo las palabras, assí tomó el breuaje, é non mostrando señal de temor, codiciosamente lo bebió, é non fincando mucho, cayó en la muerte que ella auía escogido.

CAPÍTULO LXVIII.

CORNIFICIA.

Después de tan gran fortaleza de corazón, acordé de pasar á Cornificia, mujer notable, la qual auemos por autoridad de los antiguos que valió mucho por su entendimiento, é dicen más: que seyendo Emperador César Augusto, que ésta fué tanto esclarecida en la Poesía que non parecía ser criada con leche de Italia, mas con el agua de la fuente Castalia, que se toma por la sabiduría, é que non fué contenta de valer en las palabras desta tan resplandeciente ciencia, que entremetida en el dulzor de los versos, muchas veces usaba la fuerza del su entendimiento en el versificar, donde es cierto que escribió muchos Epitafios, que resplandecieron fasta en los tiempos de San Jerónimo.

CAPÍTULO LXIX.

PROBA.

Aprouado está por autoridad de hombres sabios que Proba fué mujer muy clara por valioso entendimiento, é singular dotrina; mas de quáles parientes fuesse nacida non ay certidumbre, empero parece que fué marauillosa en todas las artes, é que ovo por muy allegados los libros de Virgilio, tanto, que todas las cosas, que en ellos ay buenas, siempre las tovo en la memoria; é como por algún tiempo con afincoso estudio se trabajasse dellos, cayó en la verdadera opinión en considerar que se podría dellos escribir, é sacar por verso muy dulce toda la Historia del Viejo, é Nueuo Testamento; é de marauillar es ella venir en tan alta consideración, mas mucho más fué de marauillar poder acabar lo que assí avía ya pensado. ¡O marauillosa capacidad de entendimiento! andando por los versos tomando de la una parte verso entero, ó alguna partecilla dél, con marauilloso artificio los tornó en el fin, que auía pensado; en los quales fizo escomienzo desde el comienzo del Mundo; escribió tan noblemente todo lo que en la Vieja, é Nueua Ley es contenido fasta la embiada del Espíritu Santo, á que el hombre que esta obra sabe, creería que Virgilio fué Evangelista, é Profeta; cuio comienzo es: digo, que he escrito de cómo ya en otro tiempo los desaventurados caudillos, que tovieron codicia de reynar, corrompieron las piadosas amistansas de la Paz; é también escribí diversas maneras de Reyes, é crueles batallas, é también las parientas ensuciadas por la muerte de los padres, é otrosí las vitorias embueltas en sangre con escudos diuisados, á los quales facía fiesta la fama, non aviendo vencimiento de ningún enemigo; é assí mesmo de infinitas Ciudades que tantas veces fueron viudas de sus ciudadanos; asaz he fecho memoria de los males. De lo qual se muestra que ella ovo casi entera sabiduría de las santas letras, lo qual se torna non en poca gloria de su nombre.

CAPÍTULO LXX.

THAMÍREZ, FIJA DE MICÓN, PINTOR.

Thamírez en su tiempo dan testimonio los Escritores de las Historias que fué una notable fembra, sabidora del arte de pintar, cuyas virtudes, aunque por ventura en parte la grande antigüedad las ha fecho olvidar; empero non pudo quitar el su señalado nombre nin su artificio: ésta fué fixa de Micón, Pintor; mas porque es sauido que florecieron en Athenas en un mismo tiempo dos Micones, ambos Pintores, non es bien cierto de quál destos fué fixa, aunque algunos quieren que sea de aquél, á quien era añadido por sobrenombre Niño; é quier sea del uno, ó del otro, era tan valiente por su singular entendimiento, á que semejaba el arte del padre; é por tanto, reynando en Macedonia Archelas, tantó ésta alcanzó gran gloria en el pintar, que en la tierra de Efeso, donde era honrrada Diana, fué guardada en muy gran honor; é como cosa de gran fiesta, la imagen de la dicha Diana, fecha de mano desta sobredicha con mucha obra pintada en una tabla, la qual, como la guardassen en muy luenga edad, dió tan magnífico testimonio deste su artificio, que fasta oy parece digno de memoria.

CAPÍTULO LXXI.

PRENE, FIJA DE TRATINO, PINTOR.

Después de Thamírez, asaz convenible parece tornar luego nuestro sermón á Prene, clara por resplandor del mesmo artificio, la qual si fué Griega, ó en qué tiempo floreció, non ay certidumbre; pero muéstrase por autoridad de los antiguos, que fué fija, é discípula de Tratino, Pintor, la qual entiendo que tanto es digna de mayor loanza, quanto por fama, é por arte se cree que pujaba á su maestro; el nombre del qual sería ya olvidado, saluo que ella con su resplandor le ennobleció: non sé si fué éste aquél, que fué sabido que pintó las fojas de las hieruas todas, é las raíces por dar conocimiento dellas.

CAPÍTULO LXXII.

PONTICA, POR OTRO NOMBRE LOADICES.

Pontica, que también fué llamada Loadices, aunque fué clara por el gran resplandor de su sangre, pero es sauido que mucho más esclarecida fué por una singular trauesura: ésta fué fija de Mitrídates, Rey de Ponto, aquél, que en Aristonio ovo guerra con los Romanos; é casó la primera vez con Arieto, Rey de Capadocia, el qual, seyendo muerto por asechanzas de Mitrídates, hermano della, que le llamaban como á su padre, quedaron dél dos fixos; é como en aquel tiempo Nicomedes, Rey de Bitunia, oviesse ocupado el Reyno de Capadocia, el dicho hermano della, auiendo codicia del Reyno, tomó armas contra Nicomedes, faciendo muestra á los sobrinos, que quería cobrar el Reyno para ellos; é después que falló que la hermana suya viuda era casada con él, dejando la muestra que facía á los sobrinos, echólo del Reyno de Capadocia por armas, é restituyó al fixo mayor de Ariates el Reyno de su padre; é después, arrepintiéndose de lo fecho, mató á éste su sobrino, é los que vivían con el segundo fixo, al qual llamaban Ariates, como á su padre, embiáronlo á llamar á Asia, é comenzó á reynar, é según dicen algunos por obra del mismo fué muerto; é la desventurada madre, oyendo la muerte, encendida en saña, tomó armas, é ayuntó cauallos, subió en un carro, é non cesó de perseguir á Cenes, ejecutor de la triste muerte, que fuyó, fasta que le fincó una lanza, é lo derrocó ferido de una pedrada, é traya con saña el carro sobre el cuerpo del que iacía muerto; é entre las enimigas lanzas del hermano sin pabor llegó fasta la casa, donde entendía que estaba el cuerpo del mozo muerto, é le fizo oficio de mortuorio. ¡O cosa de marauillar! ¿qué cosa más clara, é más digna de memoria esta virtuosa mujer pudo facer, que pasar con alto corazón las huestes de quien toda Asia, é toda Italia tremía? ¿é despreciadas las fuerzas del temeroso Rey, ovo osadía para matar al que la gracia del Rey guardaba? aunque muchos dicen que el mozo, enojado de dolencia, pagó la deuda de la Naturaleza.

CAPÍTULO LXXIII.

MARIENE, MUJER DE HERODES.

Apenas me puedo partir de Pontica; pero he placer de venir á Mariene, la qual, aunque es sabido por autoridad de los antiguos, que fué fija de Aristobolo, Rey de los Judíos, é de Alejandra, é que floreció por tan nueua fermosura, que non solamente en aquel tiempo pareció más excelente en gesto que todas las otras mujeres, mas aun era creyda más celestial que mortal; con todo esto por tanta grandeza de corazón fué excelente, especialmente en sofrir la muerte, que con razón se puede poner en la cuenta de los muy fuertes varones: ésta, seyendo de madura edad, según lo reza el antiguo Historiador Josefo, del qual San Jerónimo face gran cuenta, especialmente en el su libro de los esclarecidos Varones, en el capítulo do trata del Nacimiento de Nuestro Señor Jesuchristo: Esta Reyna, la qual decendía del linaje de los Grandes Machabeos, Caualleros, é Religiosos, de que la Iglesia de Dios face mención, fué casada con Herodes, Rey de los Judíos, é por la su señalada fermosura, que él amó muy mucho, el qual se glorificaba, diciendo que posehía él solo en todo el Mundo fembra que su fermosura era tanta, que más parecía ser cosa celestial, que de los hombres; é por causa desto ovo de caer en tan gran cuydado, que ya avía miedo, que otro alguno se le podría en esto egualar; para lo qual quitar, quando la primera vez fué llamado, é avía de ir á Egipto, á Marco Antonio sobre la muerte del hermano de su mujer, que él avía muerto, é después muerto Antonio, porque lo demandaron assí los fechos, auiendo de ir á Otauiano César, mandó á Ciprina, su madre, é á los otros sus parientes, que, si acaeciesse que él oviesse de padecer pena de muerte por algún acaecimiento, que luego ellos matassen á Mariane; de lo qual escriben los autores, que se siguieron muchos trauajos entre Mariane, é su madre, tanto, que falsamente por algunas infamias, que falsamente le fueron levantadas, ovo de padecer muerte, la qual ella reciuió con tanta constancia, que bien parecía florecer en ella, aunque mujer, la virtud de la fortaleza de los fuertes Machabeos, donde ella venía.

CAPÍTULO LXXIV.

CENOBIA, REYNA DE LOS PALMIRENTOS.

Viéneme á la memoria Cenobia, Reyna de los Palmirentos, la qual se falla, por autoridad de los antiguos, que fué fembra de tan valiente virtud, que á todas las Gentiles sea antepuesta: ésta, ante todas cosas, fué clara en linaje; ca dicen que ovo nacimiento de los Reyes Tholomeos de Egipto, aunque non ay memoria de sus Padres; pero dicen que desde la niñez, desechados en su corazón los oficios de las mujeres, quando comenzó á auer fuerza en su pequeño cuerpo, curó mucho de los montes, é teniendo su carcax, por su correr é sus saetas fué dañosa á los cierbos; é dende después que ovo mayor fuerza, osaba abrazar los osos, é esperar que viniessen contra ella los leones, é materlos, é traerlos por robo suyo, é que sin pabor andaba de unas sierras en otras, é buscaba los parajes de las bestias fieras, é que acostumbraba dormir de día é de noche fuera de techado, é que soportaba las aguas, é calores, é fríos, con marauilloso sofrir, é que despreciaba los lozanos amores de los hombres, é que guardaba la virginidad; con las quales cosas tanto fué endurecida en fuerza varonil, que podía más que todos los otros mancebos de su edad en luchas; é después, veniendo la edad de casar, por consejo de los suyos casó con Odenado, manceuo, que era dado á los mesmos trabajos, é era Príncipe de los Palmirentos, é era ésta mucho fermosa de cuerpo, aunque era algún poco baza de color, que assí son todos los moradores de aquella partida por el encendimiento del Sol, é demás era fermosa por los ojos, que auía negros, é los dientes, que auía como leche; la qual, veyendo á su marido que entendía en ocupar el Oriental Imperio, porque era preso Valeriano Augusto por Labor (1), Rey de los Persas, é condenado á feo servicio, é Galieno, su fijo, á manera de mujer flojo; ella non oluidando la dureza, que de antes avía, acordó de seguir só el marido disciplina de cauallería; é tomando con él arreo, é nombre Real, é con Herodes su antenado regidas sus gentes, fué esforzadamente contra el Rey, que ocupaba ya á Mesopotamia, é non mostrando pasión de trauajos algunos, usando oficio de Capitán, é de cavallero, non solamente venció por armas al Rey, mas en uno con su marido sojuzgó á toda Oriente, que pertenecía á los Romanos; é teniéndolo en paz, acaeció que á Odenato, é á Herodes, su fixo, con él, los mató Meonio, su sobrino dél; é según dicen algunos por malquerencia, que le avía Cenobia, dió su consentimiento en la muerte de Herodes: lo uno, porque muchas veces le decían mal por su flojedad, é lo otro, porque el Reyno viniesse á los fixos, que ella auía avido del marido;

(1) Sapor.

é imperando Meonio estubo algún tiempo queda, é á poco después, aviéndolo sus Cavalleros muerto, la mujer del fidalgo Corazón, quedando desmamparada, tomó el imperio como posesión vacía; é en nombre de sus fixos, que por la pequeña edad aún non eran para reynar, mucho más que non convenía á mujer, governó el Imperio en tal manera, que nin Galieno, nin después dél el Emperador Claudio, non osaron probar cosa contra ella, nin demás Naciones; ca antes se ovieron por contentos, auiendo temor de su poderío, en poder guardar sus términos; é fué tan grande maestra en guerra, que sus huestes, assí como la tenían en mucho, assí hauían temor della, con los quales nunca fablaba si non la cabeza armada; é en las guerras muy pocas veces usaba de andar en carro, antes lo más andaba en caballo; é assí usó con los Príncipes de Persia, é de Camenia, que de cortesía los vencía; empero tan reciamente guardó la castidad, que nin aun á su marido, quando era viuo, non se daba, saluo para auer fixos. ¡O loable juicio de mujer! ella entendía que la naturaleza non consintió el ayuntamiento de hombres, é mujeres, saluo, porque el linaje humanal ser conservado, é que lo demás non se puede facer sin mancilla de pecado; é fállase que sopo las letras de Egipto, é que aprendió las Griegas por enseñanza de Longino, varón filósofo; por ayuda de lo qual facen memoria, que sopo todas las historias. ¡O honorable fembra, é muy digna de toda loanza! que tanta fué la valentía del su corazón, que non dejaba perder ningún tiempo, que no entendía en las duras cazas, ó ponía obra en los fechos de guerra, ó se daba á los honestos estudios de letras.

CAPÍTULO LXXV.

ERITHEA, UNA DE LAS SYBILAS.

Erithea es cierto que fué una de las Sybilas mucho noble: en especial se falla por Lactancio en el libro 1.º de la falsa religión de los Dioses de los Gentiles; las quales este mesmo entiende que fueron diez, é las nombra por sus nombres, é llámalas Sybilas, porque valieron mucho en la adiuinanza; ca lo que los Griegos dicen Syos, nos los Latinos llamamos Dios; é cierto es que por Yles decimos voluntad, é assí Sybilas quiere decir divinales por voluntad, ó interpretando que traen á Dios en la voluntad; según lo qual ésta fué mucho honorable, é su nacimiento fué en Babilonia algún tanto antes de la Guerra de Troya, en tanto que otros dicen que adiuinó en tiempos de Rómulo, primero Rey de los Romanos, é que ovo nombre Yrifila, según que á otros place, é que, por tanto, la llamaron Erithea, porque moró mucho en la isla Erithea, donde fueron fallados muchos Cantares suyos; é fué tan grande la fuerza del entender desta, que preguntándoselo los Griegos tan claramente, les declaró por trobas los trabajos dellos, é el destruimiento del Ylión, que non acaeció ende después cosa, que non se fallasse que de antes lo auía ella dicho; é assimismo comprehendió en pocas, é verdaderas palabras el imperio de los Romanos, é sus acaecimientos mucho antes del su comienzo; é lo que mucho más es de marauillar es esto, que contó el secreto de la intención diuinal, anunciado non si non por figuras, é por encubiertos dichos de los Profetas, ó antes por las palabras del Espíritu Santo, es á saber el misterio del Fijo de Dios, que auía de ser encarnado, é la vida dél después de nacido, é las obras, é cómo lo vendieron, é su prisión, é muerte deshonesta, é el triunfo de la Resurrección, é la Ascensión, é la su tornada al final Juicio; é todos estos actos dijo de antes, non como que auían de ser más, como si ovieran acaecido; por los quales merecimientos ¿quién abría, si non fuesse menguado de seso, que non entendiesse, que fué á Dios mucho amada, é muy digna de honor más que otras gentes? é ay otros, que afirman que floreció por perpetua virginidad, é non pudiera, si non en corazón tan limpio, tan gran luz de las cosas adiuinadoras resplandecer; é non se falla en qué tiempo murió: desta fabla San Agustín en el libro de la Ciudad de Dios, afirmando que ella profetizó el advenimiento de Nuestro Señor Jesuchristo muchos tiempos antes que acaeciese; aunque esto non place á San Jerónimo, porque él non quiere que el Misterio de la feé sea profetizado por los Gentiles, mas solamente por los Profetas, é sieruos de Dios; pero quier que ello sea, non se puede negar que ella fué fembra muy sabia, é virtuosa.

CAPITULO LXXVI.

LA VIRGEN ALMATHEA.

Porque de suso es fecha mención de Erithea, agora parece asaz digno, dejadas las otras Sybilas, porque sería luenga escritura contar de cada una; ca basta que los autores, especialmente Lactancio, en el dicho su libro, é San Isidoro, en el su libro de las Ethimologías, dicen dellas muy notables cosas, especialmente por ellas auer seydo muy sabias, é auer alcanzado las ciencias de las cosas, porque assí como en el pueblo de Isrrael los Profetas, que profetizaban las cosas por venir, eran auidos por más excelentes que los otros, que non eran Profetas, aunque fuessen Sabios: assí estas Sybilas eran auidas entre los Gentiles por Profetisas, é assí eran tenidas en gran reputación entre ellos, según fueron reputadas en el pueblo de Isrrael algunas mujeres, que fueron Profetisas, assí como María, hermana del Profeta Moysén, é del gran Sacerdote Aarón, é Delbora, é otras, de que face mención el primero libro desta obra; é por ende non curando más de contar de las loanzas dellas, queremos decir en especial de la virgen Almathea, á la qual algunos llaman Deiphene, fixa de Elao: ésta se cree que nació en Cumas, antigua fortaleza de Campania, é fué una de las Sybilas, é que esclareció en tiempo de la destruición de Troya, é que viuió tan luengos tiempos, que alcanzó fasta la edad de Prisco Tarquino, el postrimero

SÍGUENSE LOS CAPÍTULOS DEL 3.º

é POSTRIMERO LIBRO.

Santa Ana.
Santa Inés.
Santa Anastasia.
Paula.
Agata.
Lucía.
Juliana, Virgen.
María Egipciana.
Petronila, fixa de San Pedro.
Julia.
María Virgen.
Theodora.
Margarita.
María Magdalena.
Crispina.
Marta.
Eugenia.
Eufemia.
Justina, é Margarita.
Secilia.
De Elisabet, madre de San Juan Baptista, é de Pelaya, é de Cassia, é de Santa Catherina.

FENECEN LOS CAPÍTULOS DEL 3.º
é POSTRIMERO LIBRO.

PROEMIO DEL 3.º LIBRO.

Ordenando de contar en este tercero libro, los loores que merecieron algunas santas mujeres, cuya memoria se celebra en las fiestas de cada año por los fieles Christianos, é de algunas otras, que en nuestro tiempo fueron esclarecidas por singular virtud; vínome á la memoria que era cosa muy alta encargarme de tan gran fecho, que non solamente es graue de lo alcanzar con el entendimiento, mas aun tomarlo con el pensamiento: ¿quién ay tan sauio en los grandes artes, que pueda de los loores dellas complidamente decir? las quales, según testimonio de la Santa Escritura, es sabido que fueron mucho de acatar por toda honestidad, é santidad; dudaríamos si ay alguno, que lo pueda facer; é nin Jenofonte, varón muy bien fablante, aunque era muy quito de negocios de Ciudad, nin Tucídides, que, según dicen, escrivió los fechos, é guerras pasadas bien; nin Demósthenes, que ovo la prudencia muy alta, é muy gran fuerza de hablar; nin Cicero, Príncipe de la eloquencia de los Romanos; pero pues acordamos de cometer fecho tan grande, esforzarnos hemos para poner en ello el trauajo estudiosamente, porque como mejor pudiéremos, claramente, é sacando la verdad, sean esclarecidas, porque non parezca que quedamos menguados por ignorancia, é que con pereza fuímos del trabajo, pues la una destas es fea, la otra es baja; mas porque parezca en la primera entrada deste libro, que podrían con razón llegar muchas fembras, ordenamos de asentar en el primero logar á Santa Ana: dello por reverencia de la sin mancilla Virgen con pura intención, é voluntad; dello por su singular priviligio, que mereció parir á la Madre de Dios, por cuya providencia es cierto que fué establecido el Mundo, é todas sus partes, é que es administrado en todo tiempo.

CAPÍTULO PRIMERO.

ANA, MADRE DE NUESTRA SEÑORA.

Ana, mujer muy santa, que fué de Belén, casada con Joachín, varón muy justo de la ciudad de Nazaret: lo primero fué valiente por tan maravillosa virtud, que en uno con su marido derechamente guardó los mandamientos de Dios, é partía todo lo suyo en tres maneras, es á saber: que la una parte daba al servicio de Dios, é á sus ministros; é la otra daba á los pobres, é la tercera guardaba para sí, é para su gente; é assí faciendo vida como bienaventurada, ambos pasaron veinte años sin aver fixos, é votaron que si Dios les otorgase generación, que la darían á su servicio; é por esta causa acostumbraba Joachín ir cada año á Jerusalén á ver las solenidades, é en la fiesta del cauo de año fué á Jerusalén con sus parientes; é queriendo entre los otros ofrecer su ofrenda, el Sacerdote desechólo, é díjole mal, porque él, seyendo mañero, osaba llegar al altar entre los que auían generación; é por esto, con la muy gran vergüenza, que ovo, non quiso tornar á su casa, porque los que allí estaban non lo dijesen otra vez á denuesto, é por tanto se apartó á sus pastores; é auiendo estado allí algunos días, apareció el Angel con gran resplandor, é veyendo que se turbaba con su vista, díjole que non oviesse temor, mostrándole muchos ejemplos de cómo los concevimientos que se alongaban, ó los partos de las mañeras eran más de marauillar; é díjole que Ana, su mujer, le avía de parir una fija, á la qual llamarían María, é que della nacería divinalmente el fijo del muy Alto, é dióle señal que en la puerta dorada le saldría su mujer al encuentro: desaparecióse el Angel, é Joachín contó todo esto á Ana, que con tristeza estaba llorando, é desque se vieron en uno, según que el Angel les avía dicho, seyendo certificado de la generación que hauían de auer, se tornaron á su casa; é Ana, fecha preñada, parió una fija, á que llamó María; é auiendo complido tres años, el Padre, é la Madre la ofrecieron al templo; é al fin, seyendo desposada con Joseph, é conceviendo de Espíritu Santo sin algún corrompimiento, nin conocimiento de varón, dió al Mundo á Jesuchristo, que con el derramamiento de su sangre nos lavó: ¿qué cosa más excelente se puede concevir en el corazón, que ésta aver parido por divinal ordenación la Madre, é Fija de Nuestro Salvador?

CAPÍTULO II.

INÉS, VIRGEN.

Agrádame pasar de Ana á Inés, virgen muy sabia, que según es testigo San Ambrosio, el qual escrivió su pasión, á los trece años de su edad, fuyendo de la muerte, alcanzó la vida bienaventurada, cuyo tierno pecho fué aventajado por tanta sabiduría, que aunque florecía por la verde niñez, pero parecía que era llena de días: esta Virgen, muy fermosa de gesto, é más de feé, tornando de las escuelas á su casa, veyéndola el fixo del Adelantado de aquella Provincia, fué della mucho enamorado, é prometióle muy grandes dádiuas, si consintiesse en casamiento suyo con él; é Inés, encendida en el amor de Dios, le dijo: Vete de aquí, manjar de muerte, que otro amador me vino antes más claro en nobleza de sangre que tú, é más abastado de riqueza, é más fermoso de catadura, é por dulce suauidad más agradable, é por todo poderío é señorío más valiente, el qual, ennobleciéndome con preciosos arreos, me pintó en la cara una señal, para que non amasse á otro sinon á él: oyendo esto el desbariado manceuo, encendido en el ardor de la codicia della, cayó en la cama, é viniendo los físicos á visitarlo, conocida la causa de su dolencia, dijeron que era grande la enfermedad; é después, otra vez entendiendo él de engañar el corazón de la Virgen con grandes dádiuas, ella le dijo que non podría quebrantar la amistanza del primero Esposo. Entonces el Adelantado fizo inquirir quién era este Esposo, en cuyo amor le veyan glorificar, é uno de los que allí estaban le dijo que ella llamaba Esposo á Jesuchristo: esto oydo quísola desviar primero con palabras blandas, é después con ásperas amenazas de aquella opinión, que en el corazón tenía fincada; é desque non pudo, díjola: Ó ofrece con las otras Vírgenes á los Dioses sacrificios, ó si non quisieres, sin duda serás desollada; ésta le dijo con esforzado corazón: Nin sacrificaré á los aborrecibles Dioses, nin me mancillaré con las ajenas suciedades; de lo qual el Adelantado, mucho encendido, mandóla despojar, é lleuar despojada al feo, ó deshonesto lugar, donde son las mal aventuradas, que mal usan la clemencia de Dios, de la qual non se puede complidamente fablar, á quien todas las naturas Tierra, Mar, Aire, Cielo, é Fuego, han por fuerza de obedecer, la dió tan gran espesura de cauellos, que la cobrían más que vestiduras, porque non reciuiesse tan feo baldón. ¡O marauillosa benignidad de Dios! que nin por el juicio se puede complidamente entender, nin por palabra se puede explicar qué tal es: entrando en el logar deshonesto falló un Angel, que con gran resplandor alumbraba aquel logar; é el manceuo enamorado, iendo en uno con otros allá, mandóles que entrassen primero á ella, los quales, espantados del milagro, se salieron luego fuera; por lo qual, auiéndoles dicho mal, entró á ella, é en queriendo llegar á ella, cayó amortecido; en oyéndolo el padre, el rostro lleno de lágrimas, vino á Inés á saber della la causa de la muerte de su fijo; é la causa sauida, la dijo: Si ficieres que mi fijo sea resucitado, entonces será auido por manifiesto que esto non lo ficiste por arte mágica; por lo qual, en orando Inés, fué tornado el manceuo á vida. ¡O cosa indigna! donde merecía serle dadas tantas alabanzas, reciuió pena; ca los Sacerdotes de los Gentiles leuantaron alborozo en el pueblo, é tornados en maldad dieron voces: lleuad la maga, lleuad la fechicera, que trastorna las voluntades, que enajena los corazones. El Adelantado, aunque codiciaba librarla, pero auiendo miedo que procederían contra él, dejó otro oficial en su lugar, partiéndose con gran tristeza, porque non podía absolver á Inés, como tenía en corazón; entonces el oficial, que auía por nombre Pasqual, la mandó echar en gran fuego. ¡O temedera justicia de Dios! el fuego fué partido en dos partes, é quemaba al pueblo malbado, el cruel hombre Pasqual la mandó matar con fierro, é ella esposa, é Mártir se fué volando para el su fermoso Esposo; é los fieles de Jesuchristo dieron su cuerpo á sepultura; é Emerenciana, virgen muy santa, aunque entonces non era bautizada, pero creya la feé, estando asentada cabe la sepultura della, é diciendo mal á los Gentiles, con gran constancia murió apedreada, por lo qual facen conmemoración; que se ficieron truenos, é relámpagos de los quales perecieron muchos paganos. Los parientes de Santa Inés, faciendo llanto cabe su sepultura, les apareció una compañía de Vírgines, que resplandecían con vestiduras de oro; é entre ellas Inés, aderezada en otro tal arreo; é un cordón que estaba á la su diestra más blanco que la nieue, á los quales ella amonestó: Non fagades llanto por mí como muerta, ca soy gozosa en asentar asentada con éstos en las mismas sillas, é assimesmo Constanza, virgen, fixa de Constantino, la qual era trabajada de desaventurada dolencia de lepra, en oyendo esta visión, fué á su sepultura, é orando allí, se adormeció, é vió, estando dada al sueño, á Inés, que la dijo: Si creyeres sin duda en Jesuchristo, abrás salud; la qual voz oyda, la virgen despertó, é se falló sana de aquella enfermedad, é recibió el Bautismo, é fizo labrar una Iglesia sobre la sepultura de Inés, la qual ofreció á su nombre; é allí, guardando perpetua virginidad por su ejemplo, ayuntó muchas Vírgines; según lo que dicho es, claro parece que ella resplandeció por tan marauillosa santidad, que entiendo que apenas bastarán las humanales loanzas para la ensalzar; agora si non hay por qué nos marauillemos de la constancia de Catón, que tantas veces en el Senado, amenguado por injurias, quedó en un mismo estado de corazón; nin la de Nuncio [1], que vió su mano destellar en el fuego; nin la de Sócrates, que bebió la cicuta; nin la de un Lacedemonio, cuyo nombre non es manifestado, que fué de tan firme corazón, que lleuándolo á la muerte, é estando con gesto alegre, é aviéndole dicho un enemigo: ¿Menosprecias las leyes de Ligurgio? [2], respondió él: Yo tengo mucha gracia en el que me demanda pena que puedo pagar sin la pedir prestada, nin á logro.

(1) Mucio.
(2) Licurgo.

CAPÍTULO III.

ANASTASIA.

Vengo agora á la muy loable santidad de Anastasia, que es noblemente demostrado en su leyenda por el bienaventurado Gusono, entre los Romanos auer seydo virgen, é fija de Poeta, é varón Ilustre, aunque pagano, é enseñada en la feé de Jesuchristo: ésta, seyendo casada con Papilo, auía propuesto en su voluntad de guardar sin tocamiento tesoro de virginidad, é assí escarnecía santamente al marido, el qual, seyendo sabidor que en vil ávito con una moza suya acostumbraba ir á las cárceles de los Christianos, é requirirles de las cosas que avían necesarias, la mandó aprisionar en estrechas prisiones, é le denegaba el mantenimiento; entendía aquel hombre de ocupar, ella muerta, las grandes possesiones della; é después, él muerto, fué suelta ella de las prisiones; é teniendo tres mozas de noble gesto, é de entera edad, todas Christianas, y hermanas, el adelantado se enamoró dellas, é tanto valieron por la castidad, que nin por blandos, nin por sobervios amonestamientos, aquéllos sus santos cuerpos non pudieron ser sacados de la excelencia de su dignidad; por lo qual las mandó meter en una casa, donde tenían guardadas las preseas de la cocina, é dende que entró á ellas; é queriéndolas deshonrrar, ardiendo con amor, luego fué tornando en locura, é besaba las calderas en lugar dellas, é quando dende salió como farto feo, é muy negro, los que lo estaban esperando á la puerta, entendiendo que se auía tornado diablo, lo lastimaron de muchas feridas, é echando á fuir dél, lo dejaron solo; é queriendo él ir á quejarse al Emperador, unos lo ferían con palos, é otros le ensuciaban con lodo: marauillóse mucho el cuytado, porque burlaba dél toda la gente, é como non sabía su mal, sospechó que por obra de las mozas era fecho, é mandólas despojar, porque siquiera desnudas las mirasse: ¡qué más contaré! Aquel Soberano Príncipe de todos, que sólo face marauillas, obró divinalmente que non padeciessen injuria alguna; ca aquéllos, á quien era mandado, trabajando con sus fuerzas por las despojar, non pudieron: de tal manera estaban pegados los cuerpos á las bestiduras; el Adelantado con el gran pasmo se echó tan grauemente á dormir, que con grandes clamores non lo podían despertar; é al fin las Vírgines, triunfando por corona de martirio, se pasaron á aquel aiuntamiento de los Angeles. Otrosí dicen que Anastasia la dió el Emperador á otro Adelantado con condición que si ficiesse que ofreciesse sacrificios á los Dioses, que la abría por mujer; é ella metida en el Palacio, queriéndola ensuciar, luego se le cubrieron los ojos de obscuridad; é vino á preguntar á los Dioses si podría recobrar la primera salud; é le respondieron: ¿Por qué conturbaste á Anastasia de marauillosa santidad? desque seas dado á nuestro Imperio, siempre en el infierno serás á tormento; la qual respuesta oyda, en tornándose á casa, entre las manos de sus mozos cayó amortecido; entonces otro Adelantado, á cuya guarda fué encomendada, sintiendo que poseya muy grandes heredamientos, la dijo: Anastasia, si quieres seguir la doctrina de Cristo, has de dar todo quanto posees; é por tanto dame á mí todo lo que tienes, é vete do quisieres; é si lo ficieres serás verdaderamente seruidora de Christo; á lo qual ella dijo, alumbrada del Espíritu de Dios: Esto es mandado en la ley de Dios: vende todo lo que has, é dalo á los pobres; onde si á tí, muy rico de facienda, diesse lo mío, non cumpliría la Diuinal ordenanza; entonces Anastasia, metida en las prisiones, porque pereciesse de fambre, fué gouernada de vianda celestial dos meses por santa Theodora, que, ya deuisada por corona de Martirio, auía volado á aquella soberana bienandanza, é después fué llamada á la isla de Palmar, é por mandado del Adelantado fué gastada en fuego, cuyo cuerpo Apolonia dió honrradamente sepultura; é otros muchos por el nombre de Jesuchristo allí por diuersas maneras de tormentos dieron las almas. ¡O virgen muy famosa en santidad! cuya sagrada intención tanto ardía en el amor de Dios, que por manera alguna non la pudieron sacar del estado de su virginidad.

CAPÍTULO IV.

PAULA.

Parecióme que debía dar á escritura á Paula, Dueña esclarecida entre los Romanos por muy grandes riquezas, é fidalguía de linaje; é porque es sauido que San Jerónimo escrivió su vida, acordé, en quanto yo pudiera, de lo seguir. ¡O cosa marauillosa de ensalzar con grandes loanzas fasta el cielo! ca escriue que su corazón floreció por tanta humildad, que assí como una piedra, que es mucho preciosa, seyendo puesta con otras non tan preciosas, las vence con su relucir; ó assí como el sol con su lumbre escurece á las estrellas, que para afeyte del Cielo crió desde el comienzo el muy alto facedor de todas las cosas: assí Paula venció al peligro deste mundo caedero por su liviandad, la qual, auiendo auido cinco fijos, el uno muerto, al qual lloró con piadosas lágrimas, con tan gran feruor se dió al seruicio de Dios, que parecía que deseaba la salida de su vida. Ésta, auiendo dado muy magnificas casas, é muy grandes riquezas á los pobres, es sabido que encendida en el amor de Dios acordó de visitar la Tierra santa, é descendió al puerto, iendo con ella su hermano, é cuñados, é parientes, é lo que más piadoso es, sus fixos; ca, non auiendo aún el nauío viento, nin seyendo la varca lleuada en lo alto por la guía de los remos, los fijos pequeños, llenas las caras de lágrimas, le tendían las palmas con reuerencia; mas nin por esso el su corazón, lleno del Celo de Dios, se quebró, siguiendo la muy suaue compañía de Enestochio [1], la qual era compañera de su propósito, é nauegación; é en quanto la barca facía sus sulcos en la sosegada mar, los otros mirando, ella sola volvió los ojos, por non ver lo que sin tormento por ventura

---

[1] **Eustochio.**

non podía; é como, nauegando, llegassen á la Tierra santa, é el Procónsul de Palestina, que tenía asaz conocimiento de sus parientes, mandasse aderezar Palacios, ella escogió una camareta pequeña, é visitó todos los santos logares con mucho ardor desta deuoción; é echada delante la Cruz, mojando las mejillas con largo río de lágrimas, adoró á Jesuchristo, como si estoviesse colgado en la Cruz, é entrando al sepulcro dió devotos besos á la piedra, que el Angel quitó de la puerta del monumento, é con voca sedienta lamió el mismo lugar, donde aquel muy santo cuerpo auía iacido; é dende pasó á Belén, é entró en la cueua donde el Redentor del Humanal Linaje, Dios, é Hombre marauillosamente nació, é dijo con juramento que ella auía visto con los ojos de la Feé al Niño embuelto en los paños en el pesebre llorando, é á los Magos, que adoraban, é á la Estrella, que relucía, é á la Madre Virgen, é al estudioso Joseph, é á los Pastores, que venían de noche á ver la Palabra que era fecha Carne, é que oyó razonar in principio erat verbum fasta verbum caro factum est, é á los Niños muertos, é á Herodes, que facía la crueldad, é á Joseph, que fuya con la Virgen María fasta en Egipto. ¡O deuoción muy fuerte de voluntad! mezcladas las lágrimas con alegría, dijo estas palabras: Dios te salue, Región muy abondosa, cuyo abasto es de Dios; Dauid con fianza fabla: entraremos en su morada, etc. A mí, pecadora, puesta en soledad, es dado besar el Pesebre, donde la verdadera luz del Mundo llora; orar en la cueua, donde la muy santa Virgen parió á Jesuchristo verdadero Dios, é Hombre, guardando la flor de la virginidad: ésta es mi folganza, pues que mi Señor la escogió por su tierra; é con tanta humildad lo decía, que los que la veyan non creyan que era ella, mas la menor de sus sieruas; é estando cercada de gran compañía de Vírgines, en todo parecía la menor de todas ellas; é ¿para qué diré más? ca de tanta honestidad, é continencia fué, que después del finamiento de su marido fasta en el postrimero día de su vida nunca comió con varón, aunque supiesse que era santo, é constituído en Dignidad: é tan limpia de toda mancilla relució, que los muy leues pecados lloraba como fedientes maleficios; é amonestándola que diesse alguna folganza á sus ojos, é non se afligiesse con lágrimas continuadas, respondió: Afear debo la cara, que tantas veces contra el mandamiento de Dios con cuydado pinté; é domar debo con duros azotes el cuerpo, que tan delicadamente traté; é la loca é vana risa compensarla debo con lloro perpetuo; é de trocar son los blandos arreos de la cama por el aspereza de silicio; porque curé de aplacer al Mundo, agora curo de cumplir la voluntad de Jesuchristo. ¡O palabras dignas de mujer muy santa! ca es sabido que ella, seyendo aún seglar, era más valiente en Roma que todas las otras Dueñas de autoridad por castidad loable, é que todo lo que tenía dió, no por gloria del Mundo, mas por amor de Dios á los pobres; é ésta fué de tanta tempranza, que apenas, si non en las fiestas, guisaba con azeyte la vianda que avía de comer;

é muchas Vírgines, que tomó de diuersas Provincias, dellas fijasdalgo, é otras non tanto, é otras del pueblo, partidas en tres partes, en tres monasterios unos juntos con otros, santificados por esta orden, que en las obras, é en las viandas fuessen apartadas; mas que en las oras, que auían de cantar á las oras determinadas, fuessen en uno, é que á las que entre si auían contienda, con suaues palabras las retornaba en concordia, é con mucha abstinencia de ayuno domaba las mozas, que veya ser inclinadas á brío; é aunque daba logar á las otras, quando adolecían, para que comiessen carne, á sí mesma por qualquier dolencia, que oviesse, non daba logar para ello; é cuenta más, que auiendo caído de calentura en las muy calientes siestas de Julio, é non aviendo esperanza de recobrar salud, é por la misericordia de Dios, auiéndose algún tanto aliviado, é aconsejádola los físicos que le era necesario un poco de bino, é bien aguado, porque, bebiendo agua, non se ficiesse hidrópica, aquel varón santo, que escribió su Historia, encubiertamente suplicó á Epifanio, Papa, que la apremiasse que bebiesse bino; otrosí da testimonio, que tan marauillosamente aprendió la lengua Hebráica, que San Jerónimo, después de niño, con mucho estudio auía aprendido, que cantaba los Psalmos en Hebráico, é pronunciaba las palabras sin propiedad de lengua latina, é assí en tan gran santidad bienaventuradamente la dicha santa pasó de aquesta vida.

AGATHA.

Después de Paula, por marauillosa santidad acatable, me viene á la voluntad Agatha Catania, fermosa de gesto, é de edad entera, la qual, como con pura intención, é voluntad honrrasse á Dios, fué en infinitas maneras tentada por Quinciano, que gouernaba á Sicilia por el Imperio Romano, hombre nacido en vajo linaje, luxurioso, idólatra, é encendido en arrebatada avaricia, para poder con ella complir su voluntad, é ocupar sus muy grandes riquezas, é apremiarla que diesse sacrificio á los Dioses, é por tanto la mandó traer ante sí; é ella traída, é estando ante él, desque conoció su maravillosa firmeza, dióla á una mala mujer, que llamaban Efredisia, é á nueue fixas suyas tocadas de la mesma fealdad, para que por treinta días trabajassen si la podrían por ventura mudar de propósito; é porque nin por promesas, nin por amenazas non auían fiducia de la atraer, Efrodisia dijo á Quinciano: Más ligeramente se podrían las piedras facer muelles, é el fierro ser tornado en plomo, que el corazón desta Virgen ser quitado de la fe de Jesuchristo. Luego Quinciano la mandó traer ante sí, é ella traída, desque vino, le dijo: ¿Qué condición es la tuya, Agatha? Respondió: Soy clara, é de noble linaje, según dicen todos mis mayores. Quinciano dijo: Si tú eres noble, ¿por qué tus costumbres muestran que eres sierua? Agatha respondió: Porque soy esclaua de Jesuchristo, por eso me do por sierua. Dijo Quinciano: Si de noble linaje dices que eres nacida, ¿por qué afirmas que eres esclaua? Respondió Agatha: Muy alta nobleza es la que viue so el suaue iugo de Jesuchristo. Dijo Quinciano: Escoge destas dos la que mejor te pareciere, ó llega tus manos á las santas manos de los Dioses, ó gemirás so diversas maneras de tormentos. Respondió Agatha: Tal querría yo que fuesse tu mujer como tu Diosa, é tu Júpiter. Entonces Quinciano, encendido en saña, mandóla ferir de bofetadas, é díjola: Non soberuies á Júpiter con tu atreuida voca. Respondióle Agatha: Maravíllome de tí, varón prudente, venir á tan poco sentido, que dices que son tus Dioses, aquéllos, cuya vida tú, nin tu mujer non querrías seguir, é dices que te es injuria si vivieres por la manera dellos; si, según tú dices, son Dioses, buena cosa te deseé; é si aborreces sus costumbres, esso mesmo sientes que yo. Dijo Quinciano: Qué menester me face á mí tan luenga fabla de palabras? ó da sacrificios á los Dioses, ó por crueles tormentos te faré salir el alma. Respondióle Agatha: Si me amenazas con las fieras animalias, en echándolas el nombre de Christo, desechada la braueza se amansarán; si con fuego, los Angeles me echarán rocío de salud, para que non perezca; si con tristes llagas, yo, confirmada por la gracia del Espíritu Santo, las menos preciaré. Entonces Quinciano, veyéndose del todo confuso, mandóla lleuar á la cárcel, é quando la lleuaban, iba á la cárcel, dando fermosura de risa, como si fuera á combite. Otro día Quinciano la dijo: Deniega á Christo, é adora á los Dioses; é ella, non queriendo, mandóla atormentar de crueles tormentos; é quando la atormentaban, dijo: Assí se me fuelga el corazón con estos tormentos, como aquél, que vee la cosa, que há gran tiempo que desea, ó aquél, que falla por acaecimiento gran pieza de oro: é assí como non puede ser el trigo bien guardado en el alfolí, si sus granos non son bien trillados, assí mi alma non puede con palma de martiryo ir á aquella soberana bienandanza, si tú, usando de la tu crueldad, non ficieres este cuerpo ser atormentado cruelmente. Entonces Quinciano, encendido en saña, la mandó atormentar la teta, é bien atormentada, que se la cortassen. Agatha le dijo: ¡O cruel, é vano tirano! ¿non eres confuso de venganza en cortar á la fembra lo que tú, llegado á los pechos de tu madre, muchas veces mamaste con la voca? é yo enteras tengo mis tetas, conque crío mis sentidos, desde la niñez consagradas á Dios. Entonces Quinciano la mandó meter en las cárceles, é vedó que non entrassen á ella físico alguno, nin otro, que pan ó agua le podiesse dar; é escríbese que á media noche vino á ella un hombre grande, delante del qual iba un mozo con gran lumbre, que lleuaba consigo muchas medicinas, é dijo: Aunque este loco Cónsul te ha hecho fatigar con tormentos, pero más le ofensaste tú con tus agras respuestas, é aunque concurció tus tetas, las suyas serán tormentadas en amargura; quando te lastimaba con los tormentos, ví que tus tetas podían reciuir medicina de salud. Agatha dijo: Nunca guardé mi cuerpo con medicina; por ende entendería ser muy feo, si agora perdiesse lo que gran tiempo há, que curé de guardar. Al fin, después de muchas cosas, el viejo dijo: Yo soy Apóstol de Dios, que me embió á tí: por tanto, sepas que en su nombre tú eres curada; lo qual dicho, luego San Pedro desapareció de sus ojos. Entonces Agatha fizo gracias á Dios, é falló la teta restituída á su pecho; é como las guardas, espantadas por la gran lumbre, se arredrassen, é dejassen la cárcel avierta, algunos la rogaron que se fuesse, á los quales respondió: Non quiera Dios que yo me vaya, é pierda la corona de la paciencia señalada, é con ella dé angustias á mis carceleros; é dende pasados quatro días, Quinciano la dijo: Ó adora á los Dioses, ó, si non quisieres, padecerás más grandes tormentos. Agatha respondió: Cuytado, tus palabras son locas, é non te veo entendimiento: ¿por qué manera quieres que adore á las piedras, é deje á Dios del Cielo, que me crió? Quinciano dijo: ¿Quién te crió? Agatha respondió: Christo, fijo de Dios. Quinciano otra vez dijo: ¿Osas nombrar á Jesuchristo, cuyo nombre es mi aborrecido? Agatha dijo: En cuanto viuiere, con corazón, é con labios lo llamaré. Quinciano respondió: Agora se manifestará si te crió Jesuchristo, é mandó traer cascos quebrados, é derramarlos, é so ellos poner brasas ardientes, é echarla á ella desnuda encima dellas. ¡O marauillosa justicia de Dios! en faciendo esto, luego una parte de la Ciudad, mouida con gran terremoto, cayó, é dió causa de morir dos consejeros de Quinciano. Entonces todo el pueblo iba á priesa á él, diciendo que por el injusto tormento de Agatha sofrían aquello. É Quinciano, auiendo temor de la una parte del terremoto, é de la otra del alboroto del pueblo, mandóla tornar á la cárcel; é estando allí, dijo estas palabras: Señor Jesuchristo, que me criaste, é el mi cuerpo guardaste desde la niñez, é quitaste de mí el amor del Mundo, é me feciste vencer los tormentos, é me diste virtud de paciencia, reciue mi espíritu, é mándame ir á la tu misericordía. E después que oró, con gran voz dió el espíritu; é los fieles de Jesuchristo con especies ungieron su cuerpo, é lo asentaron en monumento, é un manceuo bestido ricamente, con otros quinientos varones de fermoso gesto, é arreados de vestiduras blancas vinieron al cuerpo della, é pusieron una tabla de mármol á su muy santa caueza, en estas palabras escrita: Mentem sanctam spontaneam, honorem Deo, patris liberationem. El qual milagro publicado, los Gentiles, é aun los Judíos comenzaron á ir con gran honor á la sepultura della; é Quinciano, queriendo tomar sus riquezas, dos cauallos, que peleaban en uno, el uno le mordió, é el otro le echó ferido de una coz en el río, en tal manera que el su cuerpo nunca acaeció que pudiesse ser fallado; é dende andando el año cerca de su nacimiento, Ethna, monte de Sicilia, rompiendo rocas, echó pedazos de fuego, é piedras, que corrían á manera de arroyo, con gran arrebatamiento contra la Ciudad: entonces gran muchedumbre de paganos, descendiendo del monte, se fueron á su sepultura, é tomaron el velo, que era cubierta, é pusiéronlo contra las piedras, que corrían, é después el día de su nacimiento el fuego quedó, é non fué más adelante; é por tanto con razón dijo San Ambrosio en su profecía en loor desta virgen assí: ¡O bienaventurada, é ínclita virgen, que mereció por loor del fiel martirio clarificar su sangre al Señor! ¿qué alauanzas diremos, que merece Agatha, que determinó de lleuar tan crueles maneras de tormentos por ir á la tierra celestial? Por cierto nin por palabras se puede explicar, nin por la voluntad se puede bien entender; por tanto, determino de pasar á Santa Lucía.

CAPÍTULO VI.

LUCÍA.

Lucía otrosí virgen Zaragozana, que es cierto ser nacida de noble linaje; ca ésta, oyendo que la fama de Agatha volaba por toda la isla de Sicilia, fué en uno con su madre, que era trabajada de flujo de sangre quatro años auía, al sepulcro de santa Agatha; é en quanto celebraban la Missa, entre las solenidades acaeció que se decía aquel Evangelio que da testimonio, que Jesuchristo curó á una mujer desta dolencia; entonces dijo á su madre: Si esto, que se lee, crees que es verdad, é creyeres que Agatha tiene siempre presente á aquél por cuyo nombre determinó de reciuir muerte, si con firme creencia llegares á su sepulcro, luego abrás salud; é esto dicho, estando todas asentadas cerca de la sepultura, é la madre, é la fija estando en oración, Lucía se dió á sueño, é en quanto estaba durmiendo, vió á Agatha en medio de los Angeles arredrada de perlas, que la decía: Hermana mía Lucía, tomada del inmortal Dios, ¿para qué me pides lo que para tu madre puedes luego ganar? cata que por la gran fe tuya es ya curada; é dende Lucía, despertada del sueño, dijo á la madre: Cata, madre, que ya eres sana, donde te pido que por aquélla, que por tus plegarias agora te curó, que de aquí adelante non me quieras nombrar esposo; mas quieras dar á los pobres de Jesuchristo todo aquello que por nombre de dote me auías de dar. La madre respondió: En antes otorga tus manos á tu madre al postrimero oficio del cerrar de los ojos, é después faz de mi facienda á tu guisa. Lucía la dijo: Lo que quando mueres das, por esso lo das; porque después non puedes lleuar el fruto dello; por tanto, dalo en quanto puedes mirar el Cielo, porque merezcas alcanzar galardón. Onde desde que se acogieron á la ciudad de Zaragoza, repartiendo cada día sus bienes los daban á los pobres; é en quanto ellas repartían por amor de Dios su patrimonio, vino el fecho á noticia de su esposo; el qual, queriendo saber deste repartimiento, el ama de Lucía le respondió que Lucía auía fallado para mercar en su nombre otro heredamiento de más prouecho que el que vendía, é que, por tanto, vendía algunas cosas. El loco creyó esta carnal mercaduría, é por tanto comenzó á dar fauor á los que vendían, é las cosas todas vendidas, é dadas á los pobres, sintiendo como era christiana, el esposo lleuó luego á Lucía ante Pasqual, Cónsul, diciendo que facía contra las leyes de los Emperadores; é ella estando delante dél, é seyendo conuidada al sacrificio de los Dioses, respondió: El sacrificio agradable á Dios es visitar á los pobres; é porque non tengo al que ofrecer pueda, á mí mesma le do también para ofrecer. Pasqual le dijo: Essas cosas puedes tú contar á qualquier loco christiano tu egual; mas tales cosas non cumple fablarlas á mí, que guardo las ordenanzas de los Príncipes. Lucía respondió: Yo curaré de guardar la ley de Dios; tú has temor de los Príncipes del Mundo; yo temo á Dios inmortal; tú te guardas de los enojar; yo trauajo de me desviar de ofender á Dios; tú piensas cómo facerles cosa agradable; yo codicio sobre todas las cosas aplacer á Jesuchristo. Pasqual dijo: Gastaste tu patrimonio con tus requestadores, é por tanto, como mala mujer, fablas sin vergüenza. Respondió Lucía: Mi patrimonio yo lo puse en lugar seguro, é corrompedores de cuerpo, nin de voluntad nunca los conocí. Pasqual dijo: ¿Quáles dices tú que son los corrompedores del cuerpo, é de la voluntad? Lucía respondió: A vosotros llamo yo corrompedores de la voluntad, que trabajáis por aconsejar el ánima, que desampare á su Criador, é corrompedores del cuerpo á los que anteponen el deleyte á la eternal bienandanza. Pasqual dijo: Cesarán las palabras, quando viniéremos á las feridas. Lucía dijo: Cree tú que las palabras de Dios inmortal non se pueden absconder. Pasqual dijo: ¿Pues el Espíritu Santo es en tí, é tú de Dios eres? Lucía respondió: Confieso que soy sierua de Dios, é los que casta, é santamente viuen, templo del Espíritu Santo son.

Pasqual dijo: Mandarte he lleuar al logar feo, porque te sean en uno quitados el Espíritu Santo, é la flor de la virginidad. Lucía respondió: Non es dañado el cuerpo, si queda el corazón non corrompido; ca si contra mi voluntad me fuere quitado el tesoro de la virginidad, serme há doblada la virtud de la castidad para corona, é nunca me podrás mudar de mi propósito para que consienta en feos deleytes; ves aquí mi cuerpo aparejado para toda manera de tormentos: ¿qué te cumple más de tardar, fijo del diablo? si has gana, comienza á facer en mí la crueldad de tus tormentos. Entonces Pasqual mandó venir ante sí rufianes, é díjoles: Conuidad para ella á todo el pueblo, é tanto estad escarneciéndola fasta que muera. ¡O buen Dios! si son marauillosas las obras de tus manos. ¡O cosa marauillosa! éstos, á quien era mandado, queriéndola lleuar, con tanto peso la auía afincado el Espíritu Santo, que en manera alguna non la pudieron arrancar del logar en que estaba; dende Pasqual mandó llamar mill hombres, é atar pies, é manos á Lucía, é lleuarla; mas, aunque ellos todos juntos trabajaban, su trabajo non ovo efecto. Entonces añadió otros mill pares de hombres, é con todo la virgen estovo queda sin moverse: entonces fueron llamados los Magos, si la podrían lleuar con sus encantaciones, é quedaron vanos de su propósito; é Pasqual, encendido en saña, dijo: ¿Qué fechizos son éstos? Lucía respondió: No son fechizos, mas son bienfechos de Jesuchristo, que aunque otros diez mill mandes llamar, bien como de antes, en bano trabajarán de usar sus fuerzas. É entendiendo Pasqual que éstos eran fechizos del espíritu maligno, é los podría quitar con algunas maneras de encantamientos, mandóla rociar, é desque tampoco aprouechaba assí, mandó encender cerca della gran fuego, é derramar sobre ella pez, é resina, é aceyte feruiendo, é en quanto la atormentaban, ella con corazón non quebrantado dijo: Gané el plazo de mi martyrio. Los amigos de Pasqual metieron cuchillo por la garganta de la virgen; la qual nin por esso non perdió la fabla, é dijo estas palabras: Iglesias, anúnciovos que vos es dada paz; ca oy es muerto Maximiano, é Diodenario echado de su Reyno; assí como fué dada Agatha mi hermana por defensora á la ciudad de Catania, assí yo so rogadora á la ciudad de Zaragoza; en quanto esto decía de la voca, los oficiales de los Romanos tomaron preso á Pasqual, é lleuáronlo á César, porque se decía que auía robado toda aquella Isla; é assí lleuado, fué dello acusado, é condenado á muerte. ¡O bondad infinita de Dios! Lucía estovo queda en el logar donde fué ferida con el cuchillo, fasta que los Sacerdotes vinieron para dar aquel santo cuerpo á sepultura; é allí, donde fué sepultada, fué fecha una Iglesia.

CAPÍTULO VII.

JULIANA, VIRGEN.

Lo que se sigue por la marauilla del fecho en si non es de contar por non noble; ca es cierto que Juliana, Virgen muy santa, seyendo desposada con

Elogio Nicomedio, Adelantado, é non queriendo en manera alguna ayuntarse con él, si non guardasse la feé de Jesuchristo, por mandado del padre fué desposada, é ferida muy grauemente, é dada al Adelantado; á la qual el Adelantado dijo: Muy dulce Juliana mía, ¿por qué burlas assí de mí? Juliana respondió: Si al mi Dios bien, é derechamente adorasses, faré á tu guisa; en otra manera yo non sosegaré contigo. El Adelantado dijo: Esso yo non lo puedo facer; ca, si lo ficiesse, el Emperador me castigaría por pena de muerte. Juliana respondió: Si tanto miedo has al Emperador, que es mortal, ¿cómo quieres que yo non aya miedo de Dios inmortal? por tanto, faz lo que pudieres, que á mí non podrás engañar. Entonces Pasqual la mandó grauemente ferir con vergas, é atarla colgada medio día por los cauellos, é echar plomo derretido sobre su caveza; é como la non venciesse, atada en cadenas, la encerró en la cárcel; á la qual vino el diablo en manera de Angel, é díjola: Juliana, yo también soy Angel del Señor, que me embió para que te deba amonestar que des obra á los sacrificios de los Dioses, porque non seas luengamente atormentada, é mueras mal. Entonces Juliana, mojada la cara de lágrimas, orando, dixo: Señor Dios, non me dejes perecer; mas muéstrame quién es éste, que tales cosas me aconseja; á la qual fecha una voz que lo tomasse, porque le apremiasse á confesar quién era, é tomándole le preguntó quién era; é él manifestó que era diablo, que su padre le auía embiado á la escarnecer. Juliana le dijo: ¿Quién es tu padre? Respondió el Diablo: Beelzebut, que á todos los males nos embía; é si por ventura non podemos acabar lo que manda, ponemos á muy grandes muertes; onde non es duda que en muy mal aguero vine acá, pues non pude vencer; é entre las otras cosas le dijo una grande; que lo más de que él fuya era de los Christianos, quando el misterio del Cuerpo del Señor se celebraba. Entonces Juliana lo ató, é derrocó en tierra, feriéndole muy duramente con la cadena, que estaba aprisionada. El diablo, queriéndola rogar, dijo á grandes clamores: Señora, abe merced de mí. Entonces sacaron á Juliana de la cárcel por mandado del Adelantado; é ella llevaba en pos de sí al diablo atado, el qual le iba rogando assí: Señora mía, non quieras más, si á tí aplace, facer de mí escarnio; ca non podría de aquí adelante vencer á ninguno; é sé que los Christianos son misericordes, é tú non muestras contra mí ninguna caridad. Assí lo trojo atado por el mercado, é dende lo echó en una laguna; é desque fué trayda delante del Adelantado, extendiéronla en una rueda tanto, fasta que todos sus huesos fueron quebrantados fasta le salir los tuétanos. ¡O cosa muy digna de toda memoria! el Angel del Señor, desmenuzando la rueda, la curó luego; el milagro de la qual cosa veyendo los que eran presentes, creyeron; por lo qual fueron luego juntos en pena de muerte 550 hombres, é 30 mujeres; é después pusiéronla en una olla llena de plomo derretido, lo qual se tornó en manera de baño temprado; é el Adelantado maldijo á los Dioses que adoraba, porque non podían penar una moza, que tanta injuria les facía. ¡O hombre duro! ca non atemprado por ninguna piedad le mandó cortar la cabeza; é quando la lleuaban á la muerte, el diablo que ella auía ferido, atado en la cadena, apareció en semejanza de mancaco, é clamaba, diciendo: Non la querades perdonar, porque fizo injuria á los Dioses, é esta noche me firió agramente: por ende dalda su galardón por lo que cometió; é quando Juliana levantó los ojos, si podría ver al que esto fablaba, el diablo, fuyendo, dió voces: ¡Ay de mí, mezquino! prenderme quiere, é atar. Después de degollada Santa Juliana, el Adelantado nauegando, levantóse tormenta, é anegóse él con 24 hombres; cuyos cuerpos, seyendo echados en la riuera, los comieron las bestias brabas, é las aues.

CAPÍTULO VIII.

MARÍA EGIPCIANA.

Recontadas las alauanzas de Santa Juliana, ofrecióseme la marauillosa santidad de Santa María Egipciana, la qual fizo vida muy apretada 37 años en el yermo, en quanto enmagreció allí la carne por aparejar el espíritu á penitencia; un Abad, por nombre Sozimas, auiendo pasado el Jordán, é andando en el yermo buscando si podría fallar algún santo varón, vióla el cuerpo desnudo, negro, é quemado por el grande encendimiento del Sol; él visto, luego echó á fuir, é él comenzó á correr más de recio en pos della. Entonces dijo ella: Abad Sozimas ¿qué me persigues? yo te amonesto que me dejes; ca non puedo volver mis ojos á tí, porque soy mujer, y desnuda; mas dame tu manto, con que me cubra, é te pueda ver sin verguenza; él, en oyendo su nombre, maravillóse, é dióla el manto, é echado en tierra, rogóla que lo bendijesse; ella dijo: A tí, padre muy bueno, es sabido que pertenece el oficio del bendecir, que eres honrado por Dignidad Sacerdotal; é después que él vió que su nombre é oficio era della conocido, mouido por mayor marauilla, rogóla afincado que lo bendijesse: ¡María, bendígate Dios, Redentor de nuestras ánimas! En quanto ella oraba con las palmas tendidas, vídola cerca de un codo levantada del suelo; é entonces aquel grande Abad comenzó á dudar que por ventura non fuesse espíritu, que sin fin daba obra á oraciones: ¡María, perdónete el muy alto Príncipe de todas las cosas! si entendiste que yo era espíritu sucio acostumbrada á pecados; entonces Sozimas la comenzó á conjurar por el Señor, que le manifestasse quién era. Padre, perdona, que si mi vida te contare, espantado, como de serpiente echarás á fuir, tus orejas se enojarán con mis palabras, é el ayre se dará con mis suciedades de pecados; é ella dijo: Yo fuy nacida en Egipto, é á los 12 años de mi edad fuy á Alexandría, é dime 16 años á pública luxuria, que non me negué á ninguno. ¡O humildad grande! Aunque preualecía entonces por mucha santidad, pero non ovo verguenza de confesar la fealdad de su floreciente edad. ¡O santo Dios, de dentro, é fuera santamente vivir! auiendo hombres de aquella partida acordado de nauegar á Jerusalén por adorar la Cruz, dijo que auía rogado á los marineros, que la lleuassen consigo: ellos, demandandola flete, dijo: Yo non poseo cosa, que vos dé por flete, sino es mi cuerpo, al qual aved; esto dicho, reciuiéronme en la nao, é desque llegó á Jerusalén, é vino á la puerta de la Iglesia en uno con los otros, dice que la echaron, é que luego entendió que la denegaban la entrada de la puerta; é como otra vez fuesse á la puerta de la Iglesia, los otros, auieudo libre entrada, dijo que á ella era defendida la licencia de entrar. ¡O maravillosa caridad de Dios, que muchas veces enciende las voluntades con fuego de contrición, porque se lloren los pecados, é llorando se alcanze perdón! ella, examinando su conciencia, entendió que esto le venía por la fealdad de sus pecados; comenzó á ferir los pechos con las manos, é á derramar lágrimas, é embiar suspiros del corazón, é ella, mirando, vió la imagen de la Bienaventurada Virgen, é que se fué para ella, é la rogó la ganasse perdón de los pecados, é la otorgasse entrada para adorar la Cruz, ca auía determinado el viuir casta, é bienaventuradamente; é desque oró, é concivió fiducia en el nombre de la Virgen, fué otra vez á la puerta de la Iglesia, é entró libremente. ¡O cosa non menos de marauillar, que de contar! Adorando la santa Cruz con gran deuoción, ovo quien la dió tres dineros, con los quales compró tres panes, é oyó una voz, que la decía: Si pasares al Jordán, serás salua; é assí, pasando al Jordán, fizo vida en el yermo quarenta y siete años, é non vió á ninguno; é aquellos tres panes, que consigo auía lleuado, se auían fecho como piedra, é la auían vastado 47 años, é que sus vestiduras la auían durado 17 años, é que fué atormentada de tentaciones, pero todas las venció por la gracia de Dios; é assí dijo al santo Varón: Yo te he contado todas mis obras: pídote que ruegues al Señor por mí; el Viejo, echado en tierra, bendijo al Señor en su familia, é ella le rogó que el día de la Zena viniesse al Jordán, é trojiesse consigo el cuerpo del Señor, porque lo pudiesse tomar de sus manos. Dende el Viejo se tornó al Monasterio, é andando el año, seyendo cerca el día de la Cena, fué á la riuera del Jordán, é vió de la otra parte á María, la qual fecha la señal de la cruz sobre las aguas, vino á él; y él, veyéndola, se marauilló, é se echó á sus pies; ella, veyendo el grande Abad, que se derrocaba á tierra, le dijo: Cata, non lo fagas, ca traes el Sacramento del Señor, é resplandeces por Dignidad de Sacerdocio; mas ruégote que el año siguiente tornes á mí: entonces ella, tomado el cuerpo de Jesuchristo, é fecha la señal de la cruz, tornóse al yermo; é el Viejo, acauado el año, tornó á aquel mismo lugar, do la auía fallado; el qual después vió que ella era bolada á la soberana bienandanza, mojada la cara de lágrimas, non la osando tocar, dijo entre sí: Yo querría dar este cuerpo á sepultura, mas he miedo que non le venga en grado; en quanto esto pasaba en su corazón, abajando los ojos á tierra, leyó en el suelo cerca de su cabeza unas letras, que decían: Sozimas, entierra el cuerpo de María, é da su polbo á la tierra, é ruega por mí al Señor, por cuyo mandado entré en la carrera de toda carne á dos días de Abril; é por aquí sopo el Viejo, que tomado el Sacramento diuinal, luego que tornó al desierto, feneció la vida; pues ¿qué diremos allende desto? El desierto, que apenas por espacio de 30 años auía pasado, en una hora lo corrió, é se fué loando á aquel ayuntamiento de los Angeles; é el Viejo, queriendo cauar la tierra, non podía; luego apareció un león, al qual el Viejo dijo: Esta muy santa mujer mandó enterrar su cuerpo, é non tengo ferramienta; é como soy cansado de vejez, non puedo cauar la tierra; por tanto, caua tú, porque pueda yo dar su cuerpo á sepultura: esto dicho, el león comenzó á cauar, é aderezó sepultura qual cumplía, é el cuerpo enterrado, se fué como cordero manso; é el Viejo, glorificando á Dios, se tornó al Monasterio.

CAPÍTULO IX.

PETRONILA, FIJA DE SAN PEDRO.

Tras María Egipciana, noble por marauillosa Santidad, me viene en mientes Petronila, fixa de San Pedro Apóstol, la qual, seyendo mucho paresciente de gesto, é de voluntad del padre, era trauaxada de calenturas encendidas; estando con él aiuntados los Discípulos, le dijo: Marauíllame en que á todos curas con la sola palabra: ¿por qué á Petronila dejas estar trauajada de fiebre? San Pedro dijo: Porque assí cumple se faga; mas porque non pienses que yo non la puedo curar ayudándome Dios, dijo: Levántate, Petronila, é sírvenos prestamente; lo qual dicho, se leuantó del lecho sana, é fizo lo que el Padre la mandó; lo qual fecho, dicen que le dijo el Padre: Petronila, tórnate á tu cama. ¡O marauillosa obediencia! los ojos puestos en el suelo con la gran homildad, luego se tornó á la cama, é de primero comenzó á ser trauajada de la calentura encendida. ¿Para qué más largamente escribiremos della? saluo que desque el padre conoció que todos sus pensamientos tenía ella cerca del seruicio de Dios, sanóla perfectamente, á la qual, recobrada la salud, fué un Conde llamado Flaco por la su gran fermosura para se le ayuntar en casamiento, al qual Petronila dijo: Si me quieres aver por mujer, manda venir á mí algunas vírgines, que me lleuen para tu casa; é en quanto él las juntaba, Petronila comenzó á estar en ayunos, é oraciones; é dende tomando el cuerpo del Señor, púsose en la cama, é desque ovo allí yacido tres días con deuoción, pasóse á la compañía de los Angeles; el dicho Conde, veyéndose burlado, tornóse á Fillícula, é mandóla que cassasse con él, é ofreciesse sacrificio á los Dioses; é porque ella denegó lo uno, é lo otro, fué tenida en cárceles por el Adelantado siete días sin comer, é beber, é dende fué muerta, é su cuerpo hechado en un albañar; al qual, tomando el bienaventurado Nicodemus de aquel inhonesto logar, sepultólo deuotamente.

CAPÍTULO X.

JULIA.

A esta noble Virgen acordé de ayuntar la santidad de Julia, la qual, queriendo foir de la persecución, se fué á Carcoso, una fortaleza de Sicilia, con un su niño, que auía complido tres años; é desque llegó allá, fué lleuada delante de Alejandro, Adelantado, é desamparada de dos mozas suyas, el Adelantado tomó el niño en los brazos; é porque la madre denegaba ofrecer sacrificios á los ídolos, la mandó azotar, é el niño, veyendo que azotaban á su madre, lloraba amargamente, é daba grandes querellas al Adelantado, que le tenía en los brazos, é tentaba de lo falagar con besos; é el niño, veyendo á la madre puesta en las feridas, aborrecía los besos; é tornando la cabeza con saña, le rascaba la cara con las uñas, é le dió un bocado en las espaldas. Entonces el Adelantado, ensañado, é sintiéndose del dolor, lo echó de lo alto por los escalones en tal manera que el auditorio se ensangrentó con el ternezuelo cerebro del niño; é Julia, veyendo su fijo ir adelante en compañía de los Angeles, con gran alegría dió gracias á Dios; é dende la desollaron, é la bañaron en pez bulliente, é al fin cortáronla la cabeza, é pasó á aquel mismo lugar de la bienandanza.

CAPÍTULO XI.

MARINA, VIRGEN.

Por autoridad de los muy enseñados varones se falla que Marina, virgen, fué una sola fixa á su padre, á la qual el Padre, queriendo ella entrar en Religión, é entrando en el Monasterio, mudó la vestidura, porque non pareciesse fembra, mas varón; é rogó al Abad que reciuiesse en el Monasterio á un solo fixo, el qual por ruego suyo fué reciuido por monje, é llamábanle todos Fray Marín; éste comenzó á bien viuir, é desque ovo cumplidos 27 años, sintiendo el padre que se quería morir, llamó á la fija, é confirmándola con sabias palabras en su propósito, la mandó que en manera alguna nunca á ninguno descubriesse cómo era mujer, la qual asaz claramente se vee en su leyenda que guardó bien el mandamiento de su padre; é como solía muchas veces traer leña al Monasterio con un carro, é se hospedaba en casa de un hombre, acaeció que su fija se empreñó de un cauallero, é quando la preguntó quién la auía corrompido, afirmó que Marín, monje, la auía deshonrado; al qual, quando le preguntaron por qué auía fecho tan gran maldad, confesó que auía pecado, é pidió que le fuesse dado perdón; los monjes, creyendo que él auía cometido este maleficio, echáronlo del Monasterio. ¡O marauillosa paciencia! non se fué dende turbada, nin se querelló que le facían injuria, mas con gran humildad moró tres años ante la puerta del Monasterio, é fizo vida, padeciendo gran mengua de mantenimiento: non se mantenía más de con un solo pedazo de pan; al fin el niño fué embiado al Abad, é él lo dió á criar á Marín, el qual estovo con él en aquel logar dos años: parece que después desto los frayles la reciuieron en el Monasterio, é la encomendaron todos los más viles oficios, é ella alegremente los acetó, é todo lo facía paciente, é deuotamente; al fin faciendo vida desta guisa, se fué á aquella suaue compañía de los Angeles, é los frayles, queriendo lleuar su cuerpo, según la costumbre que solían, é auiendo ordenado de la sepultar en vajo logar, viéndola, fallaron que era fembra: todos pasmados confesaron que auían mucho pecado contra la sierua de Dios, é vinieron todos á ver tan gran cosa, pidiendo perdón de la ignorancia, é del pecado, é dende aquel muy santo cuerpo fué enterrado en la Iglesia con muy grande honor; é la moza, que infamó á esta Virgen, fué atormentada del Diablo; é dende confesando su maldad, con otras ante la sepultura de la Virgen fué deliberada.

CAPÍTULO XII.

THEODORA.

Podría asaz noblemente, después de la Virgen Marina, contar los loores de Santa Valeria, si se me acordase auer leído algo de lo que á ella pertenece; é porque non me viene en miente, saluo que fué Madre de los Santos Geruasio, é Protasio, acordé de me pasar á Santa Theodora; la qual es auida en memoria por autoridad de muy claros Varones, que fué noble, é fermosa en Alexandría en tiempo del Emperador Zenón, é que ovo marido rico, é teniente á Dios; é el diablo ovo embidia de su santidad, por lo qual se encendió en codicia della un hombre lleno de riquezas, el qual, aquejado con gran amor, la afincaba á menudo con mensajeros, é con dádiuas; é ella, menospreciando los mensajeros, también menospreciaba las dádiuas; é desque vió que el su corazón, cercado de marauillosa firmeza, non podía ser por dádiuas algunas quebrantado, acordó de la acometer por otra vía; por lo qual la embió una fechicera, la qual, como la atentasse con humildes amonestaciones, é non pudiéndola vencer, ella, estando dudando de cometer tal pecado ante los ojos de Dios, que todas las cosas mira, díjole: Todo lo que se face de día aina lo vee Dios, é non lo que se face quando el Sol se quiere poner. ¡O fembra desaventurada! ca non espantada del temor de Dios, mas perseverando con su mala trayción, ella preguntóla si era assí; díjola otra vez que sí: por las palabras engañada la moza, el día yendo facia la tarde, dió su cuerpo al adúltero; é después que tornó en sí mesma, lloró muy amargamente, é con gran dolor firió su corazón con bofetadas; é quando el marido vino á casa, é la falló la cara mojada con lágrimas, é non sabiendo qué cosa era, trauajaba por la consolar, é non podía; é la santa simplicidad por la mañana se fué á un Monasterio, é preguntó á la principal de las Monjas si podía saber Dios un muy graue pecado, que ella auía fecho, yendo el Sol á ponerse; ella le dijo que non auía cosa, que pudiesse á Dios ser escondida. Entonces Theodora, echando lágrimas, pidió el libro del santo Evangelio para echar suertes sobre sí mesma. ¡O cosa marauillosa! abriendo el libro, por acaecimiento falló aquellas palabras, que dicen: Lo que escriuí, escriuí. E después se tornó á casa; en quanto el marido estaba un día fuera, se cortó los cauellos, é tomó las vestiduras del marido por no parecer mujer, é fuesse á un Monasterio, que estaba de allí 18 Millas, é rogó á los Monjes, que la reciviessen por Monje, é lo que rogaba, é por sus muy suaues palabras, é por la voluntad de Dios, que es lo cierto lo alcanzó; é quando la preguntaron qué nombre avía, respondió que Theodoro; é allí fizo su vida con muy gran omildad; é dende después de algunos años el Abad le mandó que unciesse los bueyes, é trojiesse en un carro azeyte de la Ziudad para el Monasterio; é contando algo del marido, lloró mucho, auiendo temor que non se oviesse por ventura ido con algún adúltero; en quanto él estaba cuytándose con este pensamiento, vino á él un Angel del Señor, é le dijo: Señor, levántate de mañana, é en el camino del Martyrio de San Pedro Apóstol, lo que ovieres en encuentro, sabe que es tu mujer; é esto dicho, Theodora vino, é vió á su marido; é como más se le acercó, le dijo: Alégrate, mi señor; é él non conoció á su mujer; é después, aviendo mucho esperado, y dando voces que era burlado, oyó una voz: Aquél, que ayer te dijo saludes, era tu mujer;

que tan santa fué ella, que escapó un hombre de la voca de una bestia braua, que lo despedazaba, é assí despedazándolo, lo resucitó con sus pregarias, é la bestia, maldeciéndola, ella cayó amortecida; é el diablo, auiendo embidia de su santidad, por ver si la podría en qualquier manera turbar, la dijo: Mala mujer, más adúltera que todas, dexaste á tu marido, y venístete acá en menosprecio mío; por cierto yo faré guerra contra tí tan agra, que niegues á Jesuchristo crucificado; é luego el diablo desapareció de sus ojos; é una vez auiéndose acogido á su posada, fué una moza á ella de noche, para que durmiesse con ella; é desque ella la despreció, engañó á otro, después que le creció el vientre, é le preguntaban quién la avía corrompido, respondió que Theodoro la auía auido; é después que la moza parió el fijo, fué embiado al Abad. ¡O marauillosa paciencia! aunque la maltrayan sin por qué, con todo eso pedía que la otorgassen perdón; el qual non pudo ganar, ca el Abad sospechaba que él auía cometido aquel pecado; é el niño, echado á sus cuestas, lanzóla del Monasterio, pasó su vida siete años, é crió el niño con leche de ovejas; é complidos los siete años, el Abad, pensando en sí la marauillosa paciencia suya, acogióla con el mozuelo en el Monasterio, donde después que vivió dos años santamente, tomó el mozuelo, é encerrólo consigo en la cámara; lo qual, seyendo fecho saber al Abad, embió monjes, que con diligencia escuchassen qué era lo que con él fablaba, é ella abrazó el mozuelo con besos, é díjole estas palabras: Muy dulce fijo, porque tengo de entrar en el camino agora de toda carne (que es decir que se quería pasar desta vida), á Dios te dejo, á Él aue por padre, é ayudador, é sirue á tus hermanos deuotamente. ¡O argumento singular de marauillosa santidad! Estas cosas dichas, luego dió el espíritu á Dios; é aquella noche, que deste Mundo pasó, el Abad vió en visión aderezar grandes bodas, á las quales iban los Angeles, Profetas, é todos los otros Santos, é en medio dellos una sola mujer muy apuesta, é en gran gloria, la qual fué al logar, do se facían las bodas, é se asentó sobre el lecho; á la qual todos los que estaban delante facían gran reuerencia, é oyó una voz, que decía: Aquí estabas, Theodoro, que falsamente te oponían pecado del niño, é siete veces pasó el Sol sus luengos trabajos sobre él, é tantas angustias sufrió, porque ensució la cama del su marido. El Abad, despertando, fué en uno con los frayles á su cámara, é fallóla finada; é todos los que entraron, descubriéndola, conocieron que era fembra. Entonces el Abad mandó llamar al padre de la moza deshonrrada, é desque vino, díjole: El marido de tu fixa es muerto, é quitó la vestidura della, é mostróle cómo era fembra; por lo qual todos los que lo oyan, ovieron gran temor. Entonces el Angel del Señor mandó al Abad que subiesse en su cauallo, é fuesse á la ciudad, é trajiesse consigo al Monasterio al que le viniesse en encuentro; é él, iendo á la Ciudad, vínole á encuentro un hombre, al qual preguntó qué dó iva; él le dijo: Mi mujer murió, é aguijo por verla; entonces lo tomó en el cauallo, é fueron ambos las caras mojadas de lágrimas, é con muchos loores dieron á aquel santo cuerpo sepultura.

CAPÍTULO XIII.

MARGARITA.

Pasara callando los loores de Theodora, porque mancilló la cama de su marido, saluo porque me trajo á la escribir la gran penitencia que fizo; é agora me atrahe á contar la santidad de Margarita, que fué esclarecida por non menor gloria: ca ésta fué fija de Theodosio, Patriarcha de los Gentiles, é dada á ama, é bautizada en tiempo de su mocedad; é aviendo complidos 15 años, é guardando con otras mozas las ovejas de su ama, passó junto á ella un día el Adelantado Olimbrio, é luego fué encendido en su amor, é embió á ella sus mozos para que la sosacasen: entendió aquel hombre, si fuesse libre, que la abría por mujer, é, si sierua, por manceba; é desque fué trayda ante él, preguntóla de qué linaje era nacida, é qué nombre tenía, ó en qué feé, ó religión era criada; respondió, que noble era de linaje, é su nombre Margarita, é que era Christiana. Dixo el Adelantado: Las dos cosas primeras bien convienen para tí, ca eres avida por noble, é eres fallada Margarita muy fermosa; é lo otro non me parece que te conviene, que moza tan fermosa, é clara por sangre adores á Dios crucificado; é ella afirmando que Christo avía padecido por Redención nuestra, é que viue agora eternalmente; el Adelantado, encendido en saña, mandóla meter en la cárcel, é otro día que la trajessen ante sí, probando por muchas maneras, si la podría aconsejar que diesse sacrificios á los Dioses, é non pudo. ¡O buen Dios! de que contaré yo sino de aquel cruel tyrano? que, viéndola que nin por consejos, nin por amenazas non la podría desviar de su santo propósito, mandóla tan ásperamente atormentar, que assí manaba sangre de su fermoso cuerpo, como mana la fuente; é aunque él con ira salía de sentido, con todo esto non la pudo vencer: por cierto marauillosa es la condición de la virtud, que nin pudiesse ser atraída por falagos, nin quebrantada por ásperas amenazas, nin con crueles tormentos pudiesse ser sacada del estado de su dignidad. Los que allí estaban, movidos de piedad, decían: Margarita, nos auemos compasión de tí, porque vemos tu cuerpo ser despedazado tan cruelmente. ¡O qué fermosura has dañado por tu descreencia! cree siquier agora porque viuas; é non curando de sus amonestamientos, dijo al Adelantado: Ca sin vergüenza, é león espantable, aunque el cuerpo está sujeto á tu crueza, sabe que contra el ánima non podrás facer crueldad. Él cubría el rostro por non ver tan gran derramamiento de sangre, é mandóla quitar de allí, é tornar á la cárcel. Estando mucho en la cárcel orando, é siguiéndola mucho el antiguo enemigo del humanal linaje, aparecióla un dragón espantable de vista, que abriendo su pestilencial boca, la prisó con ella, é ante que la tragasse, en faciendo ella la señal de la Cruz, fué partido el serpiente por medio, é assí escapó la Virgen sin lesión; é el Diablo la tentó otra vez en forma de hombre si la podría engañar, é llegó á ella, diciéndola: Abástete auer fecho esto; ruégote que non me quieras más enojar. La Virgen le embolbió la mano en los cauellos, é lo derrocó en tierra, é puso su pie sobre la cabeza dél, é díjole: Sobervio diablo, agora serás derrocado so los pies de la mujer. Entonces dió voces en esta guisa: ¡O bienaventurada Margarita! confiésome ser vencido; é seyendo dejado, desapareció. Otro día, llegándose el Pueblo, fué traída ante el Juez, é desque non quiso ofrecer sacrificios á los Dioses, fué puesta desnuda entre fachas ardientes; é los que estaban á esta cruel vista se maravillaban mucho en qué manera podía una tierna moza sufrir tan crueles tormentos; é mandóla poner en una tina llena de agua, porque mudando la pena, sintiesse mayor dolor; nin por esto non fué vista partirse del estado de su paciencia, nin de su dignidad; antes se mostró non ser vencida por todos estos dolores. ¡O piedad grande de Dios! entonces tremió súbito la tierra, é aviendo todos temor, cuentan que la Virgen escapó sin enojo; por el milagro de la qual cosa creyeron cinco mill hombres, que por el nombre de Jesuchristo fueron condenados á pena de muerte. ¡O hombre muy fiero! hauiendo pauor que los otros por ventura creerían, mandó cortar la cabeza á la Virgen; é aviendo ganado espacio de facer oración, en cuanto con gran oración oraba, dijo una voz del Cielo: Margarita, sabe que en las cosas, que pediste, que eres oída. ¡O marauillosa fortaleza de corazón! leuantándose de la oración, dijo al berdugo: Fiéreme; el qual, lanzando el cuchillo de un golpe la cortó la cabeza; é assí, honrrada por corona de martyrio, se fué á aquella gloria, que mucho deseaba.

CAPÍTULO XIV.

MARÍA MAGDALENA.

Dudé yo mucho si debía contar, ó si callar los loores de María Magdalena; ca me parecía, que non se podría escribir, sin facer repreensión de algunas cosas deshonestas entre las honestas; é también pasar callada tan marauillosa santidad, non me parecía cosa de hombre sabio, é ¿quál duda mayor podía ser que fallándose escrito auer seído primero dada toda á deleytes, é dende auer valido mucho por singular santidad, juzgar destas quál era mejor, ó dar á letra sus loores, ó callar, porque non pareciesse por ventura digno de repreensión en contar las cosas deshonestas? é seyendo lleuado el corazón, me plogo, aunque non según el fecho lo demandaba, pero en qualquiera manera contar su loable vida; é vínome delante que María Magdalena fué assí llamada por el castillo de Magdalo, que después de la muerte de su padre le vino en suerte, é fué nacida de muy claros parientes; é viviendo fuera de castidad, dello por la abundancia de las riquezas, dello por su gran fermosura, que de ligero es aparejada á sobresalir; é oyendo que estaba acostado en casa de Simón leproso aquella luz verdadera, que nos lauó con su sangre, alumbrada con luz divinal, se fué allá, é non osando parecer en medio de los justos, púsose detrás cerca de los pies del Señor, é con gran fiducia se los lauó con lágrimas, é los limpió con los cauellos; é los ungió con ungüento, á quien el Redemptor de todos, Christo Jesús, por sola su creencia dió tan grandes beneficios, ca todos sus pecados la perdonó, é la libró del poderío del diablo, é la encendió de su amor, é la fizo toda suya, é quiso posar en su casa, é por su maravillosa bienquerencia á su hermano, de quatro días muerto, retornó á vida; é afirma San Ambrosio, que ésta, cuya vida fué después en cosas honestas é grandes, al tiempo de la gracia fizo la primera penitencia en el yermo, é que, asentada á los pies del Señor, encomendó á memoria sus muy suaues palabras, é estouo á su Passión, é adereszóle ungüentos preciosos; é por gracia singular, los otros Discípulos idos del sepulcro, ella non se partió dende, é Jesuchristo, resurgendo, apareció á ella primero, é la ordenó Apóstola; é quando los Judíos echaron á los Discípulos del Señor de los términos de Judea, ellos, pasando las diuersas naciones de los Gentiles, sembraban la palabra de Dios. En este derramamiento Máximo, María Magdalena, Lázaro su hermano, Marta, é otros muchos Christianos puestos en un navío fueron embiados por la Mar sin governador, porque todos pereciessen en uno; empero por la voluntad de Dios llegaron saluos á Marsella, dende porque non fallaron ninguno que los reciuiesse en posada, acogiéronse á un portal, que estaba delante el templo de la ciudad; é quando vió esta santa el pueblo ir al templo á ofrecer sacrificios á los Dioses, se levantó, é con alegre cara, é suaue palabra, les prouó á desbiar del servicio de los ídolos, é ensalzó con grandes loores á Jesuchristo; é que en tanta caridad ardió, que, viniendo el Príncipe de aquella provincia en uno con su mujer á sacrificar á los Dioses por auer fijos, ella, predicando á Christo, les estorbó que non sacrificassen; é pasados algunos días apareció en visión á aquella Dueña, é díjola: ¿Por qué, teniendo tan grandes riquezas, dejas perecer á los Santos de Dios de fambre, é de frío? é amenazóla, si non aconsejasse al marido que los amparasse; é ella, auiendo miedo, non osó contar la visión al marido, é la noche siguiente le apareció al marido, é á ella; é ellos, espantados con temor, acordaron que mejor era facer á su guisa, que caer en la ira de su Dios, que predicaba; é recibiéronlos á posada, é diéronles lo que avían menester; é un día María, sembrando la palabra de Dios, la dijo el Príncipe: ¿Entiendes que podrías defender la feé, que predicas? María respondió: Por cierto presta so á la defender, como aquélla, que es firmada por la dotrina, é milagros de San Pedro, mi maestro, que está mayoral en Roma. El Príncipe la dijo: Prestos somos de creer, si del Dios, que predicas, nos ganares un fijo. Entonces la Santa rogó por ellos al Señor, é fué oyda. Entonces el Príncipe ordenó de ir á Roma á probar si era como ella predicaba; é porque la mujer contendía de ir con él, aderezó un nauío, é lleuóla consigo, é Magdalena les puso en los hombros la señal de la cruz, porque el antiguo serpiente non les pusiesse embargo en su camino; é nauegando, levantóse viento, é la mar comenzó á sobrepujar, que todos eran atribulados, en especial la Dueña preñada, tanto, que con el dolor echó luego el parto, é luego murió. ¡O marauillosa sabiduría de Dios! nacido el niño comenzó á bullir, é buscando el bien fecho de las tetas de la madre dió tristes gemidos: los marineros daban voces que fuesse echado aquel cuerpo á la mar antes que todos pereciessen, diciendo: En quanto tobiéremos con nosotros este cuerpo muerto, non cesará esta tempestad; é queriendo echar el cuerpo á la mar, dijo el marido: Dad logar (é sin mí nin á ella non querades perdonar) dad logar á este niño, que llora, é dejad un poco, si esta mujer con el gran dolor está amortecida, podrá retornar. ¡O infinita clemencia de Dios! que salió en el tiempo necessario á los que en él esperan, pareció un otero non muy lueñe del nauío: el qual visto, entendió que era mejor lleuar allá el cuerpo de la criatura, que non echarlo en la mar; é los marineros por ruego llegaron allá, é por la dureza de la tierra, non pudiendo facer guerra, en lo más encubierto del otero, echó su manto devajo, é assentó allí el cuerpo, é puso el niño á sus tetas, é saliéndole las lágrimas dijo estas palabras: ¡O María Magdalena! ¿por qué aportaste á Marsella para allegamiento de mi cuyta, y perdición? ¿é para qué tomé yo cuytado por tu consejo este camino? ¿para esto me ganaste del Señor crianza, para que mi mujer pereciesse, é el fijuelo conceuido? Cata á tí, á quien encomendé todas las cosas, é á tu Dios lo encomiendo, que si poderoso es, como tú solías decir, se acuerde del ánima de la madre, é por tus ruegos aia piedad de este chequito, que non perezca; entonces cubrió bien con su manto el cuerpo con el niño, é subió en el navío; é quando vinieron á Roma, San Pedro, que le ovo en encuentro, en haciéndole la señal de la cruz, le preguntó quién era, é dónde venía; é él contó por orden todo lo que le avía venido; é San Pedro, tomándolo en compañía, le dijo: A buen consejo diste feé; é non ayas por agro si tu mujer duerme; el niño está en uno folgando con ella; non dudes que el Señor puede tomar tu lloro en alegría. Esto dicho, lleuólo á Jerusalén, é le mostró todos los logares, en que predicó Jesuchristo, é los milagros, que fizo, é el logar de la Passión, é Ascensión, é desque fué asaz enseñado en la feé, á cauo de dos años subió como de cabo en el nauío para tornar á su tierra: nauegando con buen viento, llegaron cerca del otero, donde el cuerpo con el niño fuera puesto, é el peregrino por ruego acauó con los marineros que llegassen allá; é llegando ellos, é salido él, vido el niño, que andaba jugando, al qual la bienaventurada Magdalena auía guardado, saluo que el niño fasta entonces no auía visto á ninguno: en viéndolo ovo pauor, é fuyendo á la madre, escondióse so el manto, é éste por se más certificar llegó á ella, é falló al niño mucho fermoso pegado á las tetas de la madre, é tomándolo en brazos dijo deuotamente estas palabras: ¡O bienaventurada Magdalena! mucho me sentiría bienaventurado, si mi mujer reviviesse, porque retornasse conmigo á mi tierra; por cierto yo sé que si tú, que el niño criaste dos años en estas penas, quisieres, podrás ganar á la madre la salud, que de antes auía. ¡O cosa muy marauillosa! esto dicho, la mujer respiró, é como despertando de sueño, dijo: De grandes merecimientos eres digna, bienaventurada Magdalena, que á mi parir fuiste partera, é en todas mis necessidades pusiste gran cura; lo qual oydo, el marido, maravillado, la dijo: ¿Eres viua, amada mujer mía?—Viua, dijo, por cierto, é aun agora llego aquí de mi peregrinación, donde tú agora buelbes; é contóle que á todos los logares, que San Pedro auía lleuado á su marido, á todos la avía lleuado la Magdalena á ella. Entonces el marido tomó su mujer, é el niño, é subió alegre en el nauío, é con buen viento llegaron á Marsella, é salidos en tierra fallaron á Magdalena predicando con sus discípulos, é echados á sus pies con lágrimas, contáronla lo que les auía acaecido, é bautizólos San Maximino, é alimpiaron los templos de los ídolos, faciendo edificar nobles casas en alabanza del nuestro Redemptor; en esto la santa Magdalena, deseando la eternal contemplación, entró en un yermo muy áspero, é estovo treinta años en un logar, que aderezaron manos de Angeles, en el qual nin corrían aguas, nin árboles renobaban sus brazos, porque según esto se manifiesta que non se mantenía de comeres terrenales, mas de manjar del Cielo, é cada día á las Horas canónicas la leuantaban Angeles en el ayre. ¿Para qué me tardo más? un Sacerdote faciendo vida solitaria, escogió una cámara cerca de aquel logar por doce millas, é un día por la voluntad de Dios vió Angeles descender al logar, do ella facía penitencia, é que la levantaban en el ayre: él, queriendo saber la verdad desta maravilla, fué con devoción á aquel logar, é llegando quanto un tiro de piedra, tomóle tan gran temor que non podía ir delante, é probándolo otra vez, el santo varón entendió que sin duda éste era algún sacramento celestial, á que non podía llegar persona humanal; onde llamado el nombre de Christo, la comenzó á conjurar con grandes clamores, é díjole: Llégate más cerca; é desque más cerca se llegó, porque ella se lo contó, é sopo que era María, la que los pies del Señor lauó con lágrimas; é ella le dijo: Ruégote que vayas á San Maximino, é cura de le decir que el día más cercano de la Resurrección del Señor, á la hora que se acostumbra levantar á Maytines, entre solo al Oratorio, é fallarme ha lleuada allá por ministerio de los Angeles. Entonces él se fué á Maximino, é se lo contó todo. Maximino faciendo gracias á Dios en el día é hora señalado, entró solo en el oratorio, é vió á Magdalena estar en medio de los Angeles leuantada cerca de dos codos del suelo, é tendidas las palmas adoraba á Dios; é porque él auía miedo de llegar á ella, tornando á él, le dijo: Llega, Padre, más cerca, é non ayas miedo; é llamada toda la clerecía, é el dicho Sacerdote, esta santa con gran derramamiento de lágrimas tomó por mano de Maximino el cuerpo, é la sangre del Señor; é seyendo ante el Altar, pasó á las eternales alegrías; é después de su pasamiento al Cielo, el logar do murió dió siete días de sí gran olor de suauidad.

CAPÍTULO XV.

CRISPINA.

Vengo agora á Crispina, que fué nacida de nobles parientes: la madre la encerró con doce seruidoras en una torre, porque adorasse allí los Dioses; é porque era mucho fermosa, é la pedían muchos en casamiento, los parientes non la quisieron otorgar, porque pudiesse más libremente entender en el seruicio de los ídolos; é ella, esclarecida por lumbre Diuinal, menospreciando los malos sacrificios, encubría el incienso, que avía de ofrecer á los Dioses; é yendo el padre á ella, las seruidoras le dijeron: Tu fija non quiere sacrificar á nuestros Dioses, é afirma que es christiana; esto oydo, el padre trabajó por la traer primero por blandos consejos al seruicio de los Dioses; é trauajando tantas veces en vano, á cauo de algunos días, tornando á ella, sopo de las seruidoras, que su fija auía quebrado los Dioses, é auía dado á los pobres de Christo el oro, é la plata, é entonces la mandó despojar, é darla duras feridas, é después de ferida la mandó poner en la cárcel; la coytada madre suya, oyendo esto, rasgó sus vestiduras, é aguijó á la cárcel, é echóse á los pies de la fija, é con lágrimas dijo: Fija mía, lumbre de mis ojos, ave piedad de mí; ella, encendido el corazón en el amor de Dios, la dijo: ¿Qué dices de tu fija? saue que el nombre de Dios está fincado en mi corazón; é desque vió que en vano curaba de la aconsejar, tornó al marido, é contóle todo lo que le avía dicho: entonces el padre la mandó lleuar ante su auditorio, é mandóla que ofreciesse sacrificios á los Dioses; é fallándose en vano de su propósito, dejada la piedad paternal, mandó raer sus carnes con uñas, é despedazar sus miembros. Entonces ella tomó un pedazo de la carne, é echólo en el rostro del padre, é díjole: Toma, tirano, é come la carne, que engendraste. ¡O buen Dios! ¿quién creería agora qué padre fuesse de tanta crueza, que á su propia fija atormentasse por tan cruel pena? entonces el padre la mandó poner sobre una rueda, é aparejó fuego con aceyte devajo. ¡O maravillosa justicia de Dios! entonces la llama que se leuantó, fué causa que pereciessen mill y quinientos hombres. ¡O hombre de fierro! nin por éste tan gran milagro non quedó, antes la mandó poner en la cárcel, entendiendo que todo esto se facía por artes malas; é viniendo la noche, mandóla lanzar en la mar con una gran piedra; é esto fecho, Angeles la ayudaron luego que non pereciesse, é Nuestro Señor Jesuchristo la bautizó en medio de las ondas, é la encomendó á San Miguel Archángel, el qual la trajo salua á la riuera; esto oído, el padre, firiendo con sus manos la cara, dijo: Con encantamiento faces esto, que, lanzada en la mar, escapas sin peligro. Ella le dijo: Desaventurado, sabe que Jesuchristo me libró, é el hombre sin piedad la mandó encerrar en la cárcel. ¡O marauillosa justicia de Dios! aquella noche aquel hombre murió, é pasó á los infiernos, é sucedió en su logar otro mal Juez, el qual imaginó un cruel tormento de muerte, es á saber una cuna de fierro, encendida con azeyte, é pez, é resina, en la qual la mandó poner, é que le meciessen quatro hombres, porque más aína se tornasse en ceniza. Entonces Crispina dió muchas gracias á Dios, porque como niña tornaba á nacer, é la dejaba tornar á mecer en cuna. Entonces el Juez, encendido en ira, la mandó rapar la cabeza, é que fuesse lleuada desnuda por la ciudad fasta el templo de Apolo, é ella, mandando al ídolo, se caió, é tornó en tierra; é desque esto vino á orejas del Juez, pasmóse, é luego murió: á éste sucedió Juliano, el qual mandó encender un forno, é echar en las llamas á Crispina, é allí estobo por espacio de cinco días sin daño cantando suauemente con los Angeles, lo qual, oyendo Juliano, entendiendo que esto se facía con artes mágicas, mandóla echar dos víuoras, é dos culebras, para que la matassen; pero tampoco la empecieron. Entonces Juliano dijo al encantador: Tú eres encantador: faz que estas bestias arremetan á ella, é en faciéndolo, las serpientes arremetieron contra él, é lo mataron; entonces la santa mandó de parte de Dios á las serpientes que se fuessen, é luego se fueron al desierto, é ella tornó al hombre muerto viuo, é el Juliano mandóla cortar las tetas, de las quales manó leche en lugar de sangre, é mandóla cortar la lengua; mas por eso non perdió la fabla, é tomó la lengua cortada, é echóla á Juliano en la cara, é echándosela, cególe de un ojo, é él, ayrado, lanzóle dos saetas cerca del corazón, é una en el costado; é assí ferida, dió el espíritu á Dios.

CAPÍTULO XVI.

MARTHA.

Muy público es que Marta fué huéspeda de Jesuchristo; fué nacida de nobles parientes, é que floreció por perpetua virginidad; é pensando conmigo su muy santa vida, apenas creí que podía cauer en hombre de poder contar sus alabanzas: es cierto, que seruía con gran diligencia á Jesuchristo, é después de la Ascensión del Señor fué á Marsella con su hermano Lázaro, é Magdalena. En aquel tiempo auía sobre Ródano en el monte un dragón más grueso que un buey, é más luengo que cauallo, é tenía los dientes agudos, é los cuernos anchos, el qual comía á los hombres que pasaban, é anegaba los nauíos en el río, é al ruego del pueblo ella llegó allá, é falló al dragón, que comía un hombre en el monte. ¡O cosa muy digna de toda memoria! echándole agua bendita, é mostrándole la señal de la cruz, de muy brauo se fizo manso como obeja, é lo ató con su cintal, el qual assí atado, le mataron los del pueblo, é á aquel dragón llamaban los moradores Tarascio; onde por memoria desta cosa fasta hoy día llamaban al logar, do fué muerto, Tarascuno. ¡O buen Dios! una vez predicando ella cerca de Auiñón entre la ciudad, é el Rodano, estaba un manceuo de la otra parte de la ribera del río, é codiciando oir sus palabras, porque non tenía barco, despojóse, é prouó á ver si podría pasar á nado; mas fué luego por la fuerza del río arrebatado, é se afogó, el qual, fuyendo apenas fallado á cabo de dos días, é traydo ante sus pies, faciendo oración lo resucitó; é ella, sabiendo que era cerca del fin de su vida, con oración alegre mandó á los suyos, que estoviessen cerca della fasta le salir el alma; é diciendo palabras muy devotas, llamóla Jesuchristo, é assí pasó á aquella soberana bienandanza.

CAPÍTULO XVII.

EUGENIA.

Entre los antiguos es manifiesto que Eugenia fué mujer clara por linaje, é más clara por santidad, é fué fija de Filippo, noble entre los Romanos, é ovo ido con su padre en Alexandría, á la qual pidió por mujer Aquilino, fijo del Cónsul, á los 15 años de su edad, mas en valde; ca respondió noblemente que el marido non era de amar por nobleza de linaje, mas de costumbres. ¡O palabra digna de valor! é fué de tan excelente entendimiento, que alcanzó gloria de las siete artes liberales, la qual vino á la dotrina de San Pablo, é por tanto era alumbrada por luz de feé, é aconsejó á dos notables varones, llamados Prota, é Ajacitón, que auían conversado con ella en las casas, á donde se leya la Filosofía, que siguiessen los ejemplos de los santos; é á ellos plogo deste consejo, é tomó áuito de hombre, é fuesse á un monasterio, donde era mayoral Eleno, varón de Dios, afirmando que era varón, porque non solían ir allá fembras; é Eleno le dijo, esclarecido por divinal inspiración: Bien dices que eres varón, pues, seyendo fembra, faces obras de varón; é dende en uno con los dos tomó ávito de monje, é fízose llamar Eugenio, sirviendo mucho á Dios: vino á él una Dueña, que auía nombre Malancia; era trabajada de dolencia de quartana, é ungióla en nombre de Jesús con olio, é fué librada, é por tanto ella le ofreció grandes dádiuas, de las quales non quiso aceptar cosa; é de aquí avino esta Dueña iba muchas veces á visitar á Fray Eugenio, entendiendo que era hombre, é veyendo que florecía en mancebía, é en marauillosa fermosura de cuerpo, cayó en amores dél, é pensaba con coyta, en qué manera podría complir su voluntad con él, é fingió que era trabajada de grande enfermedad, é por tanto fízolo llamar, é él llamado vino, é descubrióle luego la ferviente llama de amor, que mucho le quemaba, rogándole que non fuesse causa que ella pereciesse: entonces Eugenio, maltrayéndola, dejóla vana de su propósito, é ella, veyéndose confusa, é aviendo miedo que él non descubriesse el fecho, comenzó á dar voces, diciendo que Fray Eugenio le auía querido deshonrrar, é dende fuesse á Filipo, padre de Eugenia, que por ordenanza del Senado auía ido allí por el Adelantado, é querellóse diciendo, que él auía entrado en su casa sin vergüenza, é auía probado de la forzar, é que si non fuera librada por ayuda de su esclaua, que acabara la maldad que auía pensado. Entonces el Adelantado mandó traer ante sí á ella, é á los otros sieruos de Jesuchristo presos en cadenas, queriéndolos todos echar en bocas de bestias brauas: é ellos traídos, dijo á Eugenia, que creya que era hombre: ¡O maluado! ¿El vuestro Jesuchristo vos enseña á trauajaros de lujuria, é ser enojosos con locura desbergonzada á las Dueñas? ¡O muy santa humildad! los ojos puestos en tierra, respondió: Jesuchristo podemos mostrar que prometió eternal bienandanza á los que guardan castidad; é también podemos mostrar que Malacia dijo falso testimonio; pero mejor es que suframos pena, que non que ella, por ventura vencida, sea penada, é el fruto de nuestra paciencia se torne en nada; mas sea apremiada el esclaua, que dice que saue deste pecado, para que sea convencida de mentira: ella trayda, clamaba sin alguna vergüenza, aconsejada por amonestamientos de la señora: este desvergonzado probó á deshonrrar á mi señora; entonces Eugenia, porque ella non se gloriase por ventura en su malicia, rasgó las bestiduras desde la cabeza fasta los pies, é mostróse en secreto á algunas Dueñas cómo ella era fembra, é dijo al Adelantado: Tú eres mi padre, é Claudia es mi madre; estos dos, que contigo están, Artiro, é Sergio, son mis hermanos; yo soy Eugenia, tu fija: él oyendo esto, é reconociendo la fija, soltó los ojos en lágrimas, é él, é la mujer se fueron á la abrazar. ¡O cosa de temer con razón! fuego, que cayó del Cielo gastó luego á Malacia: esta virgen, digna de grandes loores, trajo con su buena destreza al padre, é á la madre, é á toda su familia á la feé de Jesuchristo, é el padre desechó el Adelantamiento, fué elegido por Obispo de los Christianos, ocupándose de oraciones; matáronlo los infieles, é Eugenia en uno con su madre, é con los otros parientes se tornó á Roma, é trajo muchos á la feé. ¡O cosa indina! por mandado del Emperador le fué atada una gran piedra, é fué echada en el río Tíber, lo qual fecho, andaba salua encima del agua, é dende fué metida en forno ardiente, é en él apagado su ardor era guardada con suaue refrigerio, lo qual es grande argumento de su santidad; é demás ella, seyendo encerrada en la cárcel diez días sin vianda, dando testimonio que Jesuchristo la trajo pan más blanco que la nieue, é la dijo: Toma vianda, ca yo soy Christo, á quien siempre amaste; sabe que pasarás al Cielo el día que yo fuy dado al mundo; é assí el día de la Natividad del Señor le fué cortada la cabeza, é boló con corona de martirio á la soberana bienandanza.

CAPÍTULO XVIII.

EUFEMIA.

El fecho demanda que después de Eugenia nuestro decir se torne á Eufemia, que fué fija de un Senador, la qual, seyendo crecida en edad, é veyendo los Christianos ser atormentados por crueles penas, fué al auditorio del Juez, é confesó manifiestamente á Jesuchristo, é assí avino á los otros por su ejemplo. ¡O virgen de ensalzar con razón! que en caso que tenía valor de linaje, de edad, é de fortuna, pero menospreciándolo, acordó de su grado poner su cuerpo á cruas penas, porque se diesse á sí mesma en sacrificio á Dios, é el Juez mandó matar algunos christianos, entendiendo que los otros se espantarían por la muerte de aquéllos, é sacrificarían á los Dioses; Eufemia, entendiendo más en el amor de Dios, quejábase que él la auía fecho injuria; é el Juez, alegre porque pensaba que quería ofrecer ella sacrificios á los Dioses, preguntóla: ¿Qué injuria la auía sido fecha? Eufemia respondió: ¿Qué enojo me puedes tú facer más graue, que, seyendo yo noble de linaje, querer tú anteponer los non conocidos á mi nobleza, é dejar ir á ellos con palma de Martyrio á aquel ayuntamiento de los Angeles, antes que á mí? El Juez la dijo: Entendía que eras tornada en tu primero buen seso, é alegrábame, porque te hauías acordado de tu dignidad; maguer esto dicho fué en la cárcel encerrada, é seyendo trayda en uno con los otros presos sin prisiones otro día ante el Juez, ella se quejó mucho porque contra las leyes de los Emperadores la perdonaban las prisiones, é dende ferida de puñadas, fué encerrada en la cárcel. ¡O buen Dios! muy suaue es el encendimiento de tu amor, de guisa que desde que comienza alguno á arder en él, cada día se inflama más; ella otra vez fué puesta sobre una rueda, cuyos fierros eran blancos de fuego, é el maestro, estando asentado en la rueda, dió señal á los que la trayan, para que, quando él diesse sonido, la trajiessen todos á una, porque assí fuesse el cuerpo de la moza despedazado con los fierros ardientes;

mas por ordenanza de Dios acaeció que se cayó la ferramienta, con que aderezaba la rueda; é assí ellos, trayéndola por esta señal, fué gastado, é muerto, é la virgen quedó sin daño sobre la rueda, é sus parientes movidos con dolor, pusieron fuego debajo á la rueda, é quisiéronla quemar; mas la rueda quemada por el fuego, el Angel libró á la virgen del encendimiento, é la trajo á un logar alto; entonces un hombre, que era llamado Apopillario, dijo al Juez: Sabe que la virtud de los christianos non puede ser vencida, sinon con fierro; por ende aconséjote que la mandes cortar la cabeza: creyólo el hombre de poco sentido, é mandó que esto se ficiesse assí; é luego fué todo ocupado de perlesía, de manera que apenas fué lleuado dende viuo, é al fin ella traída, el Juez mandó todos los manceuos entrassen, é llegassen á ella, é tanto la enojassen fasta que muriesse; é entrando uno dellos á ella vió muchas vírgenes cerca della de fermoso gesto, é tornóse christiano. ¡O cosa de marauillar! el Juez mandó colgar la virgen por los cauellos, en que estovo sin movimiento; mandóla traer á la cárcel sin vianda, é que la toviessen apretada siete días entre piedras muy duras; mas el Angel la dió de comer, é que por sus oraciones della, las piedras fueron desatadas, é tornadas en polvo; é él, aviendo vergüenza por ser vencido de una moza, mandóla echar en una cueba con tres bestias fieras de tanta braueza, que todos los hombres comían, é las bestias fuéronse á ella con falagos, é fecho su ayuntamiento, aderezáronla logar en que se assentasse; é el Juez, sintiéndose muy confuso, porque el Adelantado con angustia era ya cerca de muerte, entró á ella el carnicero, por vengar la injuria de su señor, é matóla con un cuchillo; é ella, muerta, se fué á la soberana bienandanza, é el berdugo, á quien el Juez por galardón auía onrrado con ropa de oro, é seda, en saliendo, luego lo mató un león, é por los merecimientos della todos los Judíos, que allí estaban, é los Gentiles fueron convertidos á la feé; é ella non dejó cosa olvidada de las que pertenecen al seruicio de Dios, é á la santidad de la vida.

CAPÍTULO XIX.

JUSTINA, É MARGARITA.

Escribiría con razón tras Eufemia á la Virgen Justina, si non fuesse por la santidad de Margarita, que me amonesta, la qual Justina fué fija de un sacerdote de Antiochía, é floreció por noble fermosura, é marauillosa discreción, é la amó mucho Cypriano, á la qual sus parientes á los siete años de su edad consagraron á los malos espíritus, é venció ella los engaños del diablo por su marauillosa santidad, é fué toda encendida en el amor de Dios; é vistos algunos milagros fué afeytada con corona de martyrio, é en lo postrimero pasó á aquel ayuntamiento de los Bienaventurados; pero á Margarita, que fué también llamada Pelaya, quiero tornar mi palabra: ésta ovo tres cosas: muy fermosa de gesto, noble de linaje, é divisada de buenas costumbres; mas con todo esto fué esclarecida por resplandor de tan marauillosa castidad, que nin aun ver non se dejaba de los hombres; é seyendo demandada por mujer de un fijodalgo, fueron aparejadas todas las cosas que complían para las bodas, por consentimiento de ambas partes con muy gran abasto de riquezas; é al día señalado el mozo, é la moza, é todos los otros nobles, teniendo el tálamo aderezado, celebraron sus fiestas con pompa, é alegría; é la Virgen, sospirando, comenzó á pensar en su corazón, en qué placeres tan sin fruto era traída la honrra virginal, é dende echada en tierra, acatada la excelencia de la virginidad, é los non agradables trabajos de las bodas con tanta examinación, que, non curando de las alegrías mundanales, se cercenó los cauellos, é tomando ávito de hombre, se fué á un monasterio; é diciendo que le llamaban Pelayo, el Abad le recibió en compañía, é con diligencia la enseñó, é ella faciendo religiosa vida, muerto el Provisor de unas Monjas, aunque contra su voluntad della, el Abad con consejo de los antiguos le puso por Prelado en el Monasterio de las Vírgines, é ella, dándoles mantenimiento, non solamente corporal, mas aun espiritual, é derechamente el diablo, movido con embidia, ordenó con asaz sotileza de empachar su bienandante vida con tacha criminal; ca fizo caer en pecado de luxuria á una Virgen, é desque le crecía el vientre, como ya non se podía encobrir, ovieron gran vergüenza, é dolor las Vírgines, é también los Monjes, pensando que Pelayo auía cometido este pecado, pues era familiar dellas, de guisa, que todos lo ordenaron, é echáronlo deshonrradamente del Monasterio, é encerráronlo en una cueva, é dende fué elegido un frayle áspero, que le daba continuamente pan de ordio, é agua. ¡O marauillosa paciencia! non con corazón quebrantado, mas grande, sufrió todas las cosas sin turbación, dando gracias á Dios; postrimeramente, sintiendo ya ser su fin cerca, embió á notificar al Abad, é á los Monjes, diciéndoles: Yo nacida de noble linaje, quando era seglar, fuy llamada Margarita; é porque pudiesse seguramente pasar la mar de la tentación, que en latín llaman Pelago, púseme nombre Pelayo, é yo inocente fiz penitencia: por ende vos ruego, que, á la que los hombres non conocieron ser fembra, las santas hermanas la den sepultura, é las fembras reconozcan ser virgen á la que los calumniadores juzgaban adúltero: esto sabido, todos los Monjes se fueron á la cueva, é la fembra, dada á las fembras, fué fallada sin tañimiento, folgando con el Señor bienaventuradamente.

CAPÍTULO XX.

SECILIA.

Agora se ha de facer mención de Secilia, porque non parezca que dejo su santidad por pereza; é para tomar complidamente el comienzo de su loable vida, es de saber que ésta fué virgen muy noble, de linaje de Romanos, é desde la niñez fué criada en la feé de Jesuchristo; é porque su virginidad fuesse guardada rogó á Dios secretamente, estando desposada con Valerio, é venido el día de la boda en su voluntad cantaba á los órganos, diciendo estas palabras: Señor, fecho sea el mi cuerpo é corazón sin corrompimiento, porque non sea confondida; seyendo venida la noche, en que se ovo de ajuntar con su esposo, según se suele facer, entrando en la cama, non con corazón quebrantado por lujuria, mas cercado de marauillosa continencia, dijo: ¡O mancebo muy dulce, é muy amado! cierto es lo que te quiero descobrir, si me prometieres con juramento que lo guardarás; él prometió que por necessidad nin razón alguna descubriría lo que oyesse: entonces dijo ella: Sabe que soy mucho en amor con el Angel del Señor, que está siempre conmigo; é éste, si sintiere que ensuciando el amor suyo es afeada la fermosura de mi tierna virginidad, luego serás ferido dél, é perderás la flor de tu fermosa mancebía, é si sopiere que me amas con casto amor, serás á él muy agradable como yo. Entonces Valerio, esclarecido algún tanto por lumbre divinal, dijo: Si quieres que dé feé á tus palabras, muéstrame el Angel, é si fallare que es verdad lo que afirmas, sin duda yo faré lo que me aconsejas; é si sintiere que eres presa de amor de otro hombre, á tí, é á él mataré con fierro. Secilia le dijo: Si quieres creer al Dios que yo adoro con entera, é pura intención, é assimismo bautizarte, verás al Angel, que yo te predico; é ve agora á tres millas de la ciudad, é dí á los pobres que fallares en el camino: Secilia me embía á vosotros, para que me mostredes el viejo Urbano; é desque lo vieres, cuéntale todo lo que te he dicho; é quando dende tornases lavado con el Sacramento del Bautismo, verás sin duda al Angel; el manceuo fué luego allá, é falló á Urbano, Obispo, escondido entre las sepulturas de los Mártyres, al qual contadas todas las cosas, tendidas las manos, é mojada la cara de lágrimas, dijo: Señor Jesuchristo, sembrador del casto consejo, reciue los frutos, que sembraste en Secilia; Señor Jesuchristo, pastor bueno, Secilia, tu sierua, como aveja muy cuydadosa, te sirue; ca el esposo, que tomó brauo como león, embíatele manso como cordero; é luego apareció uno muy cansado de vejez, vestido de vestiduras blancas como nieue, que tenía en la mano un libro figurado con letras de oro, é desque el mancebo lo vido cayó en tierra como sin alma; mas él lo levantó, é leyó assí: Un Dios, é Padre de todos, que es sobre todas las cosas, é en todos nos, un Dios, é una feé, é un Bautismo; é desque esto leyó, el viejo le dijo: ¿Crees esto ser assí, ó dudas? Al qual él respondió á voces: Non ay cosa, que se pueda creer más verdadera; esto pasado, desapareció de sus ojos el mancebo bautizado por Urbano: tornándose á casa, falló á su esposa en la cámara fablando con el Angel, é el Angel tenía dos guirnaldas de rosas, é dió la una á Secilia, é la otra á Valerio, é les dijo: Guardad con limpio cuerpo éstas, que son de parayso, é por tanto en ningún tiempo nunca se farán marchitas, nin dejarán de lanzar suaue olor; é dijo á Valeriano: Porque diste feé al prouechoso consejo, pide qualquier cosa, que te pareciese; é él, pidiendo que su hermano oviesse conocimiento de la Feé, por ruegos de Secilia, ambos fueron esclarecidos por lumbre de la feé, é con palma de Martyrio se fueron á la soberana bienandanza; é tornando á mi propósito, el Adelantado Almathio, que á ellos auía mandado cortar la cabeza, con codicia de tomar sus bienes, fizo llamar á Santa Secilia, é venida, mandóla que diesse sacrificio á los Dioses, si non que la sacaría el Alma; non se partió por miedo de la muerte del propósito que auía tomado; mas ordenó antes morir, que dejar aquel saludable consejo; é llorando muchos porque moza tan fermosa se ponía á la muerte, ella dijo: Mancebos muy buenos, esto non es perder, como pensades; mas dar lodo, é tomar oro, dar morada vaja, é tomarla preciosa; si alguno vos diesse por poca cosa muchos bienes, ¿non los tomaríades con mucha diligencia? Dios, por mayor medida, da ciento tanto por lo que reciue con marauillosa largueza; ¿non creéis ser verdad lo que predico? Ellos decían: Por cierto creemos que Jesuchristo es verdadero Dios, pues tal familia le plogo tener; esto dicho, quatrocientos é más fueron bautizados por Urbano; é dende el malbado hombre Almathio preguntó á Secilia: ¿De qué condición eres? Secilia respondió: Por cierto yo soy noble de linaje. El Adelantado dijo: De la Religión te pregunto. Secilia dijo: Essa pregunta tiene el comienzo desbariado, porque parece comprehender dos respuestas. El Adelantado dijo: ¿Dónde te viene tan gran sobervia de corazón? Secilia le dijo: De buena conciencia, é feé limpia. El Adelantado la dijo: ¿Non sabes tú de cuánto poderío soy yo? Secilia le respondió: Tu poderío es como odre lleno de viento, que si lo foradaren con una abuja, perdida su grandeza, luego se abaja. El Adelantado la dijo: En injurias comenzaste, é dellas usas neciamente. Secilia le respondió: Non se llama injuria, saluo la que se face con palabras mentirosas, é por tanto, si algo dije fuera de verdad, puedes tú decir con razón que eres abatido por injuria, é donde non, castiga á tí mismo, que faces el agrauio; ca nos los que sabemos el nombre de Dios ser tanto, non podríamos desdecirnos, que mejor es morir gloriosamente que vivir con mezquindad. Entonces el Adelantado, movido con ira, dijo: ¿Por qué fablas tan soberviamente? Secilia respondió: Non fablo soberuio, como piensas; mas firme. El Adelantado dijo: ¿Non sabes, desabenturada, que me es dado poderío de dar la vida? Secilia le respondió: Quiero probar que mentiste agora, ca puedes quitar la vida á los que viven, mas darla á los muertos non puedes; pues, si bien acatares, eres facedor de muerte, é non de vida. El Adelantado la dijo: Quítate desta locura, é faz sacrificios á los Dioses. Secilia le respondió: A los que dices que son Dioses, vémoslos que son piedras.—El, encendido en saña, mandóla lleuar, é ser penada todo el día, é la noche en baño firuiendo, en el qual, ayudada por socorro divinal, non fué trabajada por ningún tormento. Lo qual, oyéndolo el Adelantado, non temprado por el milagro, mandóla cortar la cabeza, é el berdugo de tres golpes non se la pudo cortar; é porque según ordenanza era defendido de non ferir quarta vez, fuesse, é dejóla medio muerta, é vivió tres días, é dió todos sus bienes á los pobres, é encomendó á los que auía tornado á la feé á Urbano, é díjole: Gané del Señor plazo de tres días por encomendar éstos á tu feé, é esta casa conságrame por Iglesia; é esto dicho, murió bienaventuradamente.

CAPÍTULO XXI.

ELISABET, MADRE DE SAN JUAN BAUTISTA; PELAYA, RASIA, É SANTA CATHERINA.

Aviendo ordenado de concluir las palabras de las santas Mujeres, é pensando yo quién podría más dignamente venir á esto, me vinieron á la memoria: la primera Elisabet, la qual, cansada ya por gran longura de días, por ordenanza de Dios concivió á San Juan Bautista, é valió por gran santidad; la segunda Pelaya, de la ciudad de Antiochía, la qual, por la gran pieza de riquezas, é marauillosa fermosura de su cuerpo, de primero vivió deshonestamente; pero después fizo penitencia, é murió bienaventurada; la tercera Rasia, mujer pública, la qual también fizo penitencia, é fué asentada entre aquel ayuntamiento de las ánimas bienaventuradas; la quarta Cathalina, Virgen, fija del Rey Costo, la qual fué esclarecida por disciplina de todas las artes, é por maraullosa fermosura de cuerpo, é por señalada santidad; é pasando yo la vida destas todas, pareciómé que ésta debía ser antepuesta á las otras; é por ende, esta moza excelente porná fin á las santas mujeres; é para que parezca quán noble fué su santidad, es de saber que Magencio, Emperador, ordenó ir á Alejandría, á todos assí ricos, como pobres, para ir á sacrificar á los Dioses, é apremió á los Christianos que celebrassen estos sacrificios: esta gloriosa virgen, oydos los cantares, é sabida la razón, tomó consigo algunas, é aderezóse con la señal de la Cruz, é fué allá, é veyendo muchos christianos, que con miedo de la muerte eran lleuados á aquellos malvados sacrificios, é movida con gran dolor, delante del César con gran corazón dijo estas palabras: Assí tu dignidad, como la razón me aconsejaban, que yo dijesse saludación á tí, que al presente usas de la muy alta dignidad, si conociesses derechamente al soberano Príncipe de todas las cosas, que te crió, é quitasses el corazón de los Dioses; é fabló con él ante la puerta del templo por muchas conclusiones de Sylogismos; é después apartólo á fabla familiar, é díjole: ¿Para qué allegaste tan gran muchedumbre de gente á estos feos sacrificios? ¿Maravillaste deste templo fecho por mano de hombres, ó maravillaste de los preciosos ornamentos dél, que assí como fumo ante la faz del viento serán desfechos? Marauíllate del mejor de la muy larga tierra, é de la mar, é de las cosas, que en ellos son; marauíllate del cielo, del Sol, é de la luna, é de las Estrellas; é marauillándote, conoce á aquél, que non solamente rige todas estas cosas por una razón muy excelente, mas las crió; é si tú, alumbrado por lumbre Diuinal, en qualquier manera lo pudieras acatar, nin le fallarás egual, nin aun con el corazón lo entenderás: por ende á él adora, que es Dios de los Dioses, é Señor de los Señores; é diciéndole mucho de la Encarnación de la Palabra, que es el fijo de Dios, muy sabiamente. César, marauillándose de su fablar suaue, é non pudiendo ir contra sus razones, dijo: Moza, déjanos acabar los sacrificios, é darte hemos respuesta; é mandóla lleuar á su Palacio, é guardarla con diligencia, ca su fermosura era tan grande, que en los ojos de todos era marauilla. El Emperador fué á ella, é la dijo estas palabras: Con gran marauilla te oymos fablar muy altamente; mas en los fechos de Dios non podimos entenderlo todo; agora que estamos libre de cuydado, preguntámoste tu linaje. Cathalina le respondió: En caso que es escrito, non te alaues, nin te denuestes, etc. Contarte he mi linaje, non por vanagloria, mas porque lo codicias saber: yo soy Cathalina, fija del Rey Costo, que puesto que fuy deleytosamente criada, é aprendí las artes, pero todo lo deseché por darme libremente á Jesuchristo; ca estos Dioses, que con tanta eficacia sirues, nin pueden ayudar á sí, nin á otros. Maxencio dijo: Si assí, como tú dices, es, todos son guiados por ciego error, é á tí sola es dado conocer la verdad; mas pues en testimonio de dos ó tres está toda palabra, aunque fueras Angel, ninguno non te debía dar feé, quanto menos que eres moza. Cathalina dijo: Ruégote que non te cebes al devaneo, porque es escrito: si te rigieres por el juicio, serás Rey, é si por el cuerpo, serás sieruo. Dijo Maxencio: Con muy mala sotileza non pienses engañar, entendiendo que nos has de traer por autoridad alguna; é viendo que non podía ir contra sus razones, mandó por sus cartas venir á él todos los sabios, diciendo que les daría grandes dádiuas, si á la moza venciessen disputando; é seyendo traydos de diuersas Provincias cinquenta varones excelentes de toda ciencia, demandaron que ¿para qué los auían llamado de tan desviadas partes? El Emperador les respondió: Está aquí una Virgen, que resplandece por divinal ciencia, la qual confunde á todos los varones claros de ciencia, é afirma que nuestros Dioses non son Dioses, mas demonios; é por ende si vencer la pudiéredes, tornará cada uno á su tierra con gran loor. Ellos dijeron: Venga acá la Virgen, porque conozca que nunca fabló con hombres valientes en ciencia. Cathalina, antes que llegasse á la gloriosa pelea, encomendóse toda al Señor; el Angel la amonestó que comenzasse con firme corazón este fecho tan grande, afirmando que ella non solamente non podía ser vencida, mas antes los enderezaría para palma de martirio. Cathalina dijo al César: ¿Con qué juicio te moviste en mandar llamar tantos Filósofos contra una moza, prometiéndoles dar grandes dádiuas por la vitoria, é á mí apremiaste que entre en esta dura pelea sin esperanza alguna? pero Jesuchristo me será esperanza, é corona de galardón. Cathalina mostró, disputando agudamente con los Filósofos por muy claras razones, que sus Dioses dellos debían ser escarnecidos, é ellos con gran pasmo callaron. Entonces el César, encendido en ira, los comenzó á maltraer, porque assí torpemente auían dado logar á que fuessen vencidos de una moza; é uno dellos, que era más excelente que los otros en sabiduría, dijo al César: Sepas, César, que nunca ninguno pudo ir contra nuestras razones; mas esta moza, cuyo entendimiento está alumbrado por lumbre de Dios, assí nos ha tornado en pasmo, que non podemos decir cosa contra Christo; é por ende nos otorgamos firmemente que, si sentencia más probada non nos dieses agora de los Dioses, todos en uno nos convertiremos á la Feé de Jesuchristo. Entonces el Emperador, movido con saña, mandólos quemar á todos juntos en medio de la Ciudad; é Cathalina los enseñó en la Feé, é los esforzó para reciuir gloriosamente el martyrio; é ellos, seyendo lanzados en las llamas, dieron los espíritus á Dios, que non sintieron daño en las ropas, nin en los cauellos, los quales, después que fueron dados á sepultura, el César fabló con Cathalina, diciendo assí: Virgen generosa, á la tu floreciente mocedad yo dó consejo, ca después de la Reyna, si sacrificases, serás delantera en Palacio de todos en dignidad, é será puesta tu imagen en público, é á tí, como Diosa, serán fechas honrras diuinales. Cathalina le dijo: Déjate de hablar tales cosas, que es mal solamente pensarlas; ca yo me ofrecí por esposa á Jesuchristo: ésta es mi gloria, éste es mi amor, del qual nin por falagos, nin por tormentos ninguno me podrá jamás arredrar. Entonces el César la mandó despojar, é despojada, la mandó ferir con escorpiones; é encerrada en obscura cárcel la mandó atormentar de crueles penas; é seyendo ocupado de grandes cuydados, é yendo el fecho á la luenga, la Reyna, encendida en el amor de la Virgen, fué de noche á la cárcel con Porfirio, Príncipe de la Cauallería; é entrando en la cárcel, vióla toda alumbrada de gran resplandor, é la Virgen con muy santos amonestamientos la trajo á la Feé de Jesuchristo, é alargó con ella sus palabras fasta la media noche, predicándola palma de martyrio; é Porfirio, enamorado assí de su santidad como de la dulzura de su fabla, echóse ante sus pies, é con ducientos Cavalleros creyó en Jesuchristo. ¡O testimonio de marauillosa santidad! encerrada en la cárcel se mantouo doce días de manjar celestial, que le fué embiado de Dios por una paloma, é la apareció Jesuchristo con gran muchedumbre de Angeles, é la dijo: Fija, conoce al tu Criador, por el qual ordenaste de entrar en la gloriosa pelea; sé de firme corazón, ca siempre seré contigo. El César mandóla traer ante sí, é veyéndola más fermosa que solía, donde creya que por la luenga fambre estaría más flaca, entendió que los carceleros la auían gouernado, é mandólos penar con tormentos; é la Virgen le dijo: Sepas, César, que yo non ove vianda de mano de hombres; mas Jesuchristo me embió con el Angel gouierno. El César la dijo: Ruégote que non cures de nos responder con dudas; ca non te codiciamos auer por sierua, mas serás nuestra mujer. Cathalina le dijo: Ve, César, y mira entre tí mesmo quál destos entenderías que debrías antes escoger: Reyno glorioso é eternal, ó infierno lleno de todas mezquinidades. El César, mouido con gran saña, dijo: Cumple que escojas una de dos: ó faz sacrificios á los Dioses, ó por diuersas maneras de tormentos darás el ánima. Cathalina dijo: En tu poderío es de me matar, si te place: non lo aluengues; ca yo ofrezco mi cuerpo á Jesuchristo, assí como él de su grado se ofreció por mí: él es mi Dios, mi pastor, é mi esposo. Entonces el César mandó facer quatro ruedas, con unos cuchillos muy agudos guarnecidas, porque la despedazassen miembro á miembro, é los otros Christianos se espantassen por el ejemplo de tan cruel muerte; non espantada por la nueua manera de muerte, mas con grande corazón, faciendo primero oración, con alegre cara llegó á la pena; é seyendo puesta entre las ruedas, el Angel firió aquella rueda con tan gran rebato, que de los pedazos que bolaban parecieron feridos quatro mill Gentiles. La Reyna, que fasta entonces se hauía encubierto, viendo esto, descendió luego, é maltrajo al César con duras palabras; é él, ensañado porque non quiso dar sacrificio á los Dioses, quitóla las tetas, é mandóla degollar; é lleuándola al Martyrio, rogaba á Cathalina que rogasse por ella á Dios; é Cathalina la dijo: Non ayas pavor, Reyna amada de Dios; ca oy alcanzarás por Reyno, en logar del que muy aína ha de perecer, el Reyno eternal, é en logar de esposo mortal, habráslo inmortal. É después de la Reyna muerta, Porfirio encubiertamente tomó su cuerpo, é lo dió á sepultura; é otro día, andando inquiriendo quién auía tomado el cuerpo de la Reyna, llebaban á muchos por mandado del César para los atormentar sobre ello; é salió en medio Porfirio dando voces: Yo enterré la sierua de Jesuchristo, é tomé la feé. Entonces el César, encendido en saña, dió una terrible voz á manera de bestia braua, diciendo estas palabras: El cuytado de Porfirio, á quien auía ordenado de encomendar mi vida, es burlado; entonces los otros caualleros juntos dijeron: Nos, como Christianos, somos aparejados para reciuir la muerte; é por esto él, tornándose como loco, mandólos degollar á todos con Porfirio, é que fuessen sus cuerpos echados á los canes para que los despedazassen; é al fin llamó á Cathalina, é díjola: Aunque has engañado á la Reyna con arte mágica, pero con todo, si sacrificares, habrás el primero logar en mi Palacio; é por tanto, ó da sacrificios á los Dioses, ó padecerás pena de muerte. Cathalina dijo: Faz lo que te pluguiere, que por cierto aparejada me fallarás para sofrir todos tormentos por Jesuchristo; dada la sentencia, é seyendo lleuada al logar de la pena, alzó los ojos al Cielo, é fizo oración en esta guisa: O esperanza, é salud de los creyentes, honrra, é gloria de las Vírgines, buen Jesús, ruégote que qualquier que ficiere memoria de la mi passión al salir del ánima, ó en cualquier necesidad me llamare, que alcance efecto de acogimiento tuyo. Fenecida la oración, fué oyda una voz del cielo: Ven, amada mía, é esposa mía: la puerta del Cielo te está abierta, é todo lo que pides te es otorgado; é después que le fué cortada la cabeza, fallóse que manó de la ferida leche en logar de sangre; é su cuerpo fué lleuado por manos de Angeles al monte Sinaí, que está apartado del logar do murió treinta jornadas, é fué allí sepultado, el qual fasta oy día mana olio que sana toda enfermedad.

FIN, É CONCLUSIÓN DE TODA ESTA OBRA.

Como quiera que muchos otros ejemplos, é claras vidas se nos representen en honrra, é loor de las claras, é virtuosas mujeres de nuestro tiempo de todos estados, mayor, mediano, é menor, de las quales algunas dellas oy viuen, cuya vida gloriosamente ha resplandecido dentro de los términos de las nuestras Españas, que muy digna sería de memoria perdurable; perdónennos aquéllas, si faciendo fin aquí al nuestro libro, las sus vidas virtuosas traspasaremos; ca seyendo aquestas por nos loadas más de lo que debían, habría contra nos logar la suspición, por hauer seído aquéllas de la propia nuestra patria, é aun algunas dellas contemporales al nuestro tiempo; é si menos fuessen loadas de quanto mereciesen, podría la virtud de aquéllas redarguir de error á la nuestra escritura; assí que por fuir de lo uno, y excusarnos de lo otro, é aun por non ir contra la dotrina del Sabio en el Ecclesiastés, donde dice: Non loes á ninguno antes de su muerte; con lo qual bien concuerda aquel varón Griego de grande sabiduría, llamado Solón, uno de los siete sabios de Athenas, del qual face gran fiesta Aristóteles en el su libro primero de las Ethicas; é por esta misma razón la Iglesia de Dios, quando celebra fiesta de algún santo, non la face en el día de su nacimiento, mas en el día que muere; porque después de la muerte estamos ya seguros que ninguno non puede pecar;

mas en tanto que hombre viue, muchos mudamientos pueden acaecer por él; é assí faciendo fin á la presente obra, decimos que claramente se concluye, que en todos tiempos siempre se ovo nuestro Señor Dios, mediante todo beneficio natural, é assimesmo toda gracia diuinal, larga, é complidamente con la generación de las mujeres, assí como con los hombres; por donde cesa la non sabia osadía de los que contra éstas han querido decir, ó escribir, queriendo amenguar sus claras virtudes, mas que á los hombres; ca los tales claramente parecen negar aquello que por experiencia, é vista de ojos se veé, es á saber, la mucha bondad, é honestidad, que auemos visto en las que fueron en nuestros tiempos, ya desta vida pasadas, é conocemos en las presentes, que oy son, é assimesmo aquello, de que nos dan verdadera feé de las antepasadas, no solamente los auténticos Autores de los Gentiles, mas aun la diuinal Escritura, é otrosí los santos Doctores de la Iglesia de Dios, non embargante que algunos de voluntad, ó por ignorancia, non entendiendo bien las autoridades de aquéllos, ayan querido escribir algunas cosas non honestas contra las claras, é virtuosas mujeres, los susodichos quedan vanos, é non verdaderos, según en cada uno destos tres libros es complidamente probado; é assí con gran razón de aquí adelante deben callar los maldicientes, é non osar disfamar contra las claras Mujeres, á las quales todos los varones somos muy obligados, porque á las madres debemos mucha reuerencia, é seruicio por los grandes trabajos que ovieron en nos traer en los sus vientres, é por los dolores, é peligros, que pasaron en nos parir, é por los grandes travajos, que ovieron en nos criar, é dotrinar, por respeto de lo qual Nuestro Señor Dios, en la su Divinal Ley, igualando las madres con los padres en los sus diez Mandamientos, nos manda que honrremos á nuestras madres, assí como á nuestros padres; assimesmo debemos de amar, é honrrar á nuestras virtuosas mujeres por la buena, é agradable compañía, que dellas recibimos, sin la qual (según dice el Filósofo), non puede ser ninguna cosa agradable en esta vida; é por esto, desque Dios ovo criado al hombre (según dello da testimonio la ley diuinal en el libro del Génesis), dijo assí: Non es cosa conveniente, nin buena, que el hombre esté solo; mas querémosle dar ayuda semejante dél, es á saber la mujer, la qual Dios crió por sí mesmo, non del limo de la tierra, como crió á Adán, mas del cuerpo, é carne mesma del hombre, según da feé dello la sacra Historia en el dicho libro, en el qual expresamente mandó Dios, que dejados el hombre sus padres, ficiesse buena compañía á su mujer, é que fuesen dos personas en una, pues la mujer es tomada del varón, é de su mesma carne, é cuerpo, é allende de las madres é mujeres nuestras debemos mucho amar é bien tratar á nuestras virtuosas fijas, é hermanas, é parientas, é en común á toda la generación de las mujeres, pues Dios quiso que de los hombres fuessen criadas, sin las quales non habría generación en el Mundo, nin la palabra diuinal, que es el Fijo de Dios, resciuiera carne, nin oviera Apóstoles, nin Profetas, nin los otros Santos, que las mujeres han conceuido, é parido; é consideradas todas estas cosas, los Santos Padres de la Iglesia de Dios, en los Decretos por ellos ordenados, é los grandes Emperadores, que antiguamente fueron señores del Mundo, é assimesmo los Reyes, é grandes Príncipes, é Señores en las leyes por ellos establecidas, otorgaron muchos, grandes, é señalados priuilegios á las mujeres, igualándolas en muchas cosas á los Caualleros, que trabajan por la cosa pública; é assí los que contra las Claras Mujeres algunas cosas han querido, ó quieren decir, más propiamente podemos decir, que fablan de voluntad, que con razón, é contra sí mesmos, que contra ellas; é si se dijere que algunas non son honestas, nin virtuosas, respóndese que es verdad; pero esto por semejante se falla en algunos hombres, de lo qual dan testimonio las non honestas obras del Emperador Nero, de lo qual face testimonio Séneca su maestro, é otros auténticos varones, non embargante que el dicho Emperador en su mocedad fuesse dotrinado en las artes liberales, é era entonces avido por bueno; é assí se podría decir de otros muchos desde el comienzo del Mundo fasta oy; saluo que non fué, nin es nuestra intención de fablar aquí de los vicios de los hombres, nin de las mujeres; mas solamente mostrar las virtudes ser comunes á las mujeres, é á los hombres, según lo qual los vicios, é pecados, é assimesmo las virtudes, parecen ser comunes á todo el linaje humanal, es á saber á los hombres, é á las mujeres; é assí non son de culpar más las mujeres que los hombres;

non negando por esto la reverencia que las mujeres deban á los hombres, mayormente á sus maridos, como el Apóstol dice en la su epístola á los de Corinto, que Nuestro Señor Jesuchristo es cabeza de todo virtuoso varón, é que el varón es cabeza de la mujer, é que el varón es imagen, é gloria de Dios, é la mujer es gloria del varón, porque el varón, es á sauer el primer hombre Adán, non fué fecho de mujer; mas la mujer es fecha, é criada del varón, é que el hombre non es criado por la mujer, mas la mujer por el varón; pero que el varón non es sin la mujer, nin la mujer sin el varón; ca Adán non oviera fijos, si non oviera mujer; é concluye el Apóstol en la dicha Epístola, que assí el varón, como la mujer todos son en Dios, é por Dios; según lo qual, bien acatado, aunque las mujeres sean muy virtuosas, é algunas dellas sobrepujen en virtudes á algunos hombres, quanto más resplandezcan en toda buena dotrina, tanto más deben auer en reuerencia á los varones; é por esto non se niegan sus loables virtudes, antes se afirman, é muestran ser más perfectas, é que en toda generación de virtud es egual entrada assí á las mujeres, como á los hombres. É por ende, concluyendo la presente obra, assí por las razones sobredichas, como por la ocupación de los grandes fechos, é de gran peso de aquestos Reynos, de los quales nos sentimos el trauajo del principal cargo, después de la Real Majestad, nos ocupan la mayor parte del tiempo, assí en disponer las cosas pertenecientes al afanoso ejercicio de la continua guerra, que traemos, como en dar orden á la governación de la cosa pública, en lo qual non poco nos desvelamos, por ser á nos encargada, é encomendada por la Real Majestad; pues si algunas falleciesen, ó demasiadas en esta obra se fallaren, justas causas damos á la disculpación, como toda la mayor parte deste nuestro libro ayamos compuesto andando en los Reales, é teniendo cerco contra las fortalezas de los rebeldes, puesto entre los horribles estruendos de los instrumentos de la Guerra; pues ¿quién puede ser aquél de tan reposado ingenio, ni quién se sabrá assí enseñorear de su entendimiento, que sabiamente pueda ministrar la pluma, quando de la una parte los peligros demandan el remedio, é de la otra la ira codicia la venganza, é la justicia amonesta la ejecución, é el rigor enciende la batalla, é la cosa pública demanda la administración, en tal manera, que todas cosas priuan el reposo, que para esto era necesario, tanto, que muchas veces nos acaeció dejar la pluma por tomar las armas, sin que ninguna vez dejássemos las armas por tomar la pluma; pues quando cansado, é trabajado, é algunas veces ferido volviéssemos á la obra, que comenzada dejábamos, cómo el ingenio nuestro se podría fallar? Atento, tú, lector, lo considera, pues aquestos intermedios de tiempo de nuestra escritura, non dudábamos que non desordenassen el nuestro propósito, é desacordassen los términos de la nuestra materia: por tanto, si algunas cosas en nuestra obra se fallasen non bien ordenadas, demandamos dellas perdón, é de las bien dichas, con razón queremos gracias.

Aquí se acaba el Tercero libro desta Obra, que trata de algunas muy virtuosas, é santas Dueñas, é Doncellas de nuestro Pueblo Cathólico Christiano, que fueron só la nuestra muy santa, é gloriosa ley de Gracia, el qual fué bienaventuradamente compuesto por el Inclito, é Magnífico, é muy Virtuoso Señor Don Aluaro de Luna, Maestre de la Orden de la Cauallería del Apóstol Santiago de la espada, Condestable de Castilla, é Conde de San Esteuan, é Señor del Infantazgo; é fué acauado, é dado á publicación por el dicho Señor en el Real de sobre Atienza, entrada la dicha Villa, 14 días de Agosto, 19 Calendas de Setiembre, año del Nacimiento de Nuestro Señor Jesuchristo de 1446 años. Año primero del su Maestrazgo.

ÍNDICE.

	Páginas.
ADVERTENCIA PRELIMINAR....................	v
Tabla del primero libro......................	3
Proemio de Juan de Mena....................	5
Proemio del Condestable....................	9
Preámbulo primero........................	11
Preámbulo segundo........................	14
Preámbulo tercero........................	17
Preámbulo cuarto.........................	21
Preámbulo quinto.........................	24
Capítulo I.—Santa María, Nuestra Señora..........	26
Cap. II.—Eva, nuestra primera madre............	28
Cap. III.—Sarra..........................	32
Cap. IV.—María, hermana de Moysés............	37
Cap. V.—Judic...........................	41
Cap. VI.—Ester..........................	49
Cap. VII.—Délbora........................	52
Cap. VIII.—La Reina de Sabbá.................	58
Cap. IX.—Séphora ó Piana...................	63
Cap. X.—Ana, madre de Samuel...............	65
Cap. XI.—Oldra, que ovo espíritu de profecía......	68
Cap. XII.—La dueña que mató á Abimelech........	72
Cap. XIII.—La fija de Gepté..................	74
Cap. XIV.—De cinco mujeres bien habladas.......	78
Cap. XV.—Susana, mujer de Joachín............	84
Cap. XVI.—De la madre de los siete fijos..........	90
Cap. XVII.—Santa Elisabeth...................	95
Cap. XVIII.—Ana, fija de Samuel...............	98
Tabla del segundo libro.....................	105

	Páginas.
Proemio...	108
Capítulo I.—Lucrecia...............................	110
Cap. II.—Coclia.....................................	120
Cap. III.—Venturia..................................	126
Cap. IV.—Tanaquil..................................	137
Cap. V.—Porcia, fija de Catón......................	146
Cap. VI.—Sempronia................................	148
Cap. VII.—Antonia, mujer de Drusio...............	152
Cap. VIII.—Bilia, mujer de Diulio.................	155
Cap. IX.—Maccia, fija menor de Catón.............	158
Cap. X.—Avia.......................................	160
Cap. XI.—Valeria Romana.........................	162
Cap. XII.—Virginea, fija de Virgineo...............	163
Cap. XIII.—Virginea, fija de Aulo Publio..........	167
Cap. XIV.—Marcia, fija de Varro..................	169
Cap. XV.—Cornelia, fija de Cipión.................	171
Cap. XVI.—Claudia Vestales.......................	177
Cap. XVII.—De la fija que mantenía en la cárcel á su madre con la leche de sus tetas...................	182
Cap. XVIII.—De otra fija que mantuvo con la leche de sus tetas á su padre...............................	185
Cap. XIX.—Emilia, virgen..........................	189
Cap. XX.—Tuccia...................................	191
Cap. XXI.—Claudia Vestal.........................	196
Cap. XXII.—Tercia Emilia, mujer del Gran Africano.	198
Cap. XXIII.—Turia, mujer de Quinto Lucrecio.....	199
Cap. XXIV.—Sulpicia, mujer de Léntulo...........	200
Cap. XXV.—Micol, fija de Saúl....................	200
Cap. XXVI.—La mujer de Isaías, cavallero romano..	203
Cap. XXVII.—Anfronia.............................	205
Cap. XXVIII.—Arnesia é Ortensia.................	207
Cap. XXIX.—Julia, fija del noble Emperador Julio César...	210
Cap. XXX.—Terencia...............................	211
Cap. XXXI.—Paulina, mujer de Boecio Torcato.....	213
Cap. XXXII.—De algunas virtudes que se fallaron en las dueñas romanas................................	215

	Páginas.
Cap. XXXIII.—De Sulpicia, fija de Sérvio Patroculo.	219
Cap. XXXIV.—Minerva............................	228
Cap. XXXV.—De la Reina Dido...................	229
Cap. XXXVI.—De Ceres, fija de Saturno...........	231
Cap. XXXVII.—Diana, fija de Júpiter..............	232
Cap. XXXVIII.—Minerva, fija del segundo Júpiter...	232
Cap. XXXIX.—Nicostrata, fija de Jonio............	234
Cap. XL.—Casandra, fija de Príamo...............	235
Cap. XLI.—Artemisa, Reyna......................	236
Cap. XLII.—Ipsicratea, mujer de Mitrídato.........	240
Cap. XLIII.—De la mujer de Syrantes..............	242
Cap. XLIV.—Pantia, mujer de Abradón............	243
Cap. XLV.—La fija de Darío.....................	243
Cap. XLVI.—De la virgen fija de Mocón, Príncipe de los Areopagitas.................................	244
Cap. XLVII.—De las cinquenta vírgenes de los de Lacedemonia......................................	245
Cap. XLVIII.—De la Vírgen de Antioquía..........	245
Cap. XLIX.—De la moza llamada Burza...........	247
Cap. L.—De la mujer Griega.....................	248
Cap. LI.—De la vieja de Zaragoza de Sicilia........	249
Cap. LII.—De la vieja de Julide..................	250
Cap. LIII.—De las mujeres de los Indianos.........	252
Cap. LIV.—De la mujer de Asdrúbal..............	252
Cap. LV.—De las dos mozas Armonia ó otra........	253
Cap. LVI.—De Hypo, griega......................	254
Cap. LVII.—De la mujer de Forgiagonte...........	254
Cap. LVIII.—De las mujeres de los flamencos.......	255
Cap. LIX.—De la dueña Lucena..................	255
Cap. LX.—Ipermestra, fija de Dánao..............	256
Cap. LXI.—Orichia, fija de Marpesia, con su hermana Antiope, Reina de las Amazonas..................	257
Cap. LXII.—Argia, griega........................	258
Cap. LXIII.—Policena, fija del Rey Príamo.........	259
Cap. LXIV.—Camila, fija del Rey Methabo.........	260
Cap. LXV.—Taramis, Reyna de los Citas...........	261
Cap. LXVI.—Penélope, fija del Rey Ícaro..........	264

	Páginas.
Cap. LXVII.—Sophonisba, fija de Asdrúbal.........	266
Cap. LXVIII.—Cornificia.........................	269
Cap. LXIX.—Proba.............................	270
Cap. LXX.—Thamírez, fija de Micón, pintor........	271
Cap. LXXI.—Prene, fija de Tratino, pintor.........	272
Cap. LXXII.—Pontica, por otro nombre Laodices....	273
Cap. LXXIII.—Mariene, mujer de Herodes.........	274
Cap. LXXIV.—Cenobia, Reyna de los Palmirenos...	276
Cap. LXXV.—Erithea, una de las Sibilas...........	279
Cap. LXXVI.—La virgen Almathea................	281
Cap. LXXVII.—Fambiles, fembra griega...........	283
Tabla de los capítulos del tercero libro.............	284
Proemio..	285
Cap. I.—Ana, madre de Nuestra Señora............	286
Cap. II.—Inés, virgen............................	288
Cap. III.—Anastasia.............................	292
Cap. IV.—Paula................................	294
Cap. V.—Agatha................................	299
Cap. VI.—Lucía................................	304
Cap. VII.—Juliana..............................	308
Cap. VIII.—María Egipciana.....................	311
Cap. IX.—Petronila, fija de San Pedro.............	315
Cap. X.—Julia..................................	317
Cap. XI.—Marina, virgen........................	318
Cap. XII.—Theodora............................	319
Cap. XIII.—Margarita...........................	324
Cap. XIV.—María Magdalena....................	327
Cap. XV.—Crispina.............................	334
Cap. XVI.—Martha.............................	337
Cap. XVII.—Eugenia............................	338
Cap. XVIII.—Eufemia...........................	341
Cap. XIX.—Justina ó Margarita..................	344
Cap. XX.—Secilia...............................	346
Cap. XXI.—Elisabeth, madre de San Juan Bautista; Pelaya, Rasia ó Santa Catherina................	351
Fin ó conclusión de toda esta obra.................	359

SOCIEDAD

DE

BIBLIOFILOS ESPAÑOLES.

1. Excmo. Sr. D. Pascual de Gayangos.
2. Excmo. Sr. D. Braulio Antón Ramírez.
3. Excmo. Sr. D. José Almirante.
4. Excmo. Sr. D. José Fernández Jiménez.
5. Excmo. Sr. D. Mariano Vergara.
6. Excmo. Sr. D. Francisco Asenjo Barbieri.
7. Excmo. Sr. D. Santos de Isasa.
8. Sr. D. Vicente Vignau.
9. Excmo. Sr. D. Miguel Colmeiro.
10. Excmo. Sr. D. Manuel Colmeiro.
11. Ilmo. Sr. D. Juan Facundo Riaño.
12. Sr. D. Jacinto Sarrasí.
13. Sr. D. José de Castro y Serrano.
14. Sr. D. Toribio del Campillo.
15. Excmo. Sr. D. Antonio Cánovas del Castillo.
16. Sr. D. Cándido Bretón Orozco.
17. Sr. D. Manuel Rico y Sinobas.
18. Sr. D. Jenaro Alenda Mira de Perceval.
19. Sr. D. Anacleto Buelta.
20. Sr. D. Máximo de la Cantolla.
21. Sr. D. Eugenio Maffei.
22. Excmo. Sr. Marqués de la Fuensanta del Valle.
23. La Biblioteca Nacional.
24. Excmo. Sr. D. Vicente Barrantes.
25. Sr. D. Joaquín Ceballos Escalera.

26. Excmo. Sr. Marqués de la Vega de Armijo.
27. Sr. D. Fermín Hernández Iglesias.
28. La Biblioteca del Ministerio de Gracia y Justicia.
29. Sr D. Emilio Ruiz de Salazar.
30. Sr. D. Luis Vidart.
31. Excmo. Sr. Marqués de Perales.
32. Ilmo. Sr. D. Félix García Gómez.
33. Sr. D. Ricardo Chacón.
34. Excmo. Sr. D Emilio Castelar.
35. Excmo. Sr. Conde de Casa-Valencia.
36. Excmo. Sr. Marqués de Corvera.
37. Excmo. Sr. D. Nilo María Fabra.
38. Excmo. Sr. D. Luis de Estrada.
39. Ilmo. Sr. D. Julián Zugasti y Sáenz.
40. Excmo. Sr. Marqués de Aranda.
41. Excmo. Sr. Marqués de Heredia.
42. Excmo. Sr. D. Fermín Lasala.
43. Excmo. Sr. Conde de Placencia.
44. Excmo. Sr. Duque de Alburquerque.
45. Sr. D. Amós de Escalante.
46. Excmo. Sr. D. Ramón de Campoamor.
47. Ilmo. Sr. D. Juan Uña.
48. Ilmo. Sr. D. Joaquín Maldonado Macanaz.
49. El Ateneo de Madrid.
50. Sr. D. Juan Mañé y Flaquer.
51. Sr. D. Patricio Aguirre de Tejada.
52. Excmo. Sr. Marqués de Valmar.
53. Sr. D. Mariano Vázquez.
54. Sr. D. Juan Federico Madrazo.
55. Excmo. Sr. D. Carlos de Haes.
56. Sr. D. Eduardo Sánchez y Rubio.
57. La Biblioteca del Senado.
58. Sr. D. José de Garnica.
59. Ilmo. Sr. D. Manuel Merelo.
60. Sr. D. Francisco de Borja Pabón.
61. Sr. D. Manuel R. Zarco del Valle.
62. Sr. D. Isidoro de Urzáiz.
63. Excmo. Sr. Marqués de Vallejo.

65. Sr. D. Salvador de Torres y Aguilar.
66. La Biblioteca de la Real Academia Española.
67. Sr. D. Fernando Fernández de Velasco.
68. Sr. D. Pedro N. Oseñalde.
69. Ilmo. Sr. D. Federico Hoppe.
70. Excmo. Sr. Marqués de Pidal.
71. Excmo. Sr. Marqués de Hoyos.
72. Excmo. Sr. Marqués de Barzanallana.
73. Excmo. Sr. Conde de Valencia de Don Juan.
74. Sr. D. Carlos Bailly-Baillière.
75. Sr. D. José María Asensio.
76. La Real Academia de la Historia.
77. Excmo. Sr. D. Juan Valera.
78. Excmo. Sr. D. Gabriel Enríquez.
79. Sr. Conde de Torre Pando.
80. Sr. D. Félix María de Urcullu y Zulueta.
81. Sr. D. Luis de la Escosura.
82. Sr. Conde de Agramonte.
83. Sr. D. Manuel Cerdá.
84. La Biblioteca del Ministerio de Fomento.
85. Sr. D. José Sancho Rayón.
86. Excmo. Sr. Marqués de Casa Loring.
87. Sr. D. Fernando Arias Saavedra.
88. Sr. D. Alfonso Durán.
89. Sr. D. Enrique Suender y Rodríguez.
90. Doctor E. Thebussen.
91. Excmo. Sr. Duque de Frías.
92. Sr. Conde de San Bernardo.
93. Excmo. Sr. D. Eugenio Montero Ríos.
94. Ilmo. Sr. D. Manuel Ortiz de Pinedo.
95. Excmo. Sr. D. Juan Guillén Buzarán.
96. Sr. D. José Antonio de Balenchana.
97. Sr. D. Marcial Taboada.
98. Excmo. Sr. D. Antonio María Fabié.
99. Sr. Conde de Roche.
100. Excmo. Sr. D. José de Fontagud Gargollo.
101. Sr. D. Enrique Rouget de Loscos.
102. Sr. D. Eugenio de Nava Caveda.
103. Excmo. Sr. Marqués de Miravel.

104. Excmo. Sr. Conde de Casa Galindo.
105. Excmo. Sr. D. Francisco de Zabalburu.
106. Sr. D. José de Palacio y Viteri.
107. Sr. D. J. N. de Acha.
108. Sr. D. Juan Llordachs.
109. Sr. D. Juan Gualberto Ballesteros.
110. Sr. D. Pablo Cuesta.
111. Sr. D. Fernando Núñez Arenas.
112. Sr. D. José Llordachs.
113. Sr. D. Laureano Pérez Arcas.
114. Sr. D. Ramón Siscar.
115. Sr. Gerold, de Viena.
116. Sr. D. Juan Martín Fraqui.
117. Sr. D. Joaquín Zugarramurdi.
118. Sr. D. Donato Guío.
119. Excmo. Sr. Conde de Morphy.
120. Excmo. Sr. D. Segismundo Moret.
121. Sr. D. Fidel de Sagarmínaga.
122. Sr. D. Vicente Poleró.
123. Sr. D. Federico de Uhagón.
124. Excmo. Sr. D. Francisco Romero y Robledo.
125. Sr. D. Antonio Pineda Cevallos Escalera.
126. La Real Academia de Bellas Artes de San Fernando.
127. Excmo. Sr. D. Alejandro Llorente.
128. Sr. D. Gabriel Sánchez.
129. Sr. D. Santos María Robledo.
130. Sr. D. José Jorge Daroqui.
131. Sr. D. Pedro Pablo Blanco.
132. Excmo. Sr. D. Ricardo Villalba y Pérez.
133. Sr. D. Eduardo Corredor.
134. Excma. Sra. Condesa de Oñate.
135. Sr. D. Luis Masferrer.
136. Sr. D. José Anllo.
137. Sr. D. Francisco Cuesta.
138. Sr. D. Mariano Murillo.
139. Sr. D. Federico Real y Prado.
140. Sr. D. Felipe Barroeta.
141. Sr. Conde de Peñaranda de Bracamonte.
142. Sr. D. Enrique García de Angulo.

143. La Biblioteca de la Academia del E. M. del Ejército.
144. La Biblioteca del Ministerio de Marina.
145. Sr. D. José Moncerdá.
146. Ilmo. Sr. D. Bienvenido Oliver y Esteller.
147. Sr. D. Rafael de la Escosura.
148. Excmo. Sr. D. Francisco de Cárdenas.
149. Excmo. Sr. D. José Núñez de Prado.
150. Excmo. Sr. D. Antonio Rodríguez de Cepeda.
151. Sr. D. Miguel Guijarro Rodrigo.
152. Sr. D. Miguel Guijarro Ocaña.
153. Excmo. Sr. D. José Gutiérrez de la Vega.
154. Excmo. Sr. Marqués de Casa Irujo.
155. Sr. D. Miguel Victoriano Amer.
156. Sr. D. Leocadio López.
157. Excmo. Sr. Conde de Toreno.
158. Sr. D. Luis María de Tro y Moxó.
159. Sr. D. Felipe Iturbe.
160. Excmo. Sr. D. Feliciano Herreros de Tejada.
161. Sr. D. Francisco Iravedra.
162. Sr. D. José Canosa y Martínez.
163. La Biblioteca Imperial de Strassburg.
164. Sr. D. Fernando Holm.
165. Sr. D. Joaquín Fontes y Contreras.
166. La Biblioteca del Congreso de los Diputados.
167. Sr. D. Antonio Benítez de Lugo.
168. Sr. D. Wenceslao Ramírez de Villa-Urrutia.
169. Sr. D. Joaquín Valera.
170. Sr. D. José Laín y Guío.
171. Sr. D. José Enrique Serrano.
172. The Earl of Ducie.
173. Sr. D. Carlos Calderón.
174. La Biblioteca Real de la Universidad de Bonn.
175. Excmo. Sr. Marqués de Trives.
176. Excmo. Sr. D. Victorino Arias Lombana.
177. Sr. D. Nazario Calonje.
178. Excmo. Sr. Conde de Bañuelos.
179. Sr. D. Federico Avecilla.
180. Sr. D. Eugenio Hartzenbusch é Hiriart.
181. Excmo. Sr. Conde de Zavellá.

182. Sr. D. Manuel María Peralta.
183. Sr. D. Luis Tusquets.
184. Sr. D. Carlos María Ponte.
185. Sr. D. Luis Navarro.
186. Sr. Norman Maccoll Esq.re
187. Sr. D. Enrique María Alvarez y Martínez.
188. Sr. D. Marcelino Menéndez y Pelayo.
189. Librería «Guttenberg.»
190. La Biblioteca de la Universidad de Barcelona.
191. Sr. D. Fernando Palha.
192. Sr. D. Juan Vidal.
193. Sr. D. Alonso Mesía de la Cerda.
194. Sr. D. Antonio Paz y Mélia.
195. Sr. D. Francisco Guillén Robles.
196. Excmo. Sr. Conde de Sallent.
197. Sr. D. Saturio Martínez.
198. Sr. Marqués del Bosch de Arés.
199. Excmo. Sr. Duque T' Serclaes.
200. Excmo. Sr. Marqués de Jerez de los Caballeros.
201. Sr. D. Carlos Volmóller.
202. Sr. D. Francisco A. Commelerán.
203. Sr. D. J. C. Cebrián.
204. Excmo. Sr. D. José Esperanza y Sola.
205. Sr. D. Mateo de Rivas y Cuadrillero.
206. Sr. D. León Medina.
207. Sr. D. Jesús Manso de Zúñiga.
208. Sr. D. Francisco R. de Uhagón.
209. Sr. D. Cesáreo Aragón.
210. Excmo. Sr. Marqués del Pazo de la Merced.
211. Excmo. Sr. D. Raimundo F. Villaverde.
212. Excmo. Sr. D. José Moreno Leante.
213. Sr. D. José Luis Gallo.
214. Excmo. Sr. Duque de Arión.
215. Señorita Doña Blanca de los Ríos.
216. Ilmo. Sr. Vizconde de Palazuelos.
217. Ilmo. Sr. D. Carlos Belmonte y Chico de Guzmán.
218. Sr. H. B. Clarcke.
219. Excmo. Sr. Conde de Vilches.
220. Sr. D. Joaquín Hazañas y la Rua.

221. Excmo. Sr. D. Emilio Bravo.
222. Excmo. Sr. Conde de Estrada.
223. Excmo. Sr. Marqués de Linares.
224. Sr. D. Calixto Oyuela.
225. Sr. D. Bernardo Rico.
226. Sr. D. Juan Pérez de Guzmán.
227. Sr. D. Ramón Morenés y Alesson.
228.
229.
230.
231.
232.
233.
234.
235.
236.
237.
238.
239.
240.
241.
242.
243.
244.
245.
246.
247.
248.
249.
250.
251.
252.
253.
254.
255.
256.
257.
258.
259.

262.
263.
264.
265.
266.
267.
268.
269.
270.
271.
272. La Sociedad de Bibliófilos Españoles.

SEÑORES SOCIOS FALLECIDOS

CUYA SUSCRIPCIÓN CONTINÚAN SUS PARIENTES Ó HEREDEROS.

S. M. EL REY D. ALFONSO XII.

1. ✠ Ilmo. Sr. D. Ramón Llorente y Lázaro.
2. ✠ Ilmo. Sr. D. Ramón Miranda.
3. ✠ Sr. D. Marcos Sánchez.
4. ✠ Sr. D. Mariano Fortuny.
5. ✠ Sr. D. Pedro Avial.
6. ✠ Sr. D. Antonio Novo.
7. ✠ Sr. D. Rafael Aguilar y Pulido.
8. ✠ Sr. D. José Carranza y Valle.
9. ✠ Excmo. Sr. D. Joaquín Ruiz Cañabate.
10. ✠ Excmo. Sr. D. Cayetano Rosell.
11. ✠ Excmo. Sr. D. Francisco Millán y Caro.
12. ✠ Excmo. Sr. D. Severo Catalina.
13. ✠ Sr. D. Adolfo Rivadeneyra.
14. ✠ Sr. D. José de Santucho y Marengo.
15. ✠ Sr. D. Juan Manuel Ranero.
16. ✠ Excmo. Sr. Marqués de la Torrecilla.
17. ✠ Sr. D. Luis Burgos.
18. ✠ Excmo. Sr. Marqués de Molíns.
19. ✠ Sr. D. José María Octavio de Toledo.
20. ✠ Excmo. Sr. D. Salvador de Albacete.

JUNTA DE GOBIERNO.

Presidente.......... Excmo. Sr. D. Antonio Cánovas del Castillo.—Serrano, 57, hotel.
Vicepresidente...... Excmo. Sr. Marqués de la Fuensanta del Valle.—Alcalá, 49 duplicado, 4.º
Tesorero.......... Sr. D. José Antonio de Balenchana.—Reina, 24, bajo.
Contador.......... Sr. D. Francisco Guillén Robles.—Costanilla de los Angeles, 2.
Secretario primero. Ilmo. Sr. D. Francisco R. de Uhagón.—Serrano, 14.
Secretario segundo. Ilmo. Sr. Vizconde de Palazuelos.—Hernán Cortés, 3.
Vocales........... Excmo. Sr. D. Pascual de Gayangos.—Barquillo, 4, 3.º
 Excmo. Sr. D. Antonio María Fabié.—Reina, 43.
 Sr. D. Marcelino Menéndez y Pelayo.
 Excmo. Sr. D. Francisco Asenjo Barbieri.—Plaza del Rey, 3.
 Sr. D.

LIBROS PUBLICADOS

POR LA

SOCIEDAD DE BIBLIOFILOS ESPAÑOLES.

I. CARTAS DE EUGENIO SALAZAR, por D. Pascual de Gayangos. Tirada de 300 ejemplares. *Agotada la edición.*

II. POESÍAS DE D. FRANCISCO DE RIOJA, por D. Cayetano A. de la Barrera. Tirada de 300 ejemplares. *Agotada la edición.*

III. RELACIONES DE ALGUNOS SUCESOS DE LOS ÚLTIMOS TIEMPOS DEL REINO DE GRANADA, por D. Emilio Lafuente Alcántara. Tirada de 300 ejemplares. *Agotada la edición.*

IV. CINCO CARTAS POLÍTICO-LITERARIAS DE D. DIEGO SARMIENTO DE ACUÑA, CONDE DE GONDOMAR, por D. Pascual de Gayangos. Tirada de 300 ejemplares. *Agotada la edición.*

V. EL LIBRO DE LAS AVES DE CAÇA, DEL CANCILLER PEDRO LÓPEZ DE AYALA, CON LAS GLOSAS DEL DUQUE DE ALBURQUERQUE. Tirada de 300 ejemplares. *Agotada la edición.*

VI. TRAGEDIA LLAMADA JOSEFINA, DE MICAEL DE CARVAJAL, por D. Manuel Cañete. Tirada de 300 ejemplares. *Gratis para los socios. Agotada la edición.*

VII. LIBRO DE LA CÁMARA REAL DEL PRÍNCIPE D. JUAN, DE GONZALO FERNÁNDEZ DE OVIEDO, por D. José María Escudero de la Peña. Tirada de 300 ejemplares. *Agotada la edición.*

VIII. HISTORIA DE ENRRIQUE FI DE OLIUA, REY DE IHERUSALEM, EMPERADOR DE CONSTANTINOPLA, por D. Pascual de Gayangos. Tirada de 300 ejemplares. *Agotada la edición.*

IX. EL CROTALÓN DE CHRISTÓPHORO GNOPHOSO. Tirada de 300 ejemplares. *Agotada la edición.*

X. DON LAZARILLO VIZCARDI, DE D. ANTONIO EXIMENO, por Don Francisco Asenjo Barbieri. Dos tomos. Tirada de 300 ejemplares. *Agotada la edición.*

XI. Relaciones de Pedro de Gante, por D. Pascual de Gayangos. Tirada de 300 ejemplares. *Gratis para los socios. Agotada la edición.*

XII. Tratado de las batallas y ligas de los ejércitos del Emperador Carlos V, desde 1521 hasta 1545, por Martín García Cereceda. Tomos I, II y III. Tirada de 300 ejemplares. *Agotada la edición.*

XIII. Memorias del Cautivo en la Goleta de Túnez, por Don Pascual de Gayangos. Tirada de 300 ejemplares. *Agotada la edición.*

XIV. Libro de la Jineta y descendencia de los caballos guzmanes, por D. José Antonio de Balenchana. Tirada de 300 ejemplares. *Agotada la edición.*

XV. Viaje de Felipe segundo á Inglaterra, por D. Pascual de Gayangos. Tirada de 300 ejemplares. *Agotada la edición.*

XVI. Tratado de las epístolas y otros varios, de Mosén Diego de Valera, por D. José Antonio de Balenchana. Tirada de 300 ejemplares. *Agotada la edición.*

XVII. Dos obras didácticas y dos leyendas, sacadas de manuscritos de la Biblioteca del Escorial, por D. Germán Knust. Tirada de 300 ejemplares. *Agotada la edición.*

XVIII. Divina retribución sobre la caída de España en tiempo del noble Rey D. Juan el primero, del Bachiller Palma, por Don José María Escudero de la Peña. Tirada de 300 ejemplares. *Agotada la edición.*

XIX. Romancero de Pedro de Padilla, por el Marqués de la Fuensanta del Valle. Tirada de 300 ejemplares. *Agotada la edición.*

XX. Relación de la jornada de Pedro de Orsúa á Omagua y al Dorado, por el Marqués de la Fuensanta del Valle. Tirada de 300 ejemplares. *Agotada la edición.*

XXI. Cancionero general de Hernando del Castillo, por Don José Antonio de Balenchana. Dos tomos. Tirada de 300 ejemplares. *Agotada la edición.*

XXII. Obras de Juan Rodríguez de la Cámara (ó del Padrón), por D. Antonio Paz y Mélia. Tirada de 300 ejemplares. *Agotada la edición.*

XXIII. El Pelegrino Curioso, por D. Pascual de Gayangos, Tomos I y II. Tirada de 300 ejemplares.

XXIV. CARTAS DE VILLALOBOS, por D. Antonio María Fabié. Tirada de 300 ejemplares.

XXV. MEMORIAS DE D. FÉLIX NIETO DE SILVA, MARQUÉS DE TENEBRÓN, por el Excmo. Sr. D. Antonio Cánovas del Castillo. Tirada de 300 ejemplares.

XXVI. HISTORIA DEL MAESTRE ÚLTIMO QUE FUÉ DE MONTESA Y DE SU HERMANO D. FELIPE DE BORJA, por D. Francisco Guillén Robles. Tomo I. Tirada de 300 ejemplares.

XXVII. DIÁLOGOS DE LA MONTERÍA, Manuscrito inédito de la Real Academia de la Historia, por el Sr. D. Francisco R. de Uhagón. Tirada de 300 ejemplares.

XXVIII. LIBRO DE LAS VIRTUOSAS É CLARAS MUJERES, el cual fizo é compuso el Condestable D. Alvaro de Luna, Maestre de la Orden de Santiago, por el Ilmo. Sr. D. Marcelino Menéndez y Pelayo. Tirada de 300 ejemplares.

Lightning Source UK Ltd.
Milton Keynes UK
UKHW012340281118
333023UK00012B/1224/P